周官之成書及其反映
的文化與時代新考

金春峯 著　　東大圖書公司 印行

國立中央圖書館出版品預行編目資料

周官之成書及其反映的文化與時代新考
／金春峯著.--初版.--臺北市：東大
發行：三民總經銷，民82
　　　面；　　公分--（滄海叢刊）
ISBN 957-19-1518-1（精裝）
ISBN 957-19-1519-X（平裝）

1.周禮—批評,解釋等

573.1177　　　　　　　　82007896

© 周官之成書及其反映 的文化與時代新考

著　者	金春峯
發行人	劉仲文
著作財產權人	東大圖書股份有限公司
總經銷	三民書局股份有限公司
印刷所	東大圖書股份有限公司

復興店／臺北市復興北路三八六號六樓
重慶店／臺北市重慶南路一段六十一號
郵　撥／〇-〇七一七五——〇號

初　版　中華民國八十二年十一月
編　號　E 03060
基本定價　肆元捌角玖分
行政院新聞局登記證局版臺業字第〇一九七號

ISBN 957-19-1519-X（平裝）

周官之成書及其反映
的文化與時代新考

金春時題

序

余 英 時

　　清代經學家曾發出「《大易》、《春秋》，迷山霧海」的嘆息。對於《周禮》這部經典，我們也不免有「迷山霧海」的感覺。但《易》和《春秋》之爲「迷山霧海」又和《周官》略有不同，前者的迷霧主要是瀰漫在意義的解釋方面，如《易》有「一名三義」，又有象數和義理兩大流派，《春秋》有「微言大義」，董仲舒已謂「其指數千」。《周禮》一書在內容上是比較確定的，卽所謂「體國經野，設官分職」，是一種政治社會的全盤設計，所以現代人常常把它看作中國古代烏托邦的一種具體表現。環繞著《周禮》的迷霧，主要是發生在考證方面。兩千年來，經生學人所問的大致不外以下幾個問題：《周禮》的作者是誰？如果不能確指作者的主名，那麼它究竟是在什麼時代出現的？又是在什麼地區產生的？《周禮》如果是一套有意識的政治社會的設計，那麼它的用意究在何處？

　　這些問題都是很難解答的，但兩千年來都不斷有人試圖提出種種不同的答案。我對於《周禮》原典未曾下過研究的工夫，因此對於這一經學史上的懸案根本沒有資格發言。不過我曾有幸受業於錢師賓四之門，對《周禮》在中國思想史上的地位的問題一向很感興趣。錢先生民國十八年在《燕京學報》上發表了〈劉向歆父子年譜〉，根據《漢書》中的史實，系統地駁斥了康有爲的《新學僞經考》。這是當時轟動了學術界的一篇大文字，使晚清以來有關經今古文的爭論告一結束。那時中國的國學界還在經學的餘波盪漾之中，康有爲和章炳麟

的門徒遍佈國中，人人心中都存在著「《周禮》是不是劉歆所僞造」
這一問題。所以〈向歆年譜〉所引起的震盪決不是今天的學人所能想
像的了。兩年以後錢先生又在《燕京學報》上刊布了〈周官著作時代
考〉一篇長文，從《周禮》中所表現的宗教、制度、文化各方面論證
其書成於戰國晚期，且當在漢代以前。在這篇專論中，錢先生又隨後
說明《周禮》爲什麼旣不可能是周公致太平之書，也不可能出於劉歆
的僞造。又過了四十年，錢先生續寫〈讀周官〉一篇筆記，補證了有
關《周禮》成書時代者數十事，與前文相足 (收入《中國學術思想史
論叢(二)》，臺北：東大圖書公司，1979年)。

　　錢先生有關《周禮》的著作是我先後研讀過很多次的。由於興趣
所在，我也一直留意其他學者的相關論著，特別是《古史辨》第五冊
上編所收關於漢代今古文經學的考辨文字。我不敢斷定錢先生〈周官
著作時代考〉中所論證諸端是否都確切不易，但是我相信錢先生的研
究取徑 (approach) 是比較踏實的。〈向歆年譜〉和〈時代考〉兩文
之所以得到多數專家肯定，正是因爲其論證是建立在堅強的歷史事實
之上。當時錢玄同先生是唯一堅信康有爲《新學僞經考》的人。但是
讀了〈時代考〉之後他的信心也不免開始動搖了。他在〈重論經今古
文學問題〉中說：

　　　　凡好學深思之士，對於《周禮》，皆不信其爲周公之書。但又
　　　有以爲係晚周人所作者，如錢穆與郭沫若二氏皆有此說。錢氏
　　　撰〈周官著作時代考〉(載《燕京學報》第十一期)，謂以何休所
　　　云「《周官》乃六國陰謀之書」之說爲近情。郭氏撰〈周官質
　　　疑〉(見其所作《金文叢考》中)，謂「《周官》一書，蓋趙人荀
　　　卿子之弟子所爲，襲其師『爵名從周』之意，纂其遺聞佚志，

　　參以己見而成一家言。」我以爲從制度上看，云出於晚周，並
　　無實據；云劉歆所作，則〈王莽傳〉恰是極有力之憑證；故仍
　　認康氏之論最確。卽使讓一步説，承認《周禮》出於晚周，然
　　劉歆利用此書以佐王莽，總是無可否認的事實。（原載《古史辨》
　　第五册，頁 46～47。現收入康有爲《新學僞經考》，北京：中華書局，
　　1956年版，頁407～408）

上引最後一句話便是「讓步」的明確表示。顧頡剛先生最初受錢玄同
先生影響很大，推重《新學僞經考》，相信劉歆僞造之説。但晚年在
〈周公制禮的傳説和周官一書的出現〉中，顧先生也改變了態度，斷
定《周禮》出於齊國和別的「法家」之手（見《文史》第六輯，中華
書局，1979年）。總之，自〈向歆年譜〉和〈時代考〉刊布以來，學術
界大體上傾向於接受《周禮》成於戰國晚期的論斷。儘管諸家在具體
結論上還有很多分歧，但是探索的方向則已漸趨一致。最重要的是：
放棄了《周禮》作者究竟是周公還是劉歆的問題。在我看來，這是現
代歷史考證學在觀念上的一個很重要的進步，卽對於考證方法的內在
限制已有高度的自覺。

　　清初閻若璩説：「古人之事，應無不可考者，縱無正文，只隱在
書縫中，要須細心人一搜出耳。」（《潛邱劄記》卷六）這個看法表
現了考證學初興時代的樂觀精神，但事實上絕非如此簡單。「古人之
事」之不可考者遠比可考者爲多，固不待説。卽使可考之「事」，其
可確定的程度也往往因材料之多寡和「事」本身的性質而異，未可一
概而論。如《周禮》成書的過程及其作者的問題便屬於最難確定的一
類。以今天所能看到的有關《周禮》的材料而言，我們根本不可能指
實作者的姓名。説《周禮》爲周公所作固屬荒唐，説它出於劉歆的僞

造也無異是信口開河。其關鍵即在於根據嚴格的考證標準，我沒有充足的證據來提出「誰是《周禮》的作者」這樣的問題。讓我介紹西方辨偽學上的一個最新的例案來說明這一點。

一九一二年十二月十八日倫敦地質學會宣佈了一個震驚考古學界的重大「發現」，即所謂「辟當原人」(Piltdown man)。一位業餘地質學家道森 (Charles Dawson) 宣稱他在英國的辟當村發掘出原人的頭蓋骨和顎骨，這一「發現」之所以轟動一時是因為「辟當人」的大腦特別發達，足以「證明」人的進化是從大腦開始的，這樣一來，人類進化的理論便必須重新建立了。「辟當人」原來是一個偽造的證據，所謂「原人」的頭蓋骨其實不過是幾百年前的一個死人的。但是這一偽造的發現整整過了四十年才為科學家所偵破。那麼是誰偽造的呢？道森當然是最大的嫌疑犯。但此外至少還有五、六個人也涉嫌在內，其中包括《福爾摩斯探案》的作者科南·道爾 (Sir Arthur Conan Doyle) 和與中國考古學有很深淵源的法籍德日進神父 (Pierre Teilhard de Chardin)。德日進神父是一位卓越的古生物家，他在中國住了二十年以上，參加過周口店的發掘。在華期間，他寫了一本哲學著作——《人的現象》(*The Phenomenon of Man*, 英譯本出版於1959年)，後來又集結了一本論文和講演集——《人的未來》(*The Future of Man*, 英譯本出版於1964年)，由於教廷的禁止，這兩部書都是在他一九五五年逝世以後才問世的，但出版後立即引起巨大的回響，到了一九六〇年，他的人文進化論已席捲了法國的思想界。在存在主義漸衰、結構主義未興之前，德日進主義 (Teilhardism) 代表了法國思想的主流 (詳見 Claude Cuenot, *Teilhard de Chardin: A Biographical Study*, 英譯本, London, 1965; H. Stuart Hughes, *The Obstructed Path,* New York, 1968, pp.247～261)。

科南・道爾和德日進爲什麼成爲「辟當人」的造僞嫌疑犯呢？科南・道爾住在辟當村附近，和道森很熟，同時又對化石有很大的興趣。由於他的想像力特別豐富，因此有人懷疑「辟當人」的「發現」是他故作狡猾。德日進的嫌疑更深，他參加了道森的發掘，「辟當人」發現時，他是兩個見證人之一。不但如此，他的人文進化論卽假定人的「意識」早起於「人類」（Homo sapiens）出現之前。「辟當原人」的大腦特別發達，從「思想線索」而言，恰好爲他提供了「科學的」證據。

一九五三年「辟當人」僞造案初被揭破時，大家的注意力主要集中在道森一個人的身上。後來才有學者逐漸懷疑道森的後面一定還有別人。四十年來這一辨僞工作已引出了無數考證的文字，上述科南・道爾和德日進的涉嫌不過是其中兩項而已。一九九○年六月五日《紐約時報》報導，今年秋季英國牛津大學出版社將刊行美國人類學家斯賓塞（Frank Spencer）一部辨僞專著——《辟當：一個科學的僞案》（*Piltdown: A Scientific Forgery*），據專家的意見，這部專著大概眞正揭破了造僞的內幕，也找到了僞案的主犯。在斯賓塞之前，澳洲的史學家蘭罕（Ian Langham）已懷疑造僞的主角可能是基斯（Sir Arthur Keith）。基斯是二十世紀初崛起於英國科學界的新人；他有顯赫的家世，而且野心勃勃。那時他正提出一種新的進化理論，認爲現代人的祖先並不是已發現的爪哇原人之類，而當遠在其先。眞正的人類祖先的大腦應該發達得多。「辟當人」正是他的理論所最需要的證據。但是僅僅憑「思想線索」，絕不足入人於罪。重要的是研究者在基斯的一九一二年十二月日記中找到了證據，證明他在地質學會宣佈「辟當人」發現的前兩天已寫好了一篇不署名的報導文

章，發表在十二月二十一日出版的醫學學報上。此外，基斯和道森也早有往來，他們在前一年曾會面討論過一些科學問題。「辟當人」頭骨的偽造需要高度的技術處理，決非業餘地質學家道森所能為力。基斯的專業則恰好在這一方面。所以研究者推斷「辟當人」的頭骨和牙齒都是基斯精心泡製出來的，然後交給道森去埋在待發掘的地方。在「發現」的那一天，道森故意約了德日進和大英博物館古生物學的保管人伍德華（Arthur Smith Woodward）一同前去，這兩個人因此便成為此一重大「發現」的現場見證人。德日進既治古生物學，又是神父，當然不會說謊；伍德華是古生物學界的領導人，更可以取信於科學界，所以正式宣布「發現」的任務便落在他的頭上。總之，據斯賓塞的考證，「辟當人」是刻意偽造的案件，基斯由此而取得在英國科學界的崇高地位。道森事實上還是從犯；他雖然也因此成名，但是他的本業是律師，所得到的好處是有限的。其餘涉嫌的人，包括德日進、科南·道爾、伍德華等則都已因這次的新考證而獲開脫了。蘭罕和斯賓塞的考證是自「辟當人」辨偽以來最具說服力的理論，足以解釋此案中一切重要的疑點，但是據專家判斷，此案仍不能說已達到了百分之百的確定性，因為造偽者都已逝世，不能當面對質，使他們認罪了。

我介紹這一嶄新的辨偽案和專家的評估，其目的是讓大家瞭解今天科學辨偽的觀念是多麼的嚴格。中國自清末以至「五四」，辨偽考證之風盛極一時，成績也相當可觀。但若細加檢查，則輕率斷案的情況往往而有。康有為的《新學偽經考》便是一個最突出的例子。考證辨偽又帶來一種好發驚人之論的風氣，有些人竟動不動便自稱發數千年未發之覆。因此說全部《詩經》都是尹吉甫一人所作者有之，斷定徐福即日本神武天皇者也有之，而且都是以莊嚴的考證面目出現的。康

有爲根據《漢書・王莽傳》中一句話便敢斷言《周禮》是劉歆所僞造，而錢玄同先生也竟堅信這句話具有「證據」的力量，這和科學研究所要求的「證據」的標準相去實在太遠了。徐復觀先生晚年撰《周官成立之時代及其思想性格》（臺北，1980年），又回到廖、康的立場，而爲說則大異。這裏也有必要略加討論。

徐先生中年以後，專力治學，精神極爲可佩。他治學的特色是一方面徘徊於學術與政治之間，另一方面則游移於義理與考據之間。這部晚年作品也具有這兩大特色。徐先生在性格上則頗具「推倒一世之豪傑」的氣概，這也在本書中充分流露了出來。由於《周禮》出於戰國無名氏之說在「現代似已佔有優勢」（頁2），因此他決意要爲《周禮》找出有名有姓的作者。但劉歆僞造說早已爲廖平、康有爲等宣揚得人人皆知，徐先生當然不甘心完全隨聲附和。因此他不得不略變其說，主張《周禮》是由「王莽草創於前，劉歆整理於後」（頁51）。他在本書中主要運用了兩種論證的方式，一是所謂「思想線索」，一是所謂「時代背景」。無論是根據哪一種論證，他斷定《周禮》都只能出現於王莽、劉歆的時代，徐書立說甚繁，我無法在此一一評述其論點。而且我不是《周禮》專家，也不夠資格細論這個專門的問題。現在我只想稍稍檢討一下他斷定王莽草創《周禮》的歷史根據。這是一個具體的問題，可以與「思想線索」和「時代背景」完全分開，所以我們不妨「攻其一點，不及其餘」。

據徐先生的看法，王莽從公元前七年黜免大司馬到公元前一年再拜大司馬，「這中間有五年多的韜光養晦的時間，以莽的性格，也必有所作爲」（頁51）。徐先生因此推測在這五年多的時間內，王莽一直在「制禮作樂」，也就是草創《周禮》。但他第二次以大司馬執政之後，便沒有「親自制作」的時間，只好委之於「典文章」的劉歆，由

他整理成書（頁52）。現在讓我們再看看這部由王莽草創、劉歆整理的《周禮》是在什麼時候出現的，又是以什麼方式出現的。《漢書‧王莽傳上》：居攝三年（公元八年，按：是年十一月改居攝三年為初始元年，徐先生誤為六月改元）九月劉歆與博士諸儒七十八人曰：

> 攝皇帝遂開秘府，會羣儒，制禮作樂，卒定庶官，茂成天功。聖心周悉，卓爾獨見，發得《周禮》，以明因監。則天稽古而損益焉，猶仲尼之聞韶，日月之不可階，非聖哲之至，孰能若茲。綱紀咸張，成在一匱。此其所以保佑聖漢，安靖元元之效也。

這是《周禮》和王莽、劉歆發生聯繫的唯一的文獻證據。康有為便因「發得《周禮》，以明因監」一語而斷定《周禮》「與莽所更法立制略同，蓋劉歆所偽撰也。」（《偽經考》，頁76）。徐先生對這一段話則有出人意表的理解。他說：

> 細按上下文字，則表面謂《周禮》為莽所發得，實際乃暗示係由莽所製作。在「發得《周禮》」一語之上謂「攝皇帝遂開秘府，會羣儒，制禮作樂，卒定庶官，茂成天功，聖心周悉，卓爾獨見」，這是很奇特的一些話。開秘府而發得《周禮》，怎麼會扯得到「會羣儒，制禮作樂，卒定庶官，茂成天功」的上面去。若《周禮》是周公所作或前人所作，更扯不到制禮作樂、卒定庶官這些事上去。而由「卒定庶官」這句話，可知莽所制之禮，係以官制為主的禮，這不是暗指《周官》，還能作何解釋？若謂此係泛說，則何以前面「遂開秘府」，而後面承

之以「發得《周禮》」。縱然王莽對《周禮》特別重視，又如
何用得上「聖心周悉，卓爾獨見」這兩句話。因此，前面這幾
句話，實際是說的王莽「會羣儒」以製作《周禮》的過程。假
定劉歆不是暗示《周禮》是由王莽會羣儒所製作，則在「發得
《周禮》，以明因監」下面的「則天稽古，而損益焉」的話，
怎能安放得下去。再接著是「猶仲尼之聞韶，日月之不可階，
非聖哲之至，孰能若茲」；從秘府中發現一部書，這部書再有價
值，對於發現者怎樣也不能用這些不倫不類的話去歌功頌德。何
況「綱紀咸張，成在一匱」，分明是指〈冬官〉尚未製成的情形。
因此，上面這些話，是指王莽制造的《周禮》的價值而言的。
故結之以「此其所以保佑聖漢，安靖元元之效也」。（頁44～45）

我不得不說，徐先生眞是求深反惑，極盡曲解之能事。上引〈王莽
傳〉中劉歆等人的話明明都是歌頌王莽自己「制禮作樂」的，而徐先
生卻讀作全是講《周禮》這部書的。康有爲說所發得的《周禮》「與
莽所更法立制略同」，至少對原文還沒有誤解。「以明因監」既取自
《論語》「周因於殷禮，其所損益可知」和周「監於二代，郁郁乎文哉」
等語，則王莽自己的制作自然也是「因」於《周禮》，「監」於周而有所
「損益」（原文「則天稽古而損益」）。這段文字是要突出王莽「制作」
的貢獻，而不是歌頌他一切照抄《周禮》。不過「因監」「損益」都
必須以「稽古」爲先決條件，所以王莽才不能不「開秘府、會羣儒」。
「開秘府」而「發得《周禮》」當然更增加了王莽「制禮作樂」的價
值，因爲他參考了前所未見的周代禮制的記錄。

但此時王莽的制作尚未完成，故文中又有「綱紀咸張，成在一
匱」之語。「成在一匱」顏師古以爲引自《論語》「譬如爲山，未成一

匱，止，吾止也」是可信的，不過解釋不確而已。劉放以爲此語是說
「莽制作已成，尚有未足」，在意義上是正確的，但他以爲當引「功虧
一匱」作注則反而不妥，因爲此處所強調的是「成」而不是「虧」。總之，
劉歆等的意思是說王莽的制作大體已就，再加一點點努力便大功告成
了。徐先生卻說此說語指〈冬官〉尚未制成而言，實在是想入非非。他
認爲以〈考工記〉補〈冬官〉是由於「王莽迫切地政治需要，《周官》
並沒有全部完成，便把它公開了。」（頁52）但他沒有想到這個說法和
他的基本理論不相容。因爲《周禮》如由王莽草創，再由劉歆整理，則
不可能到了居攝三年（公元八年）還缺〈冬官〉部分。照徐先生的推測
「王莽草創」《周禮》是在公元前七年至一年之間，「劉歆整理」此書則
是公元前一年到公元八年，先後經過了十五年的時間（7B.C.～A.D.8）。
卽使這十五年中他們並不是全力僞造《周禮》，也不至於還是一部殘
稿吧。不但如此，徐先生又認爲元始四年（公元四年）王莽所引《周
官》卽是居攝三年（公元八年）劉歆等所說的《周禮》。他說：

> 我推測，制定《周官》，莽在哀帝罷政時已先事草創。及劉歆
> 典文章（按：公元前一年），除完成《三統曆》外，並將王莽所
> 已草創者整理成今日所謂《周官》，至次年而開始援引。又越
> 四年為初始元年（西元八年），為適應政治的要求，乃將《周官》
> 改名為《周禮》。（頁51）

換言之，劉歆整理了四年的《周官》仍是一部未成之稿，但王莽已開始
援引。又過了四年改《周官》爲《周禮》而仍然是一部缺了〈冬官〉
的殘書，但這部書對於王莽的改制和受命又是如此的重要，這還能算
是「合理的推測」嗎？又上引劉歆的一段話，徐先生一再說是暗示《周

禮》爲王莽所創製，故「發得《周禮》」之「發」可解釋爲「發現」，也
可解釋爲「發明」。依徐先生的理解，王莽之所以僞造《周禮》是因
爲非假托之周公，則其書不尊，而劉歆等之所以「暗示」《周禮》爲
王莽所造，則因爲「若不透出王莽創製之實，而僅係由秘府中發現一
部古典，則王莽自身的勳德不著，將縱有比附周公攝政之名，而無周
公所以成爲周公之實」（頁46）。這更是非常奇怪的邏輯。王莽一方面
造僞，另一方面又惟恐人不知其造僞，這樣才可兼得兩者的好處。這
眞合乎西諺所謂「既食餅又欲餅在」（To eat the cake and have
it）了。其實如我們在前面所指出的，原文「發得《周禮》，以明因
監。則天稽古而損益焉」根本便明說王莽既「因」於《周禮》，又有
創製，此中本無矛盾，更何須「暗示」呢？

　徐先生之所以在〈王莽傳〉原文上如此橫生波瀾也許和他的政治
經驗不無關係。他對於現代中國的政治有深刻的瞭解，因此往往不免
有以今度古的傾向。這正是他所謂「時代經驗必然在古典研究中發生
偉大地啓示作用」（原書「自序」）。康有爲「托古改制」的觀念已不
免有「以今度古」、「以己度人」之嫌。徐先生則更進一步，認爲王莽
不但「托古改制」，而且唯恐他的「改制」爲「托古」所掩，得不到
「制作」的美譽，因此必須以「暗示」的方式自暴其僞。在王莽、劉
歆的時代，「誠」、「僞」之辨還是很重要的；「則天稽古」也是基本價
值。王莽是否曾「托古改制」已是一問題，即使確有「托古改制」之
事，他是否願意把這一內幕向社會和盤托出更是一問題。當時社會怎樣
看待這種僞造經典的「托古改制」則尤其不能不成爲一問題。如果說
王莽政權的合法性完全建立在他僞造的《周禮》上面，而這一僞造的
事實又必須婉轉「暗示」給人知道，然後才能更顯得王莽的偉大，這
樣曲折矛盾的心理恐怕不僅不能求之於漢代，而且也不是任何現代社

會所能具有的。事實上，我們只要稍稍回想一下劉歆爭立《左傳》、《毛詩》、《古文尚書》、《逸禮》時所遭到的強烈抗拒，便不難推想經典眞僞在當時儒生心中有多麼重要了。劉歆強調《左傳》等是「古文舊書，皆有徵驗」（見《漢書・劉歆傳》）正是要說明這幾部書同是源遠流長的儒家經典，與已立學官之諸經具有同等的價值。但劉歆雖得到哀帝的支持，終不能壓服朝廷諸儒以及執政大臣，最後只有倉皇求去，出補河內太守。在這種極端崇古的風氣下，說王莽、劉歆竟會自暴其僞造《周禮》的隱秘以求增加政治上的聲望，那簡直是不可想像的事。徐先生引《呂氏春秋》、〈王制〉等爲解，殊屬比擬不倫，一點說服力也沒有。

　　前面所引關於「辟當人」僞造案的研究可以使我們瞭解：指控某人作僞是一件極其嚴重的事，如果沒有十分證據，是不能輕率斷案的。據現存有關史料，我們最多只能說劉歆曾利用《周禮》助王莽改制。劉歆是否竄改了《周禮》我們已無充足的證據可資判斷。如果再進一步指控劉歆僞造了全部《周禮》，那便是在製造冤案了。現在徐先生在全無證據的情況下竟把僞造罪硬加在王莽的身上，這就不符合考證學的基本要求了。胡適之先生提倡考證學，有「大膽的假設，小心的求證」的名言。但是這個口號的上半句如果不加分析是很容易引人誤入歧途的。在科學研究中，「假設」（hypothesis）的地位並不是很容易取得的。凡是能提升到「假設」的地位的問題都預設研究者對於本行的研究現狀和問題的背景知識有一通盤的瞭解。有了這種瞭解之後，他才能判斷怎樣建立「假設」，以及建立什麼樣的「假設」。背景知識也包括材料在內。「假設」縱然有趣，但如果材料不足，則仍然只有放棄。「假設」往往是學術發展的內在理路逼出來的；例如某一問題研究到某一階段遇到了障礙，這便需要建立新的「假設」使

研究可以繼續下去。所以在通常的情形下，「假設」的可能性是有限
的。什麼樣的「假設」獲得證實的可能性較高，這是研究者必須事先
愼重考慮的。因此所謂「大膽的假設」必須理解爲在有限可能的範圍
內儘量「大膽」，而不是漫無邊際的卽興聯想。讓我舉西方考證史上
一個「大膽假設」的有趣例子。佛洛伊德 (Sigmund Freud) 在一
九三七年發表了一篇轟動一時的論文，題爲〈摩西與一神教〉（Mo-
ses and Monotheism，英譯本刊於 1939 年，現有 Vintage 普及
版）。在這篇論文中，他提出了一個驚人的「假設」，卽摩西不是猶太
人，而是埃及人，據他的推測，摩西原來是一個埃及的貴族，甚至王
室子弟，與公元前十四世紀中葉的埃及名王伊克拿頓 (Ikhnaton，
卽 Amenhotep IV，在位年代是1375～1358 B.C.) 關係極爲密切。
伊克拿頓創立了一個全新的一神教，由於這個新的一神教（Aton
Religion）非常不容忍，它未爲一般埃及人所接受，只有伊王左右的
少數人成了它的信徒，摩西卽其中之一人。伊王死後，被迫害的舊教
人民起而反抗，埃及的第十八王朝從此走上了衰落的命運。摩西旣是
新教信徒，伊王死後他在埃及也住不下去了。他當時大概是埃及邊郡
（Gosen）的領民官，境內恰好有一些猶太人部落，因此他便利用他
的政治權威向他們傳播新宗教，而獲得成功。最後他帶領著這批猶太
人離開了埃及。這便是《舊約》〈出埃及記〉（Exodus）一段故事
的歷史背景。

　　佛洛伊德爲什麼會建立這樣一個「大膽的假設」呢？首先是根據
當時宗教史和宗教心理學的研究，《舊約》中的宗教心理現象只有通
過這一「假設」才能講得通。他當然也承認《舊約》研究的傳統中有
很多不利於這一「假設」的證據，但是在權衡了正反兩方面的證據之
後，他覺得還是可以作爲一個「假設」而提出來。其次是當時埃及考

古和歷史的研究也爲他的新說提供了線索。例如據當代埃及古史的權威布列斯德（James Henry Breasted）的研究，摩西 (Moses) 毫無疑問是埃及人的名字。佛洛伊德更加以補充，指出許多埃及王的名字後面都帶有mose一字，如Ah-mose, Thut-mose, 和Ra-mose 等。此外當然還有些別的證據，這裏不能詳說了。這個例子可以說明：「假設」無論怎樣大膽，多少總有某些學術發展的內在理路可尋，決不是研究者一時「心血來潮」便可以建立起來的。摩西的事蹟太古遠了，宗教的傳說又經過了種種「神化」，這個「假設」也許如有些專家所批評的，只是一個「壯觀的空中樓閣」（「a spectacular castle-in-the-air」, Salo W. Baron 語，見 Bruce Mazlish, ed., *Psychoanalysis and History*, Grosset's Universal Library edition, 1971 p.55），但更值得指出的是佛洛伊德自始至終都僅僅把他的新說看作一個「假設」，全書也都出之以假定的語氣：「如果摩西是一個埃及人」（If Moses was an Egyptian）。他坦白承認證據不足，僅備一說，而把證實的希望寄托在未來的地下發掘上面。但到現在爲止，中東的考古還沒有證實這一假設（參看 Robert Waelder, Psychoanalysis and History: Application of Psychoanalysis to Historiography 一文，收在 Benjamin B. Wolman, ed., *The Psychoanalytic Interpretation of History*, Basic Books, 1971, pp.25～27）。

回到《周禮》的問題上，康有爲斷劉歆僞造一案便語氣極爲堅定，徐復觀先生持「王莽草創、劉歆整理」之說也是如此。他們都給人以「鐵案如山移不動」的強烈感覺。「鐵案如山」的考證當然也是有的，如閻若璩《古文尚書疏證》即是其中之一。但即使「鐵案如山」也未嘗完全沒有商榷的餘地（參看張蔭麟〈僞古文尚書案之反控

與再鞠〉，收入《張蔭麟文集》，臺北：中華叢書本，1956 年，頁1~49)。何況如康、徐兩先生之說最多不過是「假設」而已，而且即使作爲「假說」也是屬於最弱的一類。建立「假設」必須掌握住學術上的分寸，這一點中國傳統的考證學家也早已見到。毛奇齡〈經問〉論及《周禮》有云：

> 《周禮》自非聖經，不特非周公所作，且並非孔、孟以前之書。此與《史記》、《禮記》皆同時雜出於周、秦之間，此在稍有識者皆能言之。若實指某作，則自坐証妄，又何足以論此書矣！（引自張心澂《僞書通考》，上海：商務印書館，1939年，頁302）

這是十分通明的見解，到今天仍不失效。故毛氏在〈經問〉中力闢劉歆僞造之說。

劉歆僞造《周禮》之說出於宋人，而宋人爲此說則因激於王安石引用《周禮》爲變法的根據。這是大家都知道的事實。但是這兩件事究竟在宋代是怎樣連繫在一起的，還是值得根據第一手資料略作檢討。邵博《邵氏聞見後錄》卷三云：

> 昔孟子欲言《周禮》，而患無其籍，今《周禮》最後出，多雜以六國之制……晁伯以更以爲新室之書也……予頗疑之。後得司馬文正公《日記》，上主青苗法曰：「此《周禮》泉府之職，周公之法也。」光對曰：「陛下容臣不識忌諱，臣乃敢昧死言之。昔劉歆用此法以佐王莽，使農商失業，涕泣於市道，卒亡天下，安足爲聖朝法也？且王莽以錢貸民，使爲本業，計其所得之利，十取其一。比於今日，歲取四分之息，猶爲輕也。」

> ……是文正公意，亦以《周禮》多斮室之事也。自王荊公藉以
> 文其政事，盡以為周公之書，學者無敢議者矣。

司馬光是最反對王安石變法的人，因此他疑心《周禮》是劉歆所偽，
不是周公之書。司馬光的話是當面駁神宗的，說得較為含蓄，但言外
之意十分明白。邵博是邵雍之孫，雍與司馬光同居洛陽，交遊頗密，
見雍父伯溫《邵氏聞見錄》卷十八。伯溫因此得讀司馬光〈齋記〉、
〈日記〉、〈記聞〉諸原稿並有摘錄（見《聞見錄》卷十一）。所以
上引〈日記〉決可信為實錄。司馬光之疑及劉歆正合乎徐復觀先生所
謂「時代經驗」的啟示。司馬光也許是劉歆偽造說的始作俑者（按：朱
彝尊《經義考》卷一二〇引羅璧論宋人疑劉歆偽作《周禮》即首舉司
馬光）。下逮南宋初期，此說已以學術面目出現。洪邁《容齋續筆》
卷十六〈周禮非周公書〉條云：

> 《周禮》一書，世謂周公所作，而非也，昔賢以為戰國陰謀之
> 書，考其實，蓋出於劉歆之手。《漢書‧儒林傳》盡載諸經
> 專門師授，此獨無傳。至王莽時，歆為國師，始建立《周官
> 經》以為《周禮》，且置博士。而河南杜子春受業於歆，還家
> 以教門徒，好學之士鄭興，及其子眾往師之，此書遂行。歆之
> 處心積慮，用以濟莽之惡，莽據以毒痡四海，如五均、六筦、
> 市官、賒貸，諸所興為，皆是也。……王安石欲變亂祖宗法度，
> 乃尊崇其言，至與《詩》、《書》均匹，以作《三經新義》……
> 則安石所學所行實於此乎出。……嗚呼！二王託《周官》之名
> 以為政，其歸於禍民，一也。

這已是清代姚際恆、方苞、廖平、康有爲一派人的理論的雛型，但王安石變法所發生的刺激作用仍然清楚地流露了出來。

但「時代經驗」的啓示只能改變我們對古代經典的意義的理解，而無助於解決古典的作者問題。宋人因王莽、王安石假托《周禮》行「禍民」之政，而疑及劉歆僞造，這是由於他們抱著一種牢不可破的「曾謂聖人而有是」的觀念。周公是「聖人」，《周禮》若爲「聖人」所作，則不應實行起來反而招亂。劉歆恰好是提倡《周禮》、助王莽「制禮作樂」的人，因此「天下之惡皆歸之」，僞造的罪名便落到了他的頭上。不但如此，細讀上引司馬光〈日記〉和洪邁《容齋續筆》之文，不難看出他們是以劉歆來影射王安石，前者僞《周禮》，後者著《周官新義》，前後如出一轍。所以在檢討了劉歆僞造說的發生歷程之後，我們可以斷定此說是北宋政爭的產物；它起於意識形態的需要，而不是從《周禮》研究過程中發展出來的「假設」〔按：司馬光熙寧二年〈論風俗劄子〉說：「近歲公卿大夫好爲高奇之論……，新進後生未知臧否，口傳耳剽，翕然成風，至有……讀《禮》未知篇數，已謂《周官》爲戰國之書」（《溫國文正公文集》卷四十五）〕。可見北宋初期學者多以《周禮》爲戰國時代作品，司馬光且以輕疑爲戒。近代持此說最力、影響也最大的是康有爲，但《新學僞經考》顯然更是一部提倡「變法」的意識形態之作，並非出於學術上的眞知灼見。梁啓超說得很明白：

> 有爲早年，酷好《周禮》，嘗貫穴之著《政學通議》。後見廖平所著書，乃盡棄其舊說。（《清代學術概論》，頁56，《飮冰室專集》第八册，北京：中華書局，1989年出版）

可見康氏對《周禮》一書本無定見，早年「貫穴之著《政學通議》」也同樣出於意識形態的要求。總之，作爲學術史的研究言，劉歆僞造說自始卽不足以構成一個嚴格意義上的「假設」。康氏《新學僞經考》加以穿鑿鋪張，雖能眩惑一般讀者，此說的破綻卻也因此而畢現了。但是《僞經考》自有其不可磨滅的價值，梁啓超又論此書曰：

> 諸所主張，是否悉當，且勿論。要之，此說一出，而所生影響有二：第一，清學正統派之立脚點，根本動搖。第二，一切古書皆須從新檢查估價。此實思想界之一大颶風也。（同上）

這一評價是很公允的。陳寅恪在清末親歷這一場思想界的「颶風」，他回憶當時情況說：

> 曩以家世因緣，獲聞光緒京朝勝流之緒論。其時學術風氣，治經頗尚《公羊春秋》……後來今文公羊之學，遞演爲改制疑古，流風所被，與近四十年間變幻之政治、浪漫之文學，殊有連繫。……考自古世局之轉移，往往起於前人一時學術趨向之細微。迫至後來，遂若驚雷破柱，怒濤振海之不可禦遏。（朱延豐《突厥通考》序，收入《寒柳堂集》，上海：古籍出版社，1980年，頁144）

陳寅恪並不同情康氏今文公羊之學（見〈讀吳其昌撰梁啓超傳後〉，同上書，頁149），但這裏說到《僞經考》的客觀影響，竟比之爲「驚雷」、「怒濤」，正可與梁啓超的「颶風」互證。

　　徐著《周官成立之時代及其思想性格》一書，其得其失與《新學

僞經考》多有相似之處。從學術研究的觀點看，王莽、劉歆合僞說不但證據更爲薄弱、曲解也更爲嚴重。但以「時代經驗」的啓示而言，其中確有十分深刻甚至沉痛的地方。徐先生的「時代經驗」是現代極權主義。這一切身的經驗使他把《周禮》的政治社會設計看成了極權主義的雛型。他基本上斷定《周禮》是一部法家的著作，儒學在此書中只有「緣飾」的作用。「讀法 ―― 以吏爲師」一節便淸楚地表明了這一觀點。在論「賦役」和「刑罰」兩節中，他簡直在《周禮》和現代極權主義之間劃下了等號。我不想進一步討論他的說法是否能夠成立，因爲這不是幾句話講得淸楚的。但是必須說明，如果我不能完全接受他的看法，那並不因爲我有任何先入的偏見在作祟。相反的，《周禮》是王莽與劉歆合僞的法家著作這一論斷如果眞能成立，在我將是十分歡迎的。因爲這爲我所謂「漢代儒學法家化」提供了一個最有力的例案（參看我的〈反智論與中國政治傳統〉一文，收在《歷史與思想》，臺北：聯經，1976 年）。我在這裏只想指出，他因現代極權主義的經驗而對《周禮》採取了澈底否定的態度，這一點確具有重大的時代意義。《周禮》無疑是中國思想史上一部「烏托邦」作品，對整個社會有一套完整的、全面的、系統的設計。這一套烏托邦的設計特別受到儒家型知識人的重視，因爲儒家的特色之一便是要「改造世界」。《周禮》旣是「周公致太平之書」，兩千年來它對中國知識人的號召作用始終不衰，特別是在危機的時代。因此康有爲早年酷好《周禮》，而孫詒讓花了二十年的時間著《周禮正義》也是由於他深信「處今日而論治，宜莫若求其道於此經」（《周禮正義‧序》）。康有爲後來斥《周禮》爲僞書，我想主要是因爲他已受到西方思想的激發而創造了一套新的烏托邦 ―― 《大同書》。今本《大同書》成書年代尚有爭論，但他的「大同」理想醞釀甚早，確在《僞經考》之前

（參看湯志鈞《康有為與戊戌變法》一書中論《大同書》成書年代兩文，北京：中華書局，1984年，頁108～133。此兩文證實了錢賓四師在《中國近三百年學術史》〈康長素〉一章中的「假說」，即康氏在一八八四年雖有「大同」思想，但《大同書》的撰成則遲在一九〇一至一九〇二年。他倒填年月，把《大同書》提早到一八八四年是為了掩飾廖平對他的影響）。自此以後，中國知識人便用各式各樣西方的烏托邦代替了周公的烏托邦。所謂「破舊立新」——即澈底掃除中國的舊傳統、建立一個全新的現代秩序——逐漸取得政治社會思想上的主導地位。

恰好西方自十七世紀以來出現了一個有力的社會思潮，即相信人類能憑著理性和科學知識建造一個全新的、系統整齊的、理想的社會，從霍布斯到馬克思都在這一思潮。但是設計和實現這一理想秩序也有一個必要的先決條件，即將舊秩序一掃而光。只有澈底「破舊」之後才能開始「立新」。法國大革命便是這思潮的體現，所以當時的革命家要改變一切，包括時間和空間的觀念。一星期不再是七天而是十天，度量衡也重新設計過了。這叫做「一切從一張白紙開始」（Starting with a clean slate）。但在實踐中，由於近代世界是以民族國家（nation state）為基本單位，因此每一國家都必須有一個巨大的「中心力量」（central force）在主宰一切（此即霍布斯所說的「怪物」Leviathan），所有的個人都像是原子一樣，只能在中心力量規定的範圍內活動。這一設想顯然是仿照牛頓的太陽系（plane-tary system）而來。「中心力量」（實際上即是國家領導人，Sover-eign）好像是「太陽」，社會的各部分（包括每一個個人）則如太陽系中的行星，都有其一定的軌道和位置。太陽系的穩定不能不靠「太陽」，社會系統的穩定也必須有一個強大的「中心力量」。這是吸引

了許多西方知識人的一個現代社會系統，可以稱之為「大同國家」（cosmopolis）。西方近代思想史上有許多烏托邦的設計，但以上所刻劃的顯然是其中最有影響力的一型，它適用於列寧和斯大林的「無產階級專政」的國家，也適用於希特勒的「國家社會主義」（以上所論參看Stephen Toulmin, cosmopolis, *The Hidden Agenda of Modernity*, New York: The Free Press, 1990）。

這一型的西方「烏托邦」對現代中國知識人具有特殊的誘惑力，「五四」以後馬克思主義在中國的泛濫便是明證。我們對這一思想史的現象提出兩點可能的解釋：第一是「五四」時代中國知識人對「科學」的無限信仰。「五四」思想的主流是實證主義，相信社會的發展也可以通過科學的研究而掌握其規律。例如在一九二三年「科學與人生觀」論戰的時期，陳獨秀便肯定孔德（Comte）分人類社會為三個階段之說「是社會科學上一種定律」（見陳獨秀先生序，收在《胡適文存》第二集，卷一〈科學與人生觀序〉附錄一，頁141。臺北：遠東圖書公司，三版，1971年）。其實陳獨秀這時已是一個馬克思主義者，他當然更相信唯物史觀的「五階段論」是「定律」了。「科學的社會主義」便是在這種思想狀態之下征服了許多中國知識人的。第二，「五四」時代雖然已經沒有人相信《周禮》可以「治國、平天下」了，但是根據一種理想的設計全面改造社會 —— 即「聖人制作」 —— 的傳統觀念則仍然保留在許多知識人的思想習慣之中。這兩個傳統的滙流對於極權主義在中國的興起確發揮了在思想上清宮除道的作用。

為什麼我認為徐復觀先生從極權主義的角度來理解《周禮》中政治社會的設計具有重要的時代意義呢？因為這象徵著中國現代知識人的澈悟和轉向。一百年以來，烏托邦的追求在中國不僅深入人心而且迫不及待。許多知識人似乎都深信，只要他們精心設計的社會改造的

藍圖實現了，中國一切的具體問題都將迎刃而解。我們在前面已指出，全面「破舊立新」的想法在西方已有兩三個世紀的歷史。現在我們應該更進一步指出：這一想法在中國傳統中也早有根源。二十世紀四十年代，西方少數傑出的思想家已開始在打破烏托邦的信仰。海耶克 (Friedrich A. von Hayek) 揭露了社會主義的本質，說明它何以不可避免地將引向「奴役之路」(Road to Serfdom)；他的朋友卡爾・波普 (Karl Popper) 則將現代極權主義的源頭上溯至柏拉圖的《理想國》(*Republic*)。波普的《開放社會及其敵人》(*Open Society and Its Enemies*) 這部名著（撰成於一九四三年）最可說明「時代經驗」對於古典的理解所發生的啓示作用。歐戰爆發前後，波普深切體驗到人類的自由正在受到最嚴重的威脅。這威脅來自當時的兩股勢力：斯大林的共產主義和希特勒的法西斯主義。兩者有一個共同的特點，卽主張對社會進行「大規模的計畫」(large-scale planning)。全面的或大規模的「計畫社會」必然離不開一個計畫中心，這當然非以「導師」或「領袖」爲首的一黨專政莫屬了。所以波普也稱極權主義爲「領航主義」(dirigism)，毛澤東時代中國大陸上流行的「大海航行靠舵手」那首歌便生動地表達了「領航主義」的意思。我們不難看出，極權主義正是上面所說的「太陽系」模式的社會結構的最高發展。波普早年讀柏拉圖的《理想國》和其他有關的著作時，已察覺其中有極權主義的傾向。此時在「時代經驗」啓示之下，重新細讀《理想國》，他更深信西方現代極權主義的思想來源是柏拉圖。

波普親身感受極權主義的威脅，於是澈悟一切全面計畫的烏托邦設想都只能危害人類。他最初想採用另一書名《僞先知：柏拉圖─黑格爾─馬克思》(*False Prophets: Plato-Hegel-Marx*)，這更可顯

出他對一切全面計畫的烏托邦都不信任。他反對計畫社會是有其知識論上的根據的。我們的知識是永遠不會完全的，而且我們隨時都會在知識上犯錯誤。「全面計畫」則必須預設全面的知識和永遠不犯錯誤，因爲知識如果不全面或錯誤，那麼整個設計便陷入「一著錯，滿盤輸」的絕境了，其貽害全社會之大而深是不可估量的。波普因此看清了一點：即人間世界是永遠不可能完美的，我們也不能期望找到一副萬靈藥方，把一切社會病痛統統治好。波普的「開放社會」並不完美，而是對知識和批評開放的。它有自我調節的功用，因此無論什麼地方出了問題都可以根據最新的知識求得一種最合理的具體的解決辦法。總之，「開放社會」是對知識開放的，也是和知識共同成長的(以上所論參看 Karl Popper, *Unended Quest: An Intellectural Biography,* La Salle, Illinois: Open Court, 1976, pp.13〜19)。

波普對全面計畫的烏托邦所提出的批評是深刻而澈底的，但是其中所包涵的基本觀點並不新穎。事實上，這是一種局部改革論。胡適在一九一九年和李大釗關於「問題」和「主義」的爭論已接觸到這個基本觀點。由於當時全面設計的烏托邦在蘇聯也不過剛剛開始，弊端未著，所以很難引起人的深思。到了八十年代，中國的「時代經驗」已十分豐富，不少知識人都得到了深刻的啓示，徐復觀先生也是其中之一。他在一九八一年八月二十七日的《日記》上說：

閱《朱子論學切要語》至 375 頁答潘時舉問，謂「今學者幾多未求病根，某向他説顚痛炙頭，腳痛炙腳。病在這上，只治這便了。更討甚病根也。」看至此，不覺一驚。因我答石元康書中謂「頭痛醫頭，腳痛醫腳，這有什麼不對」，以糾正他説「不可頭痛醫頭，腳痛醫腳」的想法，不覺與朱子之意暗合。……

但我了解到此，已比他遲了二十多年（見《無慚尺布裹頭歸——徐復觀最後日記》，臺北：允晨叢刊，1987年，頁170）。

據徐先生的自述，他放棄「求病根」的想法，在年齡上比朱子已遲了二十多年（朱子上項語錄大約記於他在五十多歲的時候）。這正是我上面所說的「澈悟和轉向」，也是拜「時代經驗」的啓示之賜。徐先生指斥《周禮》中的極權傾向和上述的局部改革的思路顯然是一貫的。波普的「開放社會」也只能通過「頭痛醫頭，腳痛醫腳」的方式逐步改善。所以我認爲徐先生對於《周禮》的現代意義的闡發恰好和波普對柏拉圖《理想國》的評論同其取徑，一束一西，互相輝映。研究《周禮》的專家也許會對徐先生的解釋提出種種異議，正如西方專治柏拉圖的學者對波普的論斷多方質難一樣（最近的駁論可看C.D. C. Reeve, *Philosopher Kings: The Argument of Plato's Republic,* Princeton University Press, 1988, pp.208～213; 231～234; 281～282）。但這完全是另一問題。經典之所以歷久而彌新正在其對於不同時代的讀者，甚至同一時代的不同讀者，有不同的啓示。但是這並不意味著經典的解釋完全沒有客觀性，可以興到亂說。「時代經驗」所啓示的「意義」是指 significance，而不是 meaning。後者是文獻所表達的原意；這是訓詁考證的客觀對象。即使「詩無達詁」，也不允許「望文生義」。significance 則近於中國經學傳統中所說的「微言大義」；它涵蘊著文獻原意和外在事物的關係。這個「外在事物」可以是一個人、一個時代，也可以是其他作品，總之，它不在文獻原意之內。因此，經典文獻的 meaning「歷久不變」，它的 significance 則「與時俱新」。當然，這兩者在經典疏解中常常是分不開的，而且一般地說，解經的程序是先通過訓詁考證來確定其內在的

meaning，然後再進而評判其外在的 significance 。但是這兩者確屬於不同的層次或領域（關於 meaning 和 significance 的分別，可參看 E.D. Hirsch, Jr., *Validity in Interpretation*, Yale University Press, 1967)。徐先生《周官成立之時代及其思想性格》有訓詁考證，也有「微言大義」。其中考證的部分，特別是關於作者的考證，是大有商榷餘地的。但是他的「微言大義」則確是有感而發，透露了重要的時代消息。這是值得我們深思的。

金春峰先生最近寫成《周官之成書及其反映的文化與時代新考》一部專著。他回到了《周禮》成於戰國晚期的假設，但是他把這一假設推進了一步，指出這是秦統一前秦地學者的作品。他不但翻遍了一切相關的古代文獻資料，而且更大量地用了現代的考古材料。這是王國維所謂的「二重證據」。這是有關《周禮》研究的一個全新的假設。金先生的假設是不是在本書中完全證實了，這必須要等待專家的詳細評估才能定案，我是不配說話的，但是我承認這是一個非常合理的假設。如果我們已能初步肯定《周禮》是戰國晚期的作品，下一步自然便要縮小此書的地域範圍，找出它究竟是戰國中哪一國的產物。現在雖有三晉（郭沫若）和齊國（楊向奎、顧頡剛）兩種說法，但論證都十分簡單，遠不如金先生此書的詳密周延。所以此書作為「一家之言」是相當卓越的。

由於徐復觀先生的考證最後出，且和金先生的看法處於完全相反的立場，因此金先生在他的書中不得不進行了大量針鋒相對的辯駁。金先生的原稿大部分留在新加坡，我沒有機會讀到他的議論的全部。金先生要我為此書寫一篇序文，我想泛泛數語未免對不住這部用大氣力寫出的專論，所以趁此機會把我平時對於《周禮》研究史的意見寫了出來，以答雅意。十年前承徐復觀先生寄贈《周官成立之時代及其

思想性格》，讀後對他老年篤學的精神不禁萬分欽佩。我雖然不同意他的考證，但那時徐先生已患重病，且無緣相見，因此失去了向他當面請益的機會。必須說明，我在本文中對徐先生新說的批評絲毫也不減少我對他的敬意。我也不知道金先生的批評和我有何異同，但是我深信學術是非只有通過往復論辯才能逐漸接近定案。以現階段而言，徐先生的假設未必全非，而金先生和我的假設也未必盡是。不過我和徐、金兩先生卻有一大不同之處：他們兩位都是《周禮》的研究者，而我則是一個旁觀的人，因此我的討論不限於《周禮》考證的本身，而引申到考證學方法論和古典的現代意義等一般的問題。程明道評論王安石有云：

> 介甫談道，正如對塔說相輪。某則直入塔中，辛勤登攀。雖然未見相輪，能如公之言，然却實在塔中，去相輪漸近。

徐、金兩先生都已「直入塔中，辛勤登攀」，他們關於《周禮》的考證卽使尙「未見相輪」，也已「去相輪漸近」。而我這篇討論《周禮》的序文則是不折不扣地「對塔說相輪」。我身在「塔外」，雖然橫說直說，卻始終未近「相輪」一步。這一點是必須向讀者鄭重聲明的。是爲序。

一九九〇年六月十六日

余英時 序於普林斯頓

自　序

一

　　《周官》又名《周禮》❶，與《儀禮》、《禮記》一起被稱為「三禮」，是儒家的重要經典之一。歷代儒家對其評價甚高。漢儒馬融說：「秦自孝公已下，用商君之法，其政酷烈，與《周官》相反。故始皇禁挾書，特疾惡，欲絕滅之，搜求焚燒之獨悉……。劉歆……末年乃知其周公致太平之迹，迹具在斯。」❷鄭玄說：「斯道也，文武所以綱紀周國，君臨天下，周公定之，致隆平龍鳳之瑞。」❸唐儒賈公彥說：「唯有鄭玄偏覽羣經，知《周禮》者乃周公致太平之迹，故能答林碩之論難，使《周禮》義得條通。」❹

　　宋明清諸儒如張載、程頤、朱熹等皆推崇《周官》，以其為周公之書或周代禮制。張載說：「《周禮》是的當之書，然其間必有末世增入者。」❺朱熹說：「《周禮》規模皆是周公作，但其言語是他人作

---

❶　此書《史記·封禪書》、《漢書·禮樂志》及＜河間獻王傳＞並稱《周官》，《漢書·藝文志》本劉歆《七略》，稱《周官經》。荀悅《漢紀》、《經典釋文·敘錄》認為，劉歆與諸儒議莽母喪服時，已改稱《周官》為《周禮》。實際這是誤解，詳見本書第十章。要之，西漢及東漢諸儒杜子春、馬融、鄭興父子等皆稱之為《周官》，許慎則兩名並用，至鄭玄，正式題名為《周禮》，其＜冢宰＞注云：「周公居攝而作六典之職，謂之《周禮》」，又＜多官目錄＞云：「古《周禮》六篇畢矣」。鄭玄以後，人們習稱為《周禮》，正本清源，應稱為《周官》。

❷　賈公彥，＜序周禮興廢＞。

❸　同上。

❹　同❷。

❺　張載，《經學理窟·周禮》。

……。後世皆以《周禮》非聖人書，其間細碎處雖可疑，其大體直非聖人作不得。」❻呂祖謙說：「《周禮》者，古帝王之舊典禮經也，始於上古而成於周，故曰《周禮》。」《四庫全書總目提要》指出：「《周禮》作於周初……不盡原文，而非出依托，可概言者也。」❼

孫詒讓以畢生精力成《周禮正義》，亦持此種觀點。他說：「秩官之制，莫備於周，此經建立六典，洪纖畢貫，精意眇指，彌綸天地，其為西周政典，焯然無疑。」❽又說：「此經上承百王，集其善而革其弊，蓋尤其精詳之至者。故其治蹟於純太平之域。作者之聖，述者之明，蟠際天地，經緯萬端，究其條緒，咸有原本。」❾近人詹劍峰等亦持此類觀點。詹說：「降至戰國……一代大儒孟子對周室班爵祿之制，其詳已不得聞。但我們閱讀《周官》，周室之設官分職，猶燦然完備，何以能够這樣呢？只有設想《周官》之編輯成書，定在孔子之前，春秋中葉，約在單襄公時代。」❿

但漢儒張禹、包咸、周生烈、何休等皆不信為周公所作⓫。何休說：「《周禮》是六國陰謀之書」⓬。林孝存斥其為「瀆亂不驗之書」⓭。晁公武《郡齋讀書志》指出：「秦火之後，《周禮》比他經最後出，論者不一，獨劉歆為周公致太平之迹……。若北宮錡問孟子周室班爵祿之法，孟子已謂諸侯惡其害己也，滅去其籍，則自孟子時已無《周禮》矣，況經秦火乎？孝存、休非之，良有以也，不知劉、鄭何

---

❻　《朱子語類》卷八十六。
❼　朱彝尊，《經義考》引。
❽　《周禮正義·天官冢宰》注。
❾　《周禮正義·敍》。
❿　詹劍峰，<周官考略>，載《文獻》叢刊13輯，北京：文獻書目出版社出版。
⓫　賈公彥，《周禮疏》、<序周禮興廢>。
⓬　同上。
⓭　同⓫。

所據而言？」毛奇齡等發揮此說，謂「《周禮》不特非周公所作，且非孔孟以前之書，此與《儀禮》、《禮記》皆同雜出於周秦之間。」❶❹皮錫瑞作《經學通論》，指出「後人必以為周公作，又以《儀禮》亦周公作，然則兩書何以不符，又何以不見於孔孟書及春秋時人所稱引，使人反疑不信，惟從毛氏之說，以為戰國人作，方足以解兩家之紛。」

　　宋代，王安石變法，作《周官新義》。變法失敗，宋人詆毀《周官》日甚，開始倡劉歆偽造《周官》之說。羅璧說：「《禮記》古今議其雜。《周禮》則劉歆列上之時，包周、孟子張、林碩已不信為周公書，近代司馬溫公、胡致堂、胡五峰、蘇穎濱、晁說之、洪容齋直謂作於劉歆。蓋歆佐王莽，書與莽苛碎之政相表裏。」洪邁說：「《周禮》一書，考其實，蓋出於劉歆之手。」❶❺

　　清代今文學派興起，《周官》更被猛烈批判。廖平說：「此書乃劉歆本「佚禮」羼臆說揉合而成者，非古書也。何以言之？此書果為古書，必係成典，實見行事者；即使為一人擬作私書，亦必首尾相貫，實能舉行。今其書所言制度，惟其本之〈王制〉今禮者，尚有片斷，至其專條，如封國、爵祿、職官之類，皆不完具，不能舉行，又無不自相矛盾（如建國五等，出車五等之類）。且今學所說見之載籍者，每條無慮數千百見。至《周禮》專條，則絕無一佐證。如今學言封國三等，言三公九卿，毋慮千條，而《周禮》言地五等，以天地四時分六卿，則自古絕無一相合之證明。此可知其書不出於先秦。擬將原書分為兩集：凡「佚禮」原文，輯出歸還今學，至劉氏所羼補之條，刪出歸之古學。故今定《周禮》為王莽以後之書，不能與左氏比也。」

---

❶❹　《經問》。

❶❺　朱彝尊，《經義考》引。

❶康有為《新學偽經考》對之詳加發揮，論證其為劉歆偽撰。但漏洞極多，實不能成立。1929年錢穆作《劉向歆父子年譜》（為節省篇幅，所引各師、友及學者著作，皆直呼其名），批駁甚力。錢書重在考證劉歆父子生平，對康之劉歆偽造《周官》說，不過就事論事，隨文批點，所以康說影響仍然很大。1942 年郭沫若寫《論古代社會》，亦認為《周官》係劉歆改編偽撰。郭說：「劉歆有天文學的頭腦，所以作出這樣的書來。黃道周天是三百六十度，每年是三百六十天，劉歆就以這個作根據編成三百六十官。」❷但郭也只是簡單提出論斷而已，並未多加發揮。

真正以現代之學術眼光與方法，詳細論證《周官》為王莽劉歆偽作者，是徐復觀。1980年，徐出版《周官成立之時代及其思想性格》❸，分別從文獻線索、思想線索，以官制體現天道與政治理想及《周官》之各種政治、經濟、法律制度與思想皆係反映西漢末社會情況、符合王莽性格等方面，全面論證《周官》為莽、歆偽撰。其論辯可歸納為八點：

（一）《周官》是以政制體現天道的著作，其決定性的數字間架60與360兩個數字，係據劉歆《三統曆》而來。離開《三統曆》，無法說明《周官》的間架，無《周官》之間架，則《周官》全書皆無從著手。

（二）《周官》之「大司馬」不僅剝奪「冢宰」、「司徒」權力，集大權於一身，且將王架空。這是王莽以大司馬身分篡權的縮影，是為實現王莽之政治野心服務的。

---

❶ 廖平，《古學考》。
❷ 《郭沫若全集·歷史編》第一卷，頁400，人民出版社，1984年版。
❸ 徐復觀，《周官成立之時代及其思想性格》，臺灣：學生書局印行，1980年。

（三）《周官》之財經思想以搜括天下錢財為能事，承漢代桑弘羊鹽鐵官營政策而來，在先秦不可能如此。

（四）《周官》之井田制，是王莽針對西漢土地兼併情況而設計的，企圖以此解決西漢末年這一重大社會矛盾。

（五）《周官》之市場與商業，由桑弘羊平準政策而來。「以泉府同貸而斂賒」，是〈平準書〉的變形。《周官》「將商人的機能抑至最小限度，將政府限制的機能擴至最大限度」，是桑弘羊政策的「改頭換面的進一步的發展」，與先秦富商大賈「周流天下」的情況不相容。

（六）《周官》的社會組織，兵農合一，原於《管子》「寓內政而寄軍令」而更加嚴密，目的是徹底控制民眾，解決西漢末年農民由「流亡所起的各種問題」。

（七）《周官》通過組織性的「讀法」以貫徹刑法制度，是王莽吸收法家「以吏為師，以法為教」的思想所形成的。《周官》之刑罰，無孔不入，是法家刑治思想的擴大，與王莽的性格「很相符合」。

（八）《周官》的教育思想，不重人格之樹立，純是「點綴門面」、「敷衍湊數」。這也是王莽本人性格特點的反映。

本著不同意你的這些看法。本書的觀點可歸納為三點：

（一）《周官》係戰國末年作品。

（二）是入秦的各國學者所作。《周官》的主導思想是儒法兼綜，企圖以儒家思想調和與修正法家的現實制度。《呂氏春秋》總結歷史經驗教訓，提出秦統一以後，政治思想應以儒家為主導。《周官》亦是如此。故其官職設置和制度設計的藍圖及指導思想，亦是為新的統一皇朝服務的。因為反映同一的時代與社會背景，故《周官》與《呂氏春秋》類似，有系統的陰陽五行思想，有齊文化，如《管子》等的

影響，並反映戰國末期特別是秦的許多社會、政治、經濟、文化、宗教與風習，也繼承了周文化的許多典禮、制度與風習。

（三）故《周官》之「周」非周代之「周」，係周詳完備之意。把它與周公作《立政》、《周官》混為一談，以之為周代之官職設置是錯誤的。

1929年，錢穆成《周官著作時代考》，從祀典、刑法、田制、封建、車乘、卒伍、庶子、餘子、喪葬等方面，詳引史料，對《周官》非周公作，亦非周代之典禮制度，作了充分論證。錢穆關於《周官》成書的基本結論是：「《周官》書出戰國晚世，當在道家思想轉成陰陽學派之後，而或者尚在呂不韋賓客著書之前，故《周官》書中並未採及五帝四時分祀之說。及秦帝而齊人始奏鄒子之徒所為『五德終始』之說，《周官》著者似亦不及見，故受命帝等諸說，書中亦未有。」「《周官》遠承李悝、吳起、商鞅，參以孟子，而為晚周時代的一部書。」

本書在大的方向上與錢著一致，但論證重點與錢不同，且亦不同意錢的上述具體說法，這些將在以下各章指出。

徐復觀以前，《周官》研究的另一大家是顧頡剛。1978年顧在《文史》第六輯發表〈周公制禮的傳說和周官一書的出現〉，指出《周官》的成書是與「戰國時代的統一希望及其實現帝制的準備工作有聯繫的。」他說：管子〈立政〉的地方行政組織及「正月之朔，百吏在朝，君乃布憲於國，五鄉之師、五屬大夫皆受憲於太史」等等，是戰國時代領主制快到了消滅的時候的計畫，「與其說是管仲的，實在不如說是商鞅的。」這也是與本著的論證方向完全一致的。可惜的是，顧氏不願把《周官》與秦國及秦人聯繫起來，而仍然拘泥於《周官》為齊人所作的傳統看法，以致認為《周官》與《管子》是齊文化的「兩

個學生子，所以會有這樣密切的關連。」又說「《周官》我敢斷定是齊人所作」，和前面的想法走到了自相違背的境地。

顧氏受清人楊椿的影響甚大。楊作《周禮考》曾說：「是書非周公作也，疑其先出於文種、李悝、吳起、申不害之徒，務在富國強兵，以攻伐、聚斂為賢，而其人類皆堅強猛鷙，有果毅不羣之材，故能謀之而必行，行之而必成，而其書亦遂得傳於世。遭秦之火，散亡遺佚，間有存者。後人網羅摭拾，滙為此書……。其殘篇斷簡，亦或意為增損，故襍重缺裂，自相矛盾，且以周秦後事附入者在在有之。」顧很同意楊的觀點，讚佩地說：「讀了這幾句話，真像獲得了打開千年鐵門的一把鎖匙，知道這原是一部戰國時的法家著作，在散亡之餘，為漢代的儒家所獲得，加以補益增損，勉強湊足了五官。然而由於儒法思想的不同，竟成了一個四不像的動物標本，這就是我寫這篇文字的結論。」顧氏很重視《周官》的研究，說「這是一個大問題，還得作細緻的分析研究，方能徹底解決，我這篇論文，不過是開了一個頭而已。」可惜，顧氏於1980年與世長辭，宏願未能實現。本書雖然不同意顧的具體結論，但研究也可以說是接着顧氏的工作繼續作的。

二

本書的內容是考證與思想分析相結合，用考證來確定《周官》成書的時代及其文化內涵的背景，用分析來系統說明《周官》各種制度的性質與全書的思想傾向。考證是基礎，分析立足於考證之上。由於考證與分析的結果，得到了《周官》成書及其反映的文化與時代之新結論，故名之曰「新考」。

講到考證，真是談何容易‼考證需要足夠的資料與嚴密的邏輯推

理，缺一不可。所以古往今來，真正好的科學的完全解決了問題的考
證是並不多見的。對《周官》的考證，由於涉及的方面廣，問題複
雜，更是如此。

何以前人的許多考證不能得到正確的結論呢？不妨從郭沫若的
〈釋干支〉談起⑲。由於該文結論涉及《周官》的時代（詳見第九章），
我選來作為例證也是適宜的。郭文完成於1929年，是從甲骨文字上考
釋干支起源的最早一篇文章。郭在甲骨文研究上成績卓著，這篇文章
也成為干支考證與我國天文曆法方面的一篇很有影響的著作。但文章
在方法論上的失誤卻是嚴重的，由此而作出的一系列關於干支之起源
及其意義的結論，其可信性、科學性也就不能不受到嚴重影響而難於
成立了。

郭文在方法上的缺失是將文字與語言混為一談，將涉及全部社
會、歷史各個方面的複雜問題，企圖從甲骨干支文字之象形意義去求
其解決。結果自相矛盾而不自覺。例如郭說：「殷代以前無文字，唯
殷人有冊有典，故不僅干支文字當創始於殷人，即中國之有文字亦當
自殷始。」「乃干支之起源同以甲骨文字為立論之資料」。然而又說，
十干「甲乙丙丁」四字為一組，係魚頭、魚身、魚尾之象形，其出現
「當屬漁獵時代」，戊己庚辛壬癸為一組，為金石、農具、武器之象
形，「非金石並用之時代不能有，其文字至少當為殷人所補造」。既然
是補造，那麼究竟文字是創始於殷人還是創始於漁獵時代？十干文字
是起源於殷人還是更早以前？這豈不進退失據？且按郭的說法，後六
字為殷人補造，又非金石時代不能有，則又無異於斷定惟殷才進入金石
時代。但中國早在殷之前，已知道了金(銅)器的使用。殷以前，中國

---

⑲ 載《郭沫若全集・考古編》。

已有銅器。1977～1978年甘肅東方林家遺址發現完整的銅刀和銅器碎塊，屬馬家窰類型遺物，年代在公元前3280～2740年之間。按2740計算，已4690年了[20]。被學術界認定涵蓋夏與早商文化的二里頭遺址，漁獵工具有銅鏃、骨鏃、銅魚鈎、銅錐、銅鑿、銅錛，還有銅爵、銅戈、銅牌、銅刀、銅鈴。石器有石斧、石刀、石鐮、石鏟和其他骨製工具，並有城市、宮殿與文字[21]。那麼後六字為何不能在此時出現呢？「大汶口文化」其年代約在公元前4300年～前2900年，處於代表夏文化的二里頭文化之前，它的陶器刻符，唐蘭認為已是文字，其中三字為「烎」、「斤」、「戌」(＜從大汶口文化的陶器文字看我國最早文化的年代＞，《大汶口文化討論文集》，齊魯書社，1981年)。其他文字史專家亦有類似看法，如臺灣學者李孝定等。事實上，十干文字卽便全部為殷所造，又何能證明殷以前口語中不能有此說法？凡數字、序數字，必先早已在語言中產生、流傳，然後才筆之於文字，故文字的起源與數字觀念的起源是不能混同的。牛羊豕犬之甲骨文字，可能為殷人所造，但牛羊豕犬之口語，豈待殷人而有？古史中某些材料也說明夏人已有十干觀念[22]，故郭文立論之根據實是空中樓閣，不能成立的。

　　郭文的第二個結論是，十干表十日，十二支則為黃道之十二宮，由字形與聲可證其來自巴比倫。關於十二宮，涉及問題太複雜，已有許多文章提出不同看法，在此不論。關於十干表十日，郭說：「甲乙

---

[20]　張學正、張明川、郭德勇，＜談馬家窰、牛山、馬廠類型的分期和相互關係＞，載《中國考古學會第一次年會論文集》，文物出版社，1980年版。

[21]　中國科學院考古研究所二里頭工作隊，＜河南偃師二里頭墓葬發掘簡報＞，載《考古》第1期，1984年。中國科學院考古所洛陽發掘隊，＜河南偃師二里頭遺址發掘簡報＞，載《考古》第5期，1965年。東下馮考古隊：＜山西夏縣東下馮遺址東區、中區發掘簡報＞，載《考古》第2期，1980年。

[22]　如《史記·夏本紀》：「禹曰：予娶塗山，（辛壬）癸甲，生啓予不子。」

字先於十日，有此次數字，於十日傳說發生以後乃移之以名彼十日，
十日為一旬之曆法規定當又在傳說以後。」「十日旬制旣始於殷人，則
以日為名號之事，亦當始於殷人。……殷以前不應有以日為名之事」，
故「古史有孔甲履癸，果有其人時，則甲癸之義，要亦不過魚鱗第一
與三鋒矛之類耳。」按郭這一論斷，十干在創造時是與曆法無關而僅
作為序數詞出現的，先於「天有十日」之傳說，又先於殷曆中「一旬
為十日」之規定。但十干先作為序數字出現，在卜辭中沒有任何證
明。由於十干之次第首甲履癸，故可以藉以表先後之秩序，如殷人先
祖王公之次第，但此種事實絕不表示十干曾作為純粹的序數字使用。
「天有十日」之說，見於《左傳》昭公五年，已是春秋晚期。《莊子·
齊物論》將其歸之於舜，《淮南子·本經訓》託之於堯。《山海經》
中帝俊妻生十日，僅為其中的一說。帝俊卽帝嚳，為殷人祖先，更是
《史記》的看法，雖有後人考證，迄今亦不能認為是定論。所以郭的
結論牽涉到的一系列問題，都是沒有解決而郭卽以之為當然的前提加
以陳述與肯定。這是違背科學考證的原則與要求的。

　　已出土的甲骨文字確鑿地證明，卜辭數萬片，幾於無片無干支，
無一例外是以干支紀日，沒有一片單獨以十干紀日。卜辭之「月甲從
斗」、「今日辛」、「己啓」等，實是干支之簡稱耳。

　　在郭沫若的時代，「十月」太陽曆未得發現，故郭只能把「天有
十日」理解為殷人的「旬有十日」。現在十月（日）太陽曆發現了，《左
傳》「天有十日」、「日以十數」，就可以有新的理解了。正如古人「天
有四時」，四時指四季，天指一年、一周天，而不指一月分為四時一
樣，「天有十日」也指一周天，卽一年，十日卽指十個「月」，不可能
指「旬有十日」這樣的小日。在〈月令〉、《管子·五行》等著作
中，有日甲乙、日丙丁等說法，其所謂「十日」其意義可能正指一年

十個「月」，而不是「旬有十日」，因此可看作是「十月曆」的遺留。至於後來十二支用以紀月與紀日，在近年出土的秦簡《日書》中，也已得到證明。所以郭所謂先秦無十二支紀月，《爾雅》所載月陽之名及「三正」之說，皆是漢人據《太初曆》篡改添加云云，也都是不能成立的。這樣，郭的〈釋干支〉作為干支本身的起源的考證，是不能成立的，僅在甲骨文字的解釋上有其意義，可成一家之言。由這一事例可以想見考證之不易了。

　　郭的考證之失誤，歸結起來(一)是時代條件造成的，他的時代沒有「十月曆」的發現，也無秦簡的出土，使他不可能對干支起源另找出路。(二)是主觀武斷的態度造成的，如斷定先秦無地支紀月等。(三)是推理與邏輯上的不嚴密所致。由此，它給人們留下了極其寶貴的經驗與教訓。

　　在《周官》的考證上，顧頡剛、徐復觀等的失誤大致亦是如此。例如顧說《周官》分封，公國方五百里，侯國方四百里，惟有漢武擴大了版圖以後才能有如此大手筆。殊不知此正是秦人分封的觀念。呂不韋封文信侯，食河南洛陽十萬戶，合五個大縣，正是方五百里。到西漢，人們反而絕對不可能有此種大手筆與分封觀念了。顧先生這種失誤是思考上的疏忽造成的。

　　徐復觀以《周官》為以政制體觀天道的著作，認為天道表現為相關的數字。此數字即六、六十與三百六十。《周官》崇尚「六」這個數字，這種現象只有用劉歆的《三統曆》才可解釋，由此迷信《周官》必完成於劉歆。然徐先生忽略了，天人感應，以政制與天道相應，《呂氏春秋》已十分明顯。《管子·四時》、〈五行〉亦有濃烈表現。對「六」的崇拜，則秦始皇尚水德，數以「六」為紀，可提供充分的時代背景，並不須《三統曆》才能說明。實際上，《三統曆》

根本不尚「六」。《三統曆》中之六、六十、三百六十代表地道，與天道無關。三與九才是代表天道的數字。所以如果《周官》真是劉歆根據《三統曆》作的，其數字間架必會用三與九，官制系統會是三公、九卿、二十七大夫、八十一元士，與《三統曆》之「太極涵三為一」的系統相符合，而絕不可能是六官與三百六十屬了。王莽、劉歆時代，對數字的崇拜確是三、七與九，故有「三七之災」、「陽九之厄」種種說法，對六則未見迷信迹象。所以徐先生作結論的最基礎的依據完全落空了，其立足於上的結論，當然也就根本不能成立了。

從方法上說，徐先生考證《周官》的重要方法之一是從思想發展的線索上證明《周官》產生的時代，故全書有：〈以官制表達政治理想的思想線索〉、〈思想線索在漢代的演進〉、〈文獻線索的考查〉等專門章節。但從思想演進以論證作品的時代，是很危險的，因為它的主觀隨意性很大。以徐氏的〈以官制表達政治理想的思想線索〉來說，徐列出的發展進程如下：最早是《管子·五行》。徐說這是「《周官》的雛形」。然後經賈誼的大相系統，《淮南子》的〈天文訓〉、〈時則訓〉、董仲舒的《春秋繁露·官制象天》到《大戴記·保傅篇》，就與《周官》甚為接近了。《周官》則集此線索之大成。然而，徐先生描繪的這個線索不過是一「參差錯雜」、「無劃一之規模可準」[23]的現象羅列而已。不僅無發展線索可言，且這種羅列本身也是自相矛盾的。因為按徐的說法，《管子·五行》是《周官》的雛形，然而卻又說《管子》、董仲舒都是以五行為主，而五行在《周官》中沒有地位。既然如此，又談何雛形？談何對《管子》的繼承與發展呢？《大戴禮·盛德》是《周官》的簡化，其文字以《周官》六官之職守作

---

[23] 徐復觀，《周官成立之時代及其思想性格》，頁26。

根據（見第九章），將其擺在《周官》之前，也是完全顛倒的。由此可見，徐先生之思想線索的分析是不能成立的。

所以本著對《周官》的考證不採徐先生這種「思想線索」的方法，也絕不以幾個字或幾句話來論定《周官》的真偽與時代。本著的基本方法是將《周官》的全部資料：文物、制度、授田制、軍制、分封、鄉遂制、社會行政組織、商業、教育、神靈祭祀系統、法律、風習、度量衡、幣制等等，放在特定的時代與文化背景中統一考察。如設定《周官》為X，其包含之各要素為 X_1、X_2、X_3、X_4、X_5……X_{10} 等。將X放在A環境與時代之下，各子項皆能一一說明，而放在B環境、B時代之下，則 X_1、X_2、X_3、X_4、X_5……等各項無一能說明，或僅能說明其中一兩項。顯然X應屬於A環境與A條件。我用此方法考察的結果，《周官》如放在戰國末期之齊文化與齊環境下，僅有X_1、X_2等一兩項能勉強、間接順應，而其餘則不通。放在王莽、劉歆之西漢時代背景下，則無一不扞格不通；惟有放在秦之環境與文化背景下，才能無一不通。所以我敢斷定《周官》是戰國末期秦統一前後入秦的學者所作。

例如以喪葬而言，《周官》說「以爵等為封丘之度與其樹數」，「樹數」兩字漢以後人都忽略不注，不能理解。因為現實中無此制度，先秦經典和其他文獻亦無此記載，唯《商君書》有此規定，這難道不是最好不過地證明《周官》為秦地學者所作？有了這條材料，所謂《周官》出於周代、春秋，為周代典制之說就不攻自破了，王莽劉歆偽作說也不能成立了。

又如「什伍連坐」，這顯然也是採自商鞅變法後的秦制，商鞅變法前，豈有這種制度？

又如《周官》強調學「六書」。學「六書」是蕭何依據〈尉律〉

所作的規定，規定凡為吏必須通過「六書」的考試，但蕭何所攄的〈尉律〉卽秦的〈尉律〉，惟有聯繫秦的統一文字及當時文字的混亂情況才能理解。西漢末王莽時代，文字早已規範化，六書早已不課，其重要意義也就無法説明了。

《周官》之授田制與商鞅「開阡陌，廢井田」完全一致，也與秦制息息相關。

《周官》之樂器中，瓦缶有顯著地位。這亦是秦聲所特有的。

《周官》的神靈祭祀系統與《呂氏春秋》十二紀一致，而與齊之「八神系統」迥異，離開秦文化的背景與祭祀傳統，也無法理解。

其他《周官》關於理財、奴隸制、貨幣、紀時、量度單位、文字等等，也無一不可從秦簡、秦制中得到説明。所以我敢説《周官》是秦統一前秦地學者的作品。

1981年，我作《老子河上公章句時代考》，發表前，給張岱年師審閱，張老回信説：「大作關於《老子河上章句》的考證，考證精詳，理據充足……可謂達到關於《老子河上章句》年代的結論。」[24] 所謂「結論」云云，當然是先生的鼓勵之辭，並非真就如此。但發表八年了，迄今尚未見到反駁文字。所以我有時想，這考證也許真的成了結論了。對《周官》之考證，我亦奢望如此。

三

1988年5月，我受聘到新加坡東亞哲學所任高級研究員，原來的研究題目是「董仲舒與漢代儒學」。「周官之成書及其反映的文化與時代新考」，是來所後臨時改變的。好在經過探索以後把它完成了。

---

[24] 參見拙著《漢代思想史》附，頁696，中國社會科學出版社，1987年版。

　　那麼為什麼要改作這一題目呢？有兩個原因：一是臨來之前，看了徐復觀先生的《周官成立之時代及其思想性格》，對徐先生的說法感到驚奇，欲追本溯源，尋根究底一番，看看究竟是否真是如此？一是研究漢代儒學，非研究今古文經學不可，而研究今古文經學則非研究《周官》不可。過去研究經學史的專家，一談起今古文經學之爭，常常一開口就羅列出一、二、三、四的八九條的對立，似乎條條有據。但如果像徐先生所說，《周官》根本無古文，許慎以前的東漢經學家也一直不認為《周官》是古文，那麼以《周官》為據所概括的漢代古文學與今文學的對立，如古文尊周公，今文學者尊孔子；古文重歷史，今文信讖緯；今文學講分封三等，古文講五等等……豈非大半是誤解？是無的放矢。所以我就把題目改了。原也只想探索一下，從《周官》開始研究，發展到對整個漢代儒學的研究，並沒有想要寫一部著作，但竟越陷越深，終於弄出一本著作，提出一種新說了。現在看，改題是對的，否則，無論接受《周官》為古文的傳統說法，或盲目接受徐先生的新說，對漢代今古文之爭及儒學的種種描繪，可能都是沙上樓閣，沒有什麼價值的。

　　在歷史與考古的研究中，《周官》也有重要意義。歷史學界不少學者至今還相信《周官》為周代典制。即便認為它是戰國時代作品的學者，也或者把它與齊文化相聯繫，或者與三晉相聯繫，以之與秦文化系統相聯繫者則絕無其人。現在《周官》的研究完成之後，我要說它不僅使我個人對漢代今古文經學有了立足於較堅實基礎上的新看法，對戰國時期秦的文化狀況與特點，也有了新的看法了。不僅對《周官》本身有了較堅實的看法，對秦漢之際戰國末年儒學的新動向與新形態，也有了更充實的新看法了。同時對漢代鄭玄等人注《周官》的成果，它的功績與失誤，也能作出更全面的評價了。這些新的

看法與成果，就是本書第九、第十一章論述的內容。

以前，我總是認為秦人的統一大業之所以能夠成功，是由於其一貫反儒、尊法，徹底地反對奴隸制，徹底地破舊立新的結果。現在我的新看法：秦人之所以成功並不是如此，而是由於善於處理破與立的關係，繼承與變革的關係，尊重文化傳統與改革腐朽過時的、阻礙社會進步的制度的關係。因此，商鞅變法以後，在秦人的所作所為中，一方面是激烈地變革，如廢井田、開阡陌、實行軍功爵、否定世卿世祿的宗法制等等，另一方面卻是始終保持周代禮制的核心觀念，如天地人鬼的祭祀之禮、公墓制與厚葬、「慎終追遠」；在新軍功爵基礎上強化尊卑等級制等等。甚至廢井田、開阡陌、普遍平等地授田，也無異於孟子井田理想的某種實現。而賞賜奴隸與公開合法地買賣奴隸等，則使秦之奴隸制殘餘也比山東各國更為嚴重。所以秦人的變法並不是新舊的斷裂與傳統價值觀念的徹底破壞，而無寧是在保持與繼承傳統，特別是周文化及其禮制的基本價值的基礎上的部分變革。由此而保持了社會的基本穩定。秦人之所以能完成統一與建立中央專制集權的宏偉任務，確實是如司馬遷及荀子所云，「非幸也，數也。」而這些，歸結到思想上就是新舊的統一與儒法的融合。作為它的反映，《周官》正是以儒學思想為主導，對秦人之成功的實踐在思想理論上進行總結並強調繼承與發展傳統價值觀念的結果。

有了對《周官》所反映的時代與文化的新認識，對如何利用《周官》作為研究先秦歷史的資料也就應持新的態度了。像楊寬《古史新探》那樣，真把《周官》作為西周至春秋的周代制度，無疑是不正確而要導致混亂的。按照《新探》的看法，西周春秋時期,豈不已經有了商鞅式的「什伍連坐」？已經在推行《周官》那種「爰田制」？已經在實行「懸法」「讀法」？已經對官吏實行大比、考核、糾察？中央已經在

實行對分封諸侯的直接控制，使封君僅是食租稅的「流放」者？已經在徵收什二以上的田租並行旬有三日的力役！這如何可能呢?!如何能是真實的歷史呢?! 所以《周官》之文物典制的描述，只能提供歷史研究以參考，而在參考時極需注意分辨它的具體說法與時代特徵，盲目地以之為周代典制是不對的，輕率地以之為王莽、劉歆所撰，因而毫無歷史價值，也是不對的。

　　　　　　＊　　　　　　　＊　　　　　　　＊

　　西哲云：「吾愛吾師，吾更愛真理。」學術乃公器，所以對於許多前輩或同行的論著，我在參考肯定之時，多有否定與批評。特別對徐復觀先生的說法更是進行了集中的批駁。然而這絲毫也不表示我對徐先生之學術成就不抱尊敬的態度。相反，我對徐先生，對他的學識，對他對中國文化的態度，對他在研究中國文學藝術精神及儒家思想所取得的成績，是極其尊敬的。我的工作本身，可以說正是循著他的努力方向前進的。

　　孔子曾說「三人行，必有我師焉，擇其善者而從之，其不善者而改之。」不論正面的啓發或負面的教訓，徐先生的《周官》研究都起了良師益友的作用。現在我的著作問世了，我也希望它能成為別人的「三人之行」之師。如果能由此把《周官》的研究推進一步，更由此而使學術工作中的真正科學與理性的精神發揚光大，則大獲所願了!!

　　由於本書係考證性質，引文很多，又有不少論辯，行文總是不能流暢自然、一氣呵成，讀起來往往分外吃力，這是要請讀者諒解的。

　　　　　　　1989年10月於新加坡東亞哲學所

　　　　　　　1992年 5 月改定於普林斯頓大學東亞系

目　次

序　　　　　　　　　　　　　　　　　　　　　　　　　余英時

自序

第一章　周官職官設置及其指導思想

一、中央之六官及其職守……………………………………… 1

二、職官設置的指導思想……………………………………… 6

三、《周官》之虛君制………………………………………… 6

四、「六官」職權的某些特點………………………………… 9

五、對官職設置的幾種批評的剖析………………………… 12

六、職官設置之形式上的特點……………………………… 16

第二章　周官之社會行政組織

一、《周官》的授田制……………………………………… 21

二、《周官》的社會行政與軍事組織……………………… 27

三、《周官》的鄉遂制……………………………………… 30

四、《周官》的版圖與分封規模…………………………… 34

五、《周官》分封制的政治特點…………………………… 38

附錄：秦之田畝大小………………………………………41

第三章　周官的商業與賦稅

一、《周官》的商業及其反映的時代………………………45

二、《周官》的賦稅………………………………………58

三、力役與兵役……………………………………………60

第四章　周官的法與刑

一、《周官》「讀法」的性質………………………………63

二、對民的過失錯誤的教育與處罰………………………67

三、對官吏的法治…………………………………………72

四、刑法制定的原則、範圍及審判程序…………………76

五、關於五刑………………………………………………84

第五章　周官之教育思想

一、天官冢宰的教育職能…………………………………87

二、地官司徒的教育職能…………………………………92

三、春官宗伯的教育職能…………………………………96

四、對統治者人格培養的重視……………………………99

五、「六藝」說之時代背景……………………………… 101

六、「五禮」內容及時代背景…………………………… 104

七、「六詩」的時代背景………………………………… 107

第六章　周官之神靈祭祀與喪葬制度

一、《周官》之上帝及五帝觀念………………………… 113

二、四郊與郊祭 …………………………………………… 117

三、《周官》的祭祀觀念反映秦人之文化背景 ………… 121

四、《周官》的淫祀及其時代背景 …………………………… 128

五、喪葬制度 ……………………………………………… 131

附錄：中山王〈兆域圖〉王堂之性質 ……………………… 142

附注： ……………………………………………………… 148

第七章　周官與秦律中之奴隸制及官法

一、《周官》之隸與秦之隸臣妾 ……………………………… 151

二、國子與庶子 …………………………………………… 158

三、《周官》之理財與《秦律》之財經管理 ………………… 161

四、《周官》之「官法」與秦之「官法」 …………………… 164

第八章　周官與秦文化雜考

一、墓地之樹數 …………………………………………… 169

二、《周官》之錢布 ……………………………………… 171

三、《周官》之量器 ……………………………………… 173

四、《周官》之歲時 ……………………………………… 178

五、《周官》之「十日」說 ………………………………… 183

六、《周官》之尚黑統 …………………………………… 188

七、《周官》「豳風」與秦之樂器 ………………………… 190

八、《周官》之「六書」與〈尉律〉 ……………………… 192

第九章　漢人周官注與周官成書之時代

一、《周官》與漢制 ……………………………………… 199

二、《周官》與《大戴禮記》⋯⋯⋯⋯⋯⋯⋯⋯⋯⋯⋯⋯ 213

第十章　王莽、劉歆合著周官說考辨

一、王劉合著《周官》說的困難與矛盾⋯⋯⋯⋯⋯⋯⋯⋯ 223

二、尚六與《三統曆》無關⋯⋯⋯⋯⋯⋯⋯⋯⋯⋯⋯ 227

三、《周官》之大司馬與西漢王氏專政之大司馬之比較⋯⋯ 229

四、「發得周禮」新解⋯⋯⋯⋯⋯⋯⋯⋯⋯⋯⋯⋯⋯ 232

五、王莽改制與《周官》的關係考辨⋯⋯⋯⋯⋯⋯⋯⋯ 238

第十一章　周官故書之謎與漢今古文新探

一、《周官》「故書」產生的時代與特點⋯⋯⋯⋯⋯⋯⋯ 245

二、漢代今古文學派學術觀點對立說的新考察⋯⋯⋯⋯ 255

三、漢今古文學派學風對立說考辨⋯⋯⋯⋯⋯⋯⋯⋯⋯ 264

四、幾點新的看法⋯⋯⋯⋯⋯⋯⋯⋯⋯⋯⋯⋯⋯⋯⋯ 273

第十二章　周官儒法兼綜的思想特徵

一、對立的觀察與結論⋯⋯⋯⋯⋯⋯⋯⋯⋯⋯⋯⋯⋯ 275

二、判別儒學的兩種標準⋯⋯⋯⋯⋯⋯⋯⋯⋯⋯⋯⋯ 279

三、儒法融合的內在根據⋯⋯⋯⋯⋯⋯⋯⋯⋯⋯⋯⋯ 280

四、秦的儒學資源與歷史傳統⋯⋯⋯⋯⋯⋯⋯⋯⋯⋯⋯ 282

附錄：論五行象數思想的起源與發展過程 ⋯⋯⋯ 289
　　　　——從「河圖」、「洛書」談起

後記 ⋯⋯⋯⋯⋯⋯⋯⋯⋯⋯⋯⋯⋯⋯⋯⋯⋯⋯⋯⋯ 317

第 一 章

周官職官設置及其指導思想

本章將概述《周官》官職設置的一般情況，其中涉及許多爭論問題，如《周官》是虛君制還是專制集權制？六官職權是否混亂？是否為大司馬所奪，何以缺〈多官〉？等等。本章將提出新的看法。《周官》之職官設置，學術界有諸多批評，本章亦將對這些批評進行分析，指出這些批評多來自對《周官》之時代背景與文化背景作了錯誤的理解。

一、中央之六官及其職守

《周官》之「周」，學術界通常認為即周代之「周」，反映周代之典禮制度與職官設置，或托名如此，故亦直將《周官》改名為《周禮》。實際上，正如《周易》之「周」有「雙義」之解一樣，《周官》之周也可取周普、周全、周合、周行之意❶。本著以為，《周官》既非周代職官，故取周全、周普、周行之義更為符合其本意。《周

---

❶ 先秦，三百六十日被認為是天的一個「周行」，天地四時，為一個「周合」。《韓非子・解老》：「聖人觀其玄虛，用其周行。」《管子・白心》：「左右前後，周而復所曰周。」《管子・小匡》：「服牛輅馬，以周四方。」《管子・白心》：「知周於六合之內。」《易・繫辭》：「周流六虛」。故鄭玄解《周易》之周為「易道周普，無所不備」。《白虎通・號》：「周者，至也，密也。道德周密，無所不至也。」《說文》：「周，密也。」《左傳》襄公二十七年：「春，胥梁帶使諸喪邑者，具車徒以受地，必周。」杜預云：「周，密也。」

官》，用現在的述語來說，即周詳、完備之中央政府職官組織法。這部組織法涉及中央各部的全部官職，無一遺漏，確是完備、周詳。它以天、地、春、夏、秋、冬命名「六官」，符合天地上下四方爲一「周合」之意。它以天、地、春、夏、秋、冬爲序，又確是一個「周行」。所以取名《周官》，實是與周代無關的。

《周官》將中央政府的職守劃爲天官、地官、春官、夏官、秋官、冬官六大部門。天官爲冢宰，地官爲司徒，春官爲宗伯，夏官爲司馬，秋官爲司寇，冬官爲司空。各官職守由被稱爲〈序官〉的册命文字所規定：

> 惟王建國，辨方正位，體國經野，設官分職，以爲民極，乃立天官冢宰，使帥其屬而掌邦治，以佐王均邦國。
>
> 乃立地官司徒，使帥其屬而掌邦教，以佐王安擾邦國。
>
> 乃立春官宗伯，使帥其屬而掌邦禮，以佐王和邦國。
>
> 乃立夏官司馬，使帥其屬而掌邦政，以佐王平邦國。
>
> 乃立秋官司寇，使帥其屬而掌邦禁，以佐王刑邦國。

冬官司空缺。

六官職守可概括爲「六典」：「一曰治典，以經邦國，以治官府，以紀萬民。」「二曰教典，以安邦國，以教官府，以擾萬民。」「三曰禮典，以和邦國，以統百官，以諧萬民。」「四曰政典，以平邦國，以正百官，以均萬民。」「五曰刑典，以詰邦國，以刑百官，以糾萬民。」「六曰事典，以富邦國，以任百官，以生萬民。」

冢宰，相當於秦漢之丞相兼後世之吏部尚書、王宮總管。其行政長官是大宰，副職稱小宰。馬融說：「冢，大也，宰，治也。大治者，兼

萬事之總名也。」鄭司農說:「邦治,謂總六官之職也,六官皆總屬於冢宰。」鄭玄說:「百官總焉,則謂之冢,列職於王,則稱大宰。」《論語‧憲問》說:「君薨,百官總己,以聽於冢宰。」

地官司徒稱爲教官,長官爲大司徒,副職爲小司徒,相當於後世的大司農、戶部等,但包括更廣。鄭玄說:「教所以親百姓,訓五品,有虞氏五而周有十二焉。」鄭玄《三禮目錄》云:「象地所立之官,掌地事。」所以地官之「教」一部分是歷史上司徒教化責任的承傳,一部分是新的教養之教。鄭玄說:「養猶教也」。

春官宗伯掌邦禮,長官爲大宗伯,副職爲小宗伯,相當於後世的太常、禮部。

夏官司馬掌邦政,爲政官,長官爲大司馬,副職爲小司馬。鄭玄說:「政,正也,所以正不正者也。」司馬掌握軍權,相當於秦太尉與兵部。《周官》中,司馬主要職責是對分封諸侯實行監督、管理,徵收其貢賦與平叛,以維護王室的安全。

秋官司寇稱刑官,長官爲大司寇,副職爲小司寇,相當於後世的刑部。

冬官司空掌邦事,相當於後世的工部。

冢宰一職見於《尚書》之〈顧命〉、〈牧誓〉、〈洪範〉(名爲卿士),〈召誥〉(相)及《論語‧憲問》、《墨子》、《韓非子》、《荀子》、《呂氏春秋》、《左傳》、《國語》等書。名稱或稱大宰、冢宰,或稱執政、卿士、相國、宰相等等。

司徒見於《詩》、《尚書》、《孟子》、《左傳》等,金文中亦有司徒。

宗伯見於《尚書》、《國語‧周語》、《國語‧楚語》、《禮記》等,名稱爲大宗人、宗人,金文中有宗伯。

司馬見於《詩》、《尚書》、《左傳》、《管子》、《韓非子》、《禮記》等。

司寇見於《尚書》、《左傳》、《禮記》、《呂氏春秋》、《荀子》，金文中有司寇。

司空見於《詩》、《尚書》、《呂氏春秋》、《荀子》、《左傳》等，金文中有司空。❷

因此，《周官》是一部嚴肅的政治與學術著作，既有很強的歷史性，又有很強的現實性。其六部的劃分是從實際政治需要出發的，並非空論。

六官下屬官職共有 360 多個，其名稱與職守，〈小宰〉概括爲八職：

> 一曰正，掌官法以治要。二曰師，掌官成以治凡。三曰司，掌官法以治目。四曰旅，掌官常以治數。五曰府，掌官契以治藏。六曰史，掌官書以贊治。七曰胥，掌官叙以治叙。八曰徒，掌官令以徵令。

干寶說：「凡言司者，總其領也。凡言師者，訓其徒也。凡言職者，主其業也。凡言衡者，平其政也。凡言掌者，主其事也。凡言氏者，世其官也。凡言人者，終其官也。不氏不人，權其材也，暫用也。」《周官》中以「司」名官者如司令、司書、司裘、司諫、司救、司市、司虣、司稽、司關等等，確如干寶所說，皆有總領之意。其他亦如干寶所言。

---

❷ 參見（日）江頭廣著，《先秦職官資料》，研文出版，1977年。

這些官名，在古代大多都有其歷史根據，不過分工沒有《周官》這樣細緻。例如古代有府人，《周官》則細分為大府、玉府、內府、外府。雍人，《周官》細分為內雍、外雍。漁人細分為獸人、鱉人、臘人、龜人。醫細分為食醫、疾醫、獸醫、瘍醫。司商細分為司市、質人、廛人、胥師、買師、司虣、司稽、胥、肆長、泉府。司樂細分為大司樂、樂師、大胥、小胥、眂瞭、典同、鐘師、笙師、鎛師、韎師、旄人、籥師、籥章。這些分化說明，商業、音樂與醫療等等各項事業，到《周官》時代，都有了大的發展。

司法在古代職官不多，《周官》有方士、訝士、司刑、司刺、司約、司厲、司圜、掌囚、掌戮、司隸、職金、布憲、禁殺戮、禁暴氏等等，反映了法治的空前發展，也反映了《周官》對法治的重視。

軍事職官，《周官》有軍司馬、輿司馬、行司馬、司勳、馬質、量人、小子、掌固、司險、掌疆、環人、輿人等職，說明軍事分工有大的發展。這是與戰國時期戰爭規模擴大，戰爭頻繁，組織日趨複雜分不開的。

《荀子‧正名》說：「後王之成名，刑名從商，爵名從周，文名從禮，散名之加於萬物者，則從諸夏之成俗曲期。」由春秋到戰國，社會、政治、經濟、軍事、文化的發展無論刑名、爵名、文名、散名，都有極大發展。《周官》設立許多新官職，正反映這種時代特點。《史記‧秦始皇本紀》說：秦始皇稱帝，「命為制，令為詔、天子自稱曰朕。」漢承秦制，「天子正號曰皇帝，自稱曰朕，臣民稱之曰陛下，其言曰制詔，史官記事曰上。車馬衣服器械百物曰乘輿，所在曰行所，所居曰禁中，後曰省中。印曰璽，所至曰幸，所進曰御。其命令一曰策書，二曰制書，三曰詔書，四曰戒書。」❸無論爵名、刑名、

---

❸ 《漢書‧高帝紀下》。

散名都大大超過後王的規模。故對《周官》每一官名，都一一去找相應的歷史資料是不必要的；以爲必是社會上、歷史上先有某一官職，《周官》才能有某一官職名稱的想法，更是很迂曲的。

二、職官設置的指導思想

職官的設置，職守的規定，總是反映某種政制設計與政治指導思想。《周官》之官職設置與職守劃分，亦反映《周官》關於政制的建設及其指導思想。這些指導思想可概括爲八點：

(1) 王爲虛君，並實行世襲。(2) 王爲最高權力中樞，但必要時，召開國人大會，「詢立君」、「詢國危」、「詢國遷」。會議由王主持，大臣與國人參加。(3) 官吏的選拔，採推選制，傾聽鄉民官吏的意見，以任賢讓能。(4) 建立行政條例與法規，並事先「讀法」。(5) 對官吏實行監察，設立「官法」，年終進行考核、校計，三年實行大比。(6) 各部分工負責，同時設立官聯制，以協調相互工作。(7) 實行分封制與鄉逐制，分封諸侯之行政、軍事、司法等大權由中央掌握。(8) 兵農合一。軍事組織和地方社會行政組織相結合。這些指導思想使《周官》的官職建設走上了正規化與法制化的道路，是有意義的。

三、《周官》之虛君制

《周官》的王是否是虛君？學術界有不同看法。劉澤華認爲《周官》中，「王集中了一切最高權力，成爲獨一無二的大獨裁者。」❹但劉

---

❹ 參見劉華澤，《先秦政治思想史》第六章第七節。

的說法實是混淆了國家與政府，即國體與政體的區分。因為劉的理由是說，《周官》中不存在制約王權的制度，也不存在行政過程之外的任何其他有制約性的民主機構，所以王是專制獨裁者。但在古代中國，哪曾有過實行民主制的國家呢？然而這並不意味，中國古代在政體上，只有君主集權專制與民主制這兩個極端。中國在秦始皇確立中央皇帝專制集權以前，政體上確有擬想的虛君制，也出現過卿相專權的虛君制，所以由國體的無民主推論出政體必然為君主專制獨裁，邏輯上是不能成立的。

劉的另一個理由是，《周官》中「王對所有被統治者用超經濟的各種行政手段加以控制和束縛……人民完全變成了統治者任意支配和役使的對象。」但這指的也是國體問題而不涉及政體。漢代以後，土地私有權確立，比較起來，人民享有了更多的「自由」。但皇帝的專制獨裁卻日趨嚴厲，至宋明清更達到了顛峯。所以君主專制獨裁或虛君，與人民無權，成為被束縛奴役對象，不能混為一談。

《周官》中，王「建國，辨方正位，體國經野，設官分職」，是掌握最高主權的。但主權在王，並非一切政事由王獨裁。相反，《周官》的構想確是實行虛君。這表現在兩方面，一是政治權力在行使中的「法制化」，一是「君道無為，臣道有為」。

《周官》中王的權力在行使中要首先轉化為各部門的邦法、政法、治法、教法、刑法，並公之於眾，然後按法執行。對官吏的考察稽核，則有擬定好的「官法」作為標準。大宰「掌建邦之六典以佐王治邦國」，所謂「典」即法典，有成文法意味。當然《周官》之典與法，如教法、治法、六典等等，與民主政治下的法治、法典性質不同，但它作為成文形式的「法令」、「法律」、「條例」，使官民周知而有所依循，比之單純的人治、無法之治，不能不說是歷史的進步。

王治既然首先要轉化爲一定程序的法治，在法治的意義上，王成了虛位，相對於事無大小，政由己出，他成了「虛君」。

「君道無爲，臣道有爲」，是說君的責任僅在於設官分職，任用賢能，政事不必親躬，這是傳統意義上的「虛君」。《呂氏春秋‧勿躬篇》說：「大橈作甲子，黔如作虜首，容成作曆，羲和作占日……。此二十官者，聖人之所以治天下也。聖王不能二十官之事，然而使二十官盡其巧，畢其能，聖王在上故也。」〈君守篇〉說：「奚仲作車，蒼頡作書，后稷作稼，臯陶作刑……。此六人者所作當矣，然而非主道者，故曰作者憂，因者平。惟彼君道，得命之情，故任天下而不彊，此之謂全人。」《荀子‧王霸》說：「上莫不致愛其下而制之以禮，……。君臣上下，貴賤長幼，至於庶人，莫不以是爲隆正，然後皆內自省以謹於分，是百王之所以同也，而禮法之樞要也。然後農分田而耕，賈分貨而販，百工分事而勸，士大夫分職而聽，建國諸侯之君分土而守，三公總方而議，則天子恭己而止矣。」這是很有時代代表性的觀點。法家、道家主張刑名、法治，實亦是「虛君」。故《周官》主張虛君並不是偶然的。

在古代，實行中央君主集權專制，不是一件容易的事。如同近代的民主制度一樣，它的正式建立無疑是一項偉大的政治創造。中國由周初的分封諸侯轉變爲中央君主集權專制，經歷了很長的歷史醞釀、準備與變革過程，包括在幾百年中不斷地進行殘酷兼併戰爭，流了無數的血，才作好了準備，創造了條件。但卽便如此，秦始皇完成統一後，究竟是實行中央集權專制，還是實行諸侯分封，仍然是有激烈爭論的。秦始皇權衡利弊，表現了很大的智慧、遠見與勇氣，才決定實行中央集權制。秦始皇以前，人們的政治觀念，總是局限在周天子的模式。《周官》關於虛君的設想，正是這一歷史特點的反映。

四、「六官」職權的某些特點

　　《周官》之「六官」與後世中央各部的職官相應，但差別變化很大。由這種變化可看出社會政治經濟情況的變化。

　　例如《周官》之「冢宰」兼管內朝與外朝，旣是政治上的管家，亦是王室王宮的總管。這是王之國事與家事，國與家尚未完全分開的宗法制度的歷史情況的反映。有如洪邁所說：「《周禮》天官冢宰其屬有宮正，實掌王宮之戒令糾禁。內宰以陰禮教六宮，以陰禮教九嬪，蓋宮中官之長也。故自后夫人之外，九嬪、世婦、女御以下，無不列於屬中。後世宮掖之事，非上宰可得而聞也。《禮記・內則篇》記男女事父母舅姑，細瑣畢載，而首句云：『后王命冢宰降德于衆兆民』，則以其治內故也。」❺ 這種內外一體的情況，到了漢代就變化了，不僅王宮屬於皇帝私人家事的範圍，宰相不能過問；政治上亦逐漸區分爲中朝與外朝，外朝相權日益受到削弱❻。《周官》冢宰職守之一部分完全成了歷史文獻了。

　　地官司徒的特點是兼掌農工生產、財賦與教育。生產方面的職責極爲廣泛，包括「以土令之法辨五地之物生」，「以土宜之法辨十有二土之名物，而知其種，以教稼穡」，「以土均之法辨五物九等，制天下之地徵」，「頒職事十有二於邦國都鄙，使以登萬民」，等等。諸凡農田、種植、樹藝、作材（林）、阜蕃（牧畜）、飾財（工業）、通財（商）、化財（蠶）、斂材（倉庫儲藏）、生材、學藝、世事、服事等等生產，都在其管理範圍與責任之內。這只有土地、礦山、森林等國有，

----

❺　洪邁，《容齋續筆》卷十四〈冢宰治內〉。
❻　中朝與外朝的分離，漢代是由武帝開始的。

政府直接經營諸多生產行業才能如此。漢代以後，土地私有，生產日益變成私人事業，《周官》所說的這種情況也就不存在了。

春官宗伯管祭祀禮儀活動，但卻又擔負禮樂的教育與諸子及庶子之道藝德行的培養與訓練，這也是古代禮教與樂教緊密結合的特點。《呂氏春秋·孟春紀》說：「是月也，命樂正，入學習舞，乃修祭典。」〈仲春紀〉說：「命樂正，入舞舍采。」〈季春紀〉說：「大合樂」。《周官》正是如此。到漢代，大學教育系統建立，經學成為教學之主要內容，這種情況也就不存在了。

《周官》大司馬之軍事職責，是針對分封之諸侯國的，與分封制有密不可分的關係，這也是先秦的特點。

秋官司寇掌管刑法，但同時擔負過失犯錯的教育與處分，這又是與後世不同的。其屬官中還有冥氏、庶氏、赤犮氏、柞氏、硩蔟氏等等後世不見的職官。冥氏「為阱擭以攻猛獸」。庶氏「掌除毒蠱」。穴氏「掌攻蟄獸」。翨氏「掌攻猛鳥」。柞氏「掌攻草木及林麓」。薙氏「掌殺草」。硩蔟氏「掌覆夭鳥之巢」。翦氏「掌除蠹物」等等。這固然是五行學說的影響，刑為金官，屬秋，故凡與肅殺有關之事，都安排在大司寇系統之下，同時亦說明，《周官》的刑官也有生產的任務與職能。

那麼《周官》大司馬之職權是否如徐復觀所云，為了便於王莽篡權，不僅剝奪了本應屬於冢宰、司徒等的權力，而且將王的權力也一併駕空，使王成了傀儡呢？徐氏說：

> 夏官大司馬主軍事，以九伐之法正邦國，這可以說是他的正常
>
> 職務。在夏官中對於軍事的組織、動員、訓練及人員、馬政、
>
> 兵器等的儲備，特為詳密，這都可說是正常的。但在「掌建

邦國之九法以佐王平邦國」中，除「制軍詰禁，以糾邦國」一
項外，其餘「制畿分田以正邦國」，「設儀辨位以等邦國」，
「進賢興功以作邦國」，「建牧立監以維邦國」，「乃以九畿之籍
施邦國之政職」，「凡會賦，以地與民制之……」；再通過一年
四次田狩的上下軍民的總動員，還要三年一大比，把國家的政
權，都從天官地官中抽出來，而使天官地官都成為虛有其表。❼

　　實際上，《周官》大司馬的權力是針對分封諸侯的，與地官、天
官根本沒有矛盾，更談不上奪權的問題。

　　（一）「制畿封國，以正邦國」。這是指司馬劃分天下為九畿，以
分封諸侯。鄭玄注：「封，謂立封於疆為界」。這當然應是大司馬之職
權。

　　（二）「設儀辨位，以等邦國」。鄭注：「謂諸侯及諸臣之儀」。這
是按公侯伯子男為各諸侯分位設儀，也是大司馬應有的職守。

　　（三）「建牧立監，以維邦國」。鄭注：「監，監一國」，故牧亦指
為諸侯國設立牧民治民之官。〈職方氏〉：「凡邦國，小大相維，王
設其牧，制其職」。鄭注：「選諸侯之賢者為牧，使牧理之。」並非選
立王畿之內的地方州長等，故不能說是奪司徒之權。

　　（四）「乃以九畿之籍，施邦國之政職」。鄭注：「所共王政之職，
謂賦稅也。」即對分封的諸侯國頒布賦稅條例，令其上交中央，如〈職
方氏〉所說：「制其貢，各以其所有。」這也是大司馬應有的職權。對
王畿內之民，大司馬僅負責軍賦的制定。「凡令賦，以地與民制之」。
其他都是司徒掌管的。司勳「掌六鄉賞地之法以等其功」。這是軍功，
以軍功而賞地，理應由司馬系統的司勳掌握。

---

❼　徐復觀，《周官成立之時代及其思想性格》，頁65。

　　諸子「掌國子之倅，掌其戒令與教治，辨其等，正其位……。」國子之倅，是貴族子弟所組成的特殊武裝隊伍。平時護衛王宮；軍事訓練以外，由國家給以文化、政治、道藝的教育。重大變故時，則由太子直接指揮。「司馬弗正」，大司馬無權過問。（鄭注：「司馬雖有軍事，不賦之。」孫詒讓《周禮正義》：「司馬凡軍賦徒役之事，徵調不及於國子」。）因為是武裝衛隊，平時設於大司馬系統之下，也是正常的。

　　量人「掌建國之法，以分國為九州，營國城郭，營后宮，量市朝道巷門渠，造都邑亦如之。」「營軍之壘舍，量其市朝州塗軍社之所里。」古代，城市即是軍事堡壘與防禦要塞，營建城郭，建國分疆，具有強烈軍事性質。由司馬下的量人負責，也是很正常的。徐氏所謂把營建城市等職權由司徒分割到司馬手上的說法，是把事情弄錯了。

　　職方氏「掌天下之圖，以掌天下之地，辨其邦國都鄙四夷八蠻七閩九貉五戎六狄之人民，與其財用，九穀六畜之數要，周知其利害……。」這是軍事實力的調查，同時是為了掌天下之圖與地，「凡邦國，小大相維」，亦理應屬於司馬系統而為司徒所不應管。

　　所以，徐氏所舉各條證明大司馬奪權都是不能成立的。要之，《周官》六個部門的職權劃分，基本上是明確的，不存在混亂、駕空情況，其職權特點，亦是先秦社會政治情況的反映。

五、對官職設置的幾種批評的剖析

　　研究《周官》的學者，對《周官》之官職設置有諸多批評與指責，其中許多是迂腐的，或屬不了解《周官》之時代背景而發議論的，如：

楊慎說：

> 《周禮》屨人掌王及后服之屨。噫！王后之屨而使人造之，不
> 亦褻乎？古之婦工何所用也？！夫「為絺為綌，服之無斁」，周之
> 所以興也。婦無公事，休其蠶織，周之所以亡也。曾謂周公制
> 禮，而設一官為婦女作屨乎？！曹操猶使妾賣屨，周公不如曹操
> 乎！❽

胡宏說：

> 古之王者，守禮寡欲，由義而行，無所忌諱，不畏災患，今天
> 官冢宰乃曰，「喪事代王受眚災」，此楚昭宋景之所不為者也，
> 而謂周公立以為訓，開後王忌諱之端乎？！❾

這種批評就是很迂腐的。盲目地肯定周公的聖教、王治是衡量是非的
標準，實無學術意義可言。

　　另一類批評，如官職混亂、重複、不合事理、散漫、官員太多、
無法負擔等等，則屬不了解時代情況之例。

胡宏說：

> 王之裘服，宜夫人嬪婦之任也，今既有司裘，又有縫人、屨人等九
> 官，則皆掌衣服者也。膳夫、酒正之職固不可廢，又有腊人、鹽人
> 等十有六官，則皆掌飲食者也……。凡此類不應冗濫者如是。❿

❽　《升菴外集》卷一。
❾　胡宏，《皇王大紀》卷十九。
❿　同上。

黃震說：

> 角人、羽人掌葛、掌染、掌炭、掌荼、掌蜃，凡此皆瑣屑甚
> 矣，似不必立之可也。❶

侯家駒《周禮研究》也說「《周官》官制……冗官太多」，「不切
實際」。❶

實際上，《周官》時代，土地國有，奴隸制度殘餘嚴重存在（詳
後），王宮所需之種種農、林、畜、牧、工藝、生活用品及軍器兵工，
多係國家直接經營之生產事業，由奴隸生產製作，非如後世一一由採
購或貢獻得來。因此《周官》中上述官職，看似瑣屑，可合併取消，
實際上皆責任重大，業有專攻，絕非瑣屑可比。如齒人掌齒角、鹿
角、牛角、象牙等等，這是極重要的工藝、軍工與藥材原料。對之徵
收、保管、使用、生產，非專人負責不行。羽翮用於裝飾，亦用於羽
扇、雞毛帚、羽絨衣服及兵工之生產，由羽人專管，關係重大。〈天
官・司裘〉說：「中秋獻良裘，王乃行羽物。」《呂氏春秋・季春紀》
說：「命工師令百工，審五庫之量，金、鐵、皮革、筋角、齒羽、箭
幹、脂膠、丹漆、無或不良。」故設立種種專職都是非常必要的。其
它如醫藥膳食，非如後世，可由商業採購，在《周官》中亦係王室與
國家直接生產。故甸師「帥其屬而耕耨王藉，以時入之，以共齍盛，
祭祀共蕭茅，共野果蓏之薦。」儼然擔負農場果園經理的責任。醫
師不僅掌醫之政令，負責醫療保健，亦負責藥材製作。酒正、酒人除

---

❶　黃震，《黃氏日抄》卷三十。
❶　侯家駒，《周禮研究》第九章〈周禮批判〉，頁336，聯經出版事業公
　　司，1986年。

負責酒品的財會統計，亦擔負釀酒的生產任務。凌人採冰、醢人、醢人、鹽人製作醯醢，加工食鹽。掌皮「頒皮革於百工，共其毳毛爲氈。」如此等等，可以說，沒有一項不是職有專司，內容繁複，責任重大的。以後世王宮供應情況去進行類比、批評，可以說都是無的放矢。

方孝孺說：

> 今《周禮》列於冢宰之下者，預政之臣不過數人，而六十屬皆庖廚之賤事，攻醫制服之淺技。夫王之膳服，固冢宰之所宜知，然以是實冢宰之職，則陋且褻矣。[13]

方孝孺以明代情況視《周官》，無怪乎有這種感慨了。

明白了這種背景，對爲何《周官》祭祀由春官主管，而所需祭品，由天官提供，祭祀六牲由地官、夏官、秋官提供，也就不會奇怪了。因爲在這些地方，有衆多的奴隸在生產上述用品。故這種「散漫」[14]，不僅不是《周官》的缺失，而正好是其時代性的鮮明標誌。

《周官》中，胥、徒、女奚等人數達 62,816 人之多，公卿（41人）、大夫（385人）、士（30,028人），則不到31,000人[15]，與胥徒等相比，僅爲其人數的一半。這些奚徒、女奚，都是奴隸、生產者。侯家駒以其爲專業人員，「當食下士之祿」，是不妥的。以此爲依據，認爲以九家可養一下士計，加上上士、大夫，《周官》中由國家供養之官員人數，須五十三萬七千八百七十六家上農負擔之，根本無法承受，

---

[13] 方孝孺，〈周禮考次目錄序〉，《遜志齋集》卷十二。

[14] 這也是侯家駒對《周官》設官的批評。見《周禮研究》第九章〈周禮批判〉，頁338。

[15] 參閱李滋然，《周禮古學考》，臺灣：力行書局，1934年版。

更是遠離實際的說法。事實上，《周官》的官員並不全需外面人民養活，他們的許多生活所需是王宮的奚徒生產的。

明白了這一點，也就可以明白，爲何以王宮之內會有那樣多的「奇邪之民」。胡宏說：「先王之制，凡官府次舍列於庫門之外，所以別內外、嚴貴賤也。今宮正乃比宮中之官府次舍之衆寡，又曰『去其奇邪之民』，則是妃嬪、宮吏、庶衆雜處，簾陛下不嚴而內外亂矣。」⑯ 這種批評也是不了解《周官》所反映的先秦宮庭情況的特點而導致的。

六、職官設置之形式上的特點

《周官》六官分別以天地四時名官，並分官職爲 360，這是《周官》在形式上的一個最大特點。鄭玄說：「六官之屬三百六十，象天地四時日月星辰之度數，天道備焉。前此者成王作《周官》，其志有述天授位之義，故周公設官分職以法之。」⑰ 賈公彥《周禮疏》云：「鄭云象天者，周天有三百六十餘度，天官亦總攝三百六十官，故云象天也。」⑱《周官》這一特點，是戰國陰陽五行學說流行所帶來的。

在陰陽五行學說中，天地四時是宇宙的間架，陰陽五行是支配與支持此間架的力量與實體，故戰國末期受陰陽家思想影響的許多著作，都突出天地四時的架構地位與作用。如《管子·四時》說：

> 是故陰陽者，天地之大理也。四時者，陰陽之大經也。

《管子·五行》更以六官分掌天地四方（四時），說：「昔者黃帝

---

⑯ 胡宏，《皇王大紀》卷十九。
⑰ 《周禮·小宰》注。
⑱ 《周禮·小宰》義疏。

得蚩尤而明於天道，得大常而察於地利，得奢龍而辯於東方，得祝融而辯於南方，得大封而辯於西方，得后土而辯於北方。黃帝得六相而天地治，神明至。」

不過，《管子‧五行》的六相是神話人物，六相治理的對象是天地神明，沒有實際的政治內容。《周官》則不同，《周官》的官職設立，是從實際政治出發的，其以天地四時名官，不過是形式上的說法，僅說明其受陰陽五行的影響而已。

漢代，五行思想占居統治地位，《淮南子》與《春秋繁露》中的官職設置，完全按五行學說，就與《周官》有很大不同。《淮南子‧天文訓》說：

> 「何謂五官？東方為田，南方為司馬，西方為理，北方為司空，中央為都。」高誘注：「田，主農；司馬，主兵；理，主獄；司空，主土；都，為四方最也。」

這裏的都，是中樞，居統帥地位，很明顯是有相應於中央皇權的說法。《周官》沒有這種思想，六官中以天官最尊。

《春秋繁露》說：

> 東方者木，農之本，司農，尚仁，進經術之士，導之以帝王之路，將順其美，匡救其惡，執規而生，至溫潤下⋯⋯。
>
> 南方者火也，本朝，司馬，尚智，進聖賢之士。
>
> 中央者土，君官也，司營，尚信。
>
> 西方者金，大理，司徒也，司徒，尚義。
>
> 北方者水，執法，司寇也，司寇，尚禮。❶

---

❶　《春秋繁露‧五行相生》。

這是講政治，也是講歷史，更是講理論。它以土爲中央，也是中央皇權的反映。這些說法都與實際的政務活動脫節，故與《周官》性質不同。徐復觀將其混爲一談是不對的。

徐復觀說：《周官》中「六的數字用得最多，大概有五十種左右，其中有重要的，如六典、六敘、六職、六聯、六計等。也有不重要的。但最值得注意的是，凡牽涉到國家政府各種組織的，縱未明說出是六，而實際則必爲六。如冢宰治官之屬爲大宰、小宰、宰夫、上士、中士、下士共六級。其他各官，亦無不如此。這種情形，只有和《三統曆》聯繫起來，才可加以解釋。」[20]

實際上，《周官》六官的設立，是從實際政務需要出發的，與「六」的湊數無關。六敘、六職、六聯、六計等，與六官相應，當然亦與尚六無關。六藝、六律、六同、六德、六舞、六書、六穀、六牲、六耦，則在先秦早已流行，更非由《周官》湊數而來。《周官》的設官，天地春夏秋五官加起來已達370多個，如加冬官當更多，說明它根本沒有眞正尚六與360的觀念。

爲了論證《周官》尚六，徐復觀列舉了士師之下以士名官者六，有鄉士、遂士、縣士、方士、訝士、朝士等。然而此六士並非屬於士師，而是與士師並列，故徐說不能成立。鄉與遂，是兩種地方行政系統，不能拉扯一起。遂士、主六遂之獄；縣士，主縣之獄；方士，主四方都家之獄；都士，主治都家吏民之獄訟；家士，如都士，實際只有五士加朝士、訝士，則爲七士。朝士、訝士根本不屬司法系統。故徐「六士」之說倒眞是爲「尚六」而湊數了。其它例證多皆類此，不必一一指出。

《管子》中，六的說法亦甚多，如六行、六攻、六步、六合、六

---

[20] 徐復觀，《周官成立之時代及其思想性格》，頁36。

制、六府、六律、六紀、六束等等，皆是當時社會流行名詞，與「尚六」無關。要之，《周官》「尚六」之說也是不能成立的。以之與「三統曆」相聯繫，更不能成立(詳後)。

我以爲在形式方面，《周官》眞正値得注意的是缺〈冬官〉。鄭玄說，漢興求之不得，故以〈考工記〉代之，似乎〈冬官〉是早就遺失的。徐復觀說王莽沒有時間寫了，故缺了〈冬官〉。但徐說不過是一種說法而已。我認爲〈冬官〉並不是遺失了，也不是王莽匆促未寫，而是有意未寫，也就是說它是計畫如此。

現存《周官》缺〈冬官〉，但職官已達373個，超過天道周期360之數。證明〈冬官〉原本是沒有屬官的。之所以要寫上它，僅是爲了湊天地四時之數而已。《周官》中屬於司空性質的職守已分別由其他各官的屬官擔任，如大宰「佐后主市，經國分野」，大司徒「以土圭之法測土深」，量人測量地圖，營建城市等等❷ ；那麼爲何《周官》要有意空置〈冬官〉呢？我認爲與五帝缺黑帝相應，是秦人尊奉五行水德的表現。

按陰陽五行思想，秦得水德，以水德王，水德及與之相應的黑帝、冬官，都是當運，應主持全局、支配全局而不能偏處一隅的，故寧缺而不就位了。

《史記》說，鄒子之徒著陰陽終始五德之運，及秦帝而齊人奏之，始皇採用之。似乎秦德水德是秦始皇爲帝以後之事，但實際在此以前，秦地陰陽家必已醞釀宣傳多時了。故齊人一奏就能成功。始皇奉秦爲水德，黑帝祠仍然不立，原因正在於這時黑帝（水）是應主持全局而不應以一隅一方自處。秦人過去偏隅西方，周天子是共主，以

❷　參見俞廷椿《周禮復古編》。胡宏、程大昌等人皆有「冬官」不亡，職事散見於五官之說。

一方小國自處，自以爲得金瑞卽奉白帝，得黃瑞卽祀黃帝。現在情況不同了，統一前夕，隨著實力的強大，兼併戰爭的勝利進行，版圖日益擴大，秦人早已以中央大國自居，帝制觀念十分強烈，它不再甘於以自己當運的水德黑帝與各帝並列，是很自然的。這才是《周官》缺〈冬官〉的眞正原因。

第 二 章
周官之社會行政組織

本章論述《周官》之授田制、分封制、鄉遂制及社會行政與軍事組織。雖然學術界對這些問題有不少研究，但許多問題仍然糊塗而混亂。實際上，《周官》授田制的特點、數量，社會行政組織的特點，分封制的規模，只有以秦國實際情況爲背景，才能得到眞正了解。商鞅變法後的秦制，才是了解《周官》的鎖匙。本章在方法上的特點卽是嘗試以這把鎖匙來解開《周官》制度之謎。

一、《周官》的授田制

侯家駒《周禮研究》將《周官》的授田制與商鞅變法後秦地的情況聯繫起來，指出「《周禮》一井九夫，而與孟子所說一井八夫不同，《周禮》這種描述，很可能是取材自商鞅改制後的秦制。」❶這向着正確的方向前進了一步。侯之前，顧頡剛也指出，《周官》的授田制，「似乎是接受了商鞅的主張的」❷。然而顧、侯皆未能擺脫周制的框框。實際上，秦在商鞅變法後，已不再行井田制，《周官》亦是如此。

《史記》說，商鞅在秦變法，「廢井田、開阡陌。」開阡陌是廢除

---

❶ 侯家駒，《周禮研究》第四章〈周禮思想淵源〉，頁110。
❷ 顧頡剛，〈周公制禮的傳說和周官一書的出現〉，載《文史》第六輯，中華書局版。

舊有的畝（周畝）制而建立新的大畝（一大畝為2.4周畝），並以一百畝（一頃）為授田的基本單位。商鞅在秦實行的新授田制，史稱「爰田」。它將田地分為上、中、下三等。孟康說：「商鞅相秦，復立爰田❸。上田不易，中田一易，下田再易。自在其田，不復易居也。」《漢書・食貨志》解釋說：「民受田，上田夫百畝，中田夫二百畝，下田夫三百畝。歲耕種者為不易上田，休一歲者為一易中田，休二歲者為再易下田，三歲更耕之，自爰其處。」「自爰其處」，是說各家在自己所受的土地上實行輪耕。授上田之家，無下田與中田，每家一百畝。授中田之家，二百畝，授下田則家三百畝。輪耕在授中田與下田之家進行。

〈地官・大司徒〉說：「凡造都鄙，制其地域而封溝之，以其室數制之。不易之地，家百晦；一易之地，家二百晦；再易之地，家三百晦。」《周官》所說，正是商鞅「爰田制」的情況。不過這是「都鄙」即城郊，故沒有「草萊」。

野外有大量草萊需要開墾，故授田情況與城郊不同。〈地官・遂人〉說：「以土均平政，辨其野之土，上地、中地、下地，以頒田里。上地，夫一廛，田百晦，萊五十晦，餘夫亦如之；中地，夫一廛，田百晦，萊百晦，餘夫亦如之；下地，夫一廛，田百晦，萊二百晦，餘夫亦如之。」故野外的成年男子，不論嫡庶，都同等地被授與土地，不僅不再像孟子所述，餘子所授，僅為宗子或嫡長子的四分之一，而且田地中包括待墾的荒地草萊。

《商君書・徠民》說：

今秦之地，方千里者五，而穀土不能處二，田數不滿百萬，

---

❸　《漢書・食貨志上》。

其藪澤谿谷名山大川之財物貨寶，又不盡為用，此人不稱土也。

今以草茅之地，徠三晉之民，而使之事本，以其損敵也，與戰勝同實，而秦得之以為粟。

鼓勵開墾草萊，是商鞅耕戰政策的重要部分。《周官》鼓勵開墾草萊，與商鞅政策不謀而合。

銀雀山竹書〈王法〉說：「凡欲富國，墾草仁邑，必外示之以利，內為禁邪除害⋯⋯。一縣半墾者足以養其民，其半為山林溪谷，蒲葦魚鼈所出，薪蒸⋯⋯。」說明鼓勵開墾，是戰國後期富國強兵的普遍情況。〈王法〉「方百里而一縣」，除去一半山澤，餘田為五萬頃。都邑蹊徑處什一，餘田四萬頃，授予二萬家（銀雀山竹書〈守法〉：「大縣二萬家」），平均每家二百畝（二頃），與《周官》的授田平均數正好相等。

《史記・蘇秦列傳》載蘇秦之言說：「且使我有雒陽負郭田二頃，吾豈能佩六國相印乎！」負郭田二頃，正是戰國末年一般的授田數量。也印證了〈田法〉與《周官》之平均授田數，確是戰國末年社會情況的反映❹。

〈田法〉又說：「考參以為歲均計，二歲而均計定，三歲而壹更賦田，十歲而民畢易田，令皆受地美惡□均之數也。」這是三歲而普

<hr>

❹　學術界一般認為負郭田二頃，是小地主，如楊寬《戰國史》說，「這樣有負郭田二頃就甚麼都不想幹，說明當時一般地主所得到的封建剝削收入已不少，生活已夠優裕了。」實際戰國時農民有田一頃，收入不夠維持家計。二頃地出租給農民，農民即便交什五之租，蘇秦也只能有一頃地的收入，與農民五口之家的生活一樣，豈能優裕？所以，這裏負郭田二頃，不是指地主，是指自耕農。楊寬的話，見《戰國史》（上海人民出版社，1983年），頁156。

遍易田的制度。《公羊傳》宣公十五年何休注說：「司空謹別田之高下善惡，分為三品，上田，一歲一墾；中田，二歲一墾；下田，三歲一墾。肥饒不得獨樂，墝埆不得獨苦，故三年一換，主易居，財均力平。」但這種各家三年輪流交換上中下田的制度，實際執行上困難重重，恐只能是一種理想而已。

1979年，四川青川出土〈秦更修為田律〉說：「二年（秦武王二年）十一月己酉朔朔日，王命丞相戊（即甘茂）、內史匽：□□更修為田律……。百畝為頃，一千（阡）道，道廣三步。封，高四尺，大稱其高。……以秋八月，修封将（埒），正疆畔。」❺睡虎地秦簡〈法律答問〉載：「盜徙封，贖耐。」「問：何如為封？答：封即田千佰。又問：頃畔封也，且非是而盜徙之，贖耐，何重也？答：是，不重。」意思是說，私自移動田界（千佰），要判處耐刑或出錢贖罪。封指田一頃上之封埒，確證秦的授田是以一頃——百畝為單位。秦簡〈田律〉說：「入頃芻藁，以其受田之數，無墾不墾，頃入芻三石，藁兩石。」說明受田中，既包括已墾的頃，也包括有未墾的頃，不論墾與未墾，一律頃入芻三石，藁兩石。這與《周官》所說授田包括未墾的草萊，也是符合的。所以由秦簡看，商鞅後的秦國，授田每家平均二頃當是事實。

青川〈秦更修為田律〉又說：「田廣一步，袤八則為畛。畝二畛，一百（陌）道。百畝為頃，一千（阡）道，道廣三步。封，高四尺，大稱其高。将（埒），高尺，下厚二尺。以秋八月，修封将（埒），正疆（疆）畔。」1979年安徽阜陽西漢汝陰侯墓所出竹簡殘片「卅步為則」，羅開玉〈青川秦牘（為田律）所規定的為田制〉一文據此指出，律文的斷句

---

❺ 文載《文物》（北京出版）第7期，1982年。

應爲「田廣一步，袤八則爲畛。」❻說明青川的田畝每邊長爲二百四十步，寬爲一步，正是商鞅推行的二百四十步爲畝的新制。

《氾勝之書》有區田法，說：「以畝爲率，令一畝之地，長十八丈，廣四丈八尺。」❼六尺爲步，廣爲八步，長（十八丈）爲三十步，也是一長方形田制，與青川田律相同❽。

阡陌道及畛的位置，李學勤、于豪亮、黃盛璋、田宜超、劉釗、楊寬等，有不同的解釋❾。但所有各家的說法都否定了每頃田必爲正方形的說法❿。

〈地官·遂人〉說：

> 凡治野，夫間有遂，遂上有徑；十夫有溝，溝上有畛；百夫有洫，洫上有涂；千夫有澮，澮上有道；萬夫有川，川上有路，以達于畿。

鄭玄注：「徑、畛、涂、道、路，皆以通車徒於國都也。徑容牛馬，畛容大車，涂容乘車一軌，道容二軌，路容三軌。」依照先秦車制，涂的寬度是八尺，道的寬度是十六尺，路的寬度是二十四尺。徑寬二尺，畛寬六尺❹。這與青川〈田律〉田畝形制、阡陌分布是大致相同的。值得注意的是徑、畛、涂、道、路都是十進位制，與周之井田

---

❻　文載《考古》（北京出版）第 8 期，1988年。

❼　《齊民要術》卷一引。

❽　參見楊寬，〈釋青川秦牘的田畝制度〉，載《文物》（北京出版）第 7 期，1982年。楊指出，氾所說是關中地區的情況，「當是沿襲秦制的」。

❾　他們的文章分別發表於《文物》第 1 期、第 9 期、第 10 期，1982 年。《考古》第 6 期、1983年。

❿　這是侯家駒的說法，見《周禮研究》第四章〈周禮思想淵源〉，頁110。

⓫　參見《中國農學史》，中國農業科學院、南京農學院、中國農業遺產研究室編。

制九進位是兩個系統，證明在《周官》之授田中，井田也被廢除了。顧頡剛說「九夫為井是可以開方的，十夫有溝如何開得成方？既開不成方，又如何可以徑界井田？」[12]這是很正確的。

《周官》之井田不是作為授田及社會行政組織的基礎，而僅是徵收兵賦的計算方法與標準。《左傳》昭公四年「鄭子產作丘賦」，魯成公元年「作丘甲」。「丘」與兵賦的徵收相關聯。《周官》似沿襲此制。

〈地官·小司徒〉說：

> 乃經土地而井牧其田野，九夫為井，四井為邑，四邑為丘，四丘為甸，四甸為縣，四縣為都，以任地事而令貢賦，凡稅斂之事。

很明確，井田是與貢賦稅斂有關。銀雀山竹書〈庫法〉說：「大縣百里，中縣七十里，小縣五十里。大縣兩萬家，中縣萬五千家，小縣萬家。□□以縣小大為賦之數也。其可用者，大縣七十乘，小縣五十乘。」說明戰國時期，軍賦的計算與徵收，仍以乘為單位，亦沿襲井田制為計算的標準。《周官》當亦是如此。

鄭玄引《司馬法》說：「六尺為步，百步為畮，畮百為夫，夫三為屋，屋三為井，井十為通（九十家），通為匹馬，三十家，士一人，徒二人。通十為成（九百家），成百井，三百家，革車一乘，士十人，徒二十人。十成為終（九千家），終千井，三千家，革車十乘，士百人，徒二百人。十終為同（九萬家），同方百里，萬井，三萬家，革

---

[12] 顧頡剛，〈周公制禮的傳說和周官一書的出現〉，載《文史》第六輯。

車百乘，士千人，徒二千人。」按《司馬法》，一同方百里，民戶數有九萬家，每三萬家出革車百乘，方百里之地出革車三百乘，士三千人，徒六千人。車乘數及民戶數大大超出實際水平。故《漢書·刑法志》說一同方百里之地，除去山川道路、住宅等只有六千四百井，民戶數五萬七千六百家，出革車數爲一百乘，甲士三百人，卒七千二百人。即便如此，也與實際情況相去甚遠。按銀雀山竹書〈庫法〉，戰國時一個大縣，民戶數二萬，能出征的車乘七十乘，甲士二百一十人，卒五千人，較《司馬法》所說要小得多。《周官》沒有說明兵賦究竟如何計算與徵收，鄭玄等引《司馬法》的說法實際是與《周官》不相干的。

在《周官》中，賦稅的徵收以及力役的分配，完全由州黨及遂縣等行政系統負責。井田制的丘邑甸等等，不過是一個空架子。許多學者以爲眞是周代之井田制，或如顧頡剛所說《周官》之井田實行在「鄉大夫們的采邑上」[13]。實係誤解。

二、《周官》的社會行政與軍事組織

《周官》的社會行政組織與十進位的授田制相應，又與軍隊編制相應，是戰國時期的什伍，而非井田系統。

《管子·立政》說：「分國以爲五鄉，鄉爲之師；分鄉以爲五州，州爲之長；分州以爲十里，里爲之尉；分里以爲十游，游爲之宗。」其系統是游（5家）──→里（50家）──→州（500家）──→鄉（2500家）。

銀雀山竹書〈田法〉說：「五十家而爲里，十里而爲州，十州而

---

[13]　顧頡剛，〈周公制禮的傳說和周官一書的出現〉，載《文史》第六輯。

爲鄉。州鄉以地次（授）田于野，百人爲區，千人爲或（域）。人不舉或（域）中之田，以地次相，……。」其系統是每一授田區一百人，一個授田域一千人，也是十進位系統。古代田制、社會組織與軍事編制一致，所以「百人爲區」與「五十家而爲里」相合，「千人爲域」與「十里而爲州」相合。五十家出百人，平均每家出二人服役，這正是《周官》上中下三家服役人數的平均數❶。

〈地官・大司徒〉說：「五家爲比，使之相保；五比爲閭，使之相受；四閭爲族，使之相葬；五族爲黨，使之相救；五黨爲州，使之相賙；五州爲鄉，使之相賓。」這是城市。其組織系統是：比（5家）──→閭（25家）──→鄉（12500家），與〈田法〉基本相同。

在野外，行政系統是：鄰（5家）──→里（25家）──→酇（100家）──→鄙（500家）──→縣（2500家）──→遂（125000家）。行政長官爲鄰長、里宰、酇長、鄙師、縣正、遂師。此即〈地官・遂人〉所說：「以土地之圖經田野造縣鄙形體之法。五家爲鄰，五鄰爲里，四里爲酇，五酇爲鄙，五鄙爲縣，五縣爲遂。皆有地域溝樹之，使各掌其政令刑禁，以歲時稽其人民而授之田野，簡其兵器，敎之稼穡。」

不論國郊及遂野，《周官》之基層組織都是比鄰的五家及閭里的二十五家，表現兵農合一的特點。

何以如此？因爲在戰國至漢代的軍隊中，什伍是最基本的作戰隊形。《淮南子・兵略訓》說：「陣卒正前，行選進退，俱什伍搏，前後不相撩（高誘注：『撩，躒踏也』），左右不相干，受刃者少，傷敵者衆。」「俱什伍搏」，即十人五人編爲一組，以進行訓練與作戰。嚴循《道德指歸・以正治國篇》說：「從高擊下，以衆制寡，堅校部曲，

---

❶ 田昌五，〈談臨沂銀雀山竹書中的田制問題〉，載《文物》第2期，1986年。

官隊相伍，上護其下，下求其上，三軍相保，親如父子。」《禮記‧祭義篇》說：「軍旅什伍」。《周書‧武順篇》說：「五五二十五曰元卒，四卒成衞曰佰。」徐鍇《說文系傳》於人部佰下引《老子》曰：「有什佰之器」，「每什佰共用器，謂兵革之屬」。什佰亦與軍事有聯繫。《史記‧秦始皇本紀》「躡足行伍之間而倔起什佰之中」。什佰的原意也是「什伍相搏」。五伍爲閭或兩則，與車戰有關。故《周官》社會行政組織以五家爲基礎，正是反映戰國後期兵農合一的特點。

《周官》的軍事系統爲：伍（5 人）——→ 兩（25 人）——→ 卒 100人）——→ 旅（500人）——→ 師（2500 人）——→ 軍（12500 人）。長官爲伍長、司馬、卒長、旅帥、師帥、軍將。〈地官‧小司徒〉說：「乃會萬民之卒伍而用之，五人爲伍，五伍爲兩，四兩爲卒，五卒爲旅，五旅爲師，五師爲軍，以起軍旅，以作田役，以比追胥，以令貢賦。」正是兵農合一，社會行政組織與軍事組織合一的特點。

《史記‧商君列傳》說，商鞅在秦變法，「令民爲什伍，而相牧司連坐。」於是什伍制又與社會治安相結合，成爲居民相互監督的組織形式，有如後世的保甲法。〈地官‧族師〉說：「五家爲比，十家爲聯，五人爲伍，十人爲聯，四閭爲族，八閭爲聯，使之相保相受，罰刑慶賞，相及相共，以受邦職，以役國事，以相葬埋。」〈地官‧比長〉說：「各掌其比之治，五家相受，相和親，有辠奇衺，則相及。」〈地官‧鄰長〉：「掌相糾相受，凡邑中之政相贊，徙於他邑，則從而授之。」這些顯然是直接反映了商鞅變法後秦國的社會情況。

秦之社會行政組織以五家爲基本，軍隊以五人、十人爲一組，所以秦之無爵位平民，其身分卽稱爲士伍。《周官》之普通平民稱民，亦稱「士」（詳第五章）。

《韓詩外傳》卷四第十三章說：「古有八家而井田，八家相保，

出入更守，疾病相憂，患難相救……。今則不然，令民相伍，有罪相同，有刑相舉……而仁道泯焉。」漢承秦制，什伍連坐制不僅在秦實行，漢代也如此。

三、《周官》的鄉遂制

鄉遂制本是周代封建宗法制度下行政區劃的特點，但《周官》仍實行鄉遂制。鄉指城區與郊區，遂指野外，兩地居民享有不同的政治權力、身分、義務，界限十分清楚固定。

《周官》中鄉系統的行政組織與居民具有許多遂系統根本不具有的權力與活動，如「讀法」；考民之德行道藝，進行賞勸；以禮會民；「以鄉射之禮五物詢衆庶」，興賢讓能，出使長之；獻賢能之書於王；以歲時祭州社，設有州序、鄉序（學校）；鄉民可參與王主持的大會，討論國事；貴者賢者老者疾者享有免除力役、賦稅的權力等等。這些權力與活動，分別見於鄉系統閭胥、族師、黨正、州長等職守中，如：

〈地官·閭胥〉：「凡春秋之祭祀役政喪紀之數，聚衆庶，既比則讀法，書其敬敏任恤者。」

〈地官·族師〉：「各掌其族之戒令政事。月吉，則屬民而讀邦法，書其孝弟睦婣有學者。春秋祭酺亦如之。以邦比之法帥四閭之吏，以時屬民而校登其族之夫家衆寡。」

〈地官·鄉大夫〉：「各掌其鄉之政教禁令。正月之吉，受教法於司徒，退而頒之於其鄉吏，使各以教其所治。以考其德行，察其道藝。以歲時登其夫家之衆寡，辨其可任者。國中自七尺以及六十，野自六尺以及六十有五，皆征之。其舍者，國中貴者、賢者、能者、服公事者、老者、疾者，皆舍，以歲時入其書。三年則大比，考

其德行道藝，而與賢者能者。鄉老及鄉大夫帥其吏，與其衆寡，以禮
禮賓之。厥明，鄉老及鄉大夫羣吏獻賢能之書於王，王再拜受之，登
於天府，內史貳之，退而以鄉射之禮五物詢衆庶。」

　　縣憲以使民免於刑罰，也僅實行於國中。故〈秋官・士師〉以
「五戒先後刑罰」，「糾」與「縣憲」這兩項都僅「用諸都鄙」，不包括
縣鄙野外在內。

　　鄉系統之百姓還享有議政的特殊權力。〈秋官・小司寇〉說：「掌
外朝之政，以致萬民而詢焉，一曰詢國危，二曰詢國遷，三曰詢立
君。其位，王南鄉，三公及州長百姓北面，羣臣西面，羣吏東面。小
司寇擯以敘進而問焉，以衆輔志而弊謀」。這種大會，遂野系統的居
民不能參與。

　　遂系統的行政組織沒有上述權利與活動，其各級行政長官的任務
只是賞罰、徵收賦稅與力役以及組織生產。如：

　　〈地官・里宰〉：「掌比其邑之衆寡與其六畜兵器，治其政令。
以歲時合耦於鋤，以治稼穡，趨其耕耨，行其秩敘，以待有司之政
令，而徵斂其財賦。」

　　〈地官・酇長〉：「各掌其酇之政令，以時校登其夫家，比其衆寡
……。若作其民而用之，則以旗鼓兵革帥而至。若歲時簡器，與有司
數之。凡歲時之戒令皆聽之，趨其耕耨，稽其女工。」

　　〈地官・鄙師〉：「各掌其鄙之政令祭祀。凡作民，則掌其戒令。
以時數其衆庶而察其媺惡而誅賞。歲終，則會其鄙之政而致事。」

　　〈地官・縣正〉：「各掌其縣之政令徵比，以頒田里，以分職事，
掌其治訟，趨其稼事，而賞罰之。若將用野民師田行役，移執事，則
帥而至，治其政令。」

　　鄉系統之「讀法」，勸道藝德行，與賢讓能等等，在遂系統中也

沒有提及。

郷遂之分，由來久遠。按西周之宗法封建制度，城中之居民原是自由民，其最早的根基是周初「殖民」時代之統治集團。許倬雲《西周史》說：「國的意義在第一階段時，國人或邑人也就是原先『殖民』隊伍的成員及其子孫。對於分封的國君，這批人是親信的自己人，對於當地原來的居民，這批人是統治者。君子野人有別。『先進於禮樂者野人也，後進於禮樂者君子也』。則到孔子的時代，兩者之間的分野仍舊存在。」⑮封建宗法，國是大宗宗子的居住地，亦是全國軍事、政治、經濟與文化、宗教的中心。這中心有城，類如歐洲中世紀封建貴族的城堡。在城堡中，除宗子、貴族及其軍政管理人員外，有為其生活及政治、軍事、經濟、文化活動服務的人員；有「百工居肆，以成其事」的手工業者，有商人、巫、醫、太史、師保等等。這些成員，一部分是奴隸，一部分是自由民的體力勞動者及統治集團中的官吏、勞心者。至於軍隊與衞隊的骨幹等，皆由與貴族有密切關係的人組成。所以城中之居民，除奴隸外，主要成分是自由庶民與貴族。

依照宗法制，國的政治權力及土地財產是由宗子直系繼承的，餘子則被封為小宗，但「君子之澤，五世而斬」，大部分人或遲或晚將進入自由庶民的行列(甚至降為奴隸)，成為手工業者、商人、官吏或軍隊成員。所以國中的自由民享有議政權力與許多特殊的政治待遇，是由其身分、歷史決定的。野外之居民則完全是農奴或奴隸，是被征服的本地人，他們為貴族從事農牧等生產，服各種勞役。他們不能享有城市中自由庶民的權力是很自然的。這樣的兩種居民的歷史構成，就是國都與野遂在政治與社會地位上形成上述區分的基本原因。

---

⑮ 《西周史》第九章＜西周的衰亡與東遷＞，頁288,臺灣：聯經出版事業公司，1984年版。

　　戰國時期，宗法制逐漸破壞、解體，國人與野人的對立基本上消失，但也在某種程度上保留下來。如有市籍與無市籍者之分，如國野的某種對立觀念。《孟子》說：「國人皆曰賢然後察之，見賢焉，然後用之……。國人皆曰不可，然後察之，見不可焉，然後去之。」⑯「請野九一而助，國中什一使自賦。」⑰《墨子》說：「國中之衆，四鄙之萌人，聞之，皆競爲義。」⑱這種國野對舉或國鄙對舉的陳述，就是戰國初中期國野對立仍然存在的證據。

　　但《周官》的鄉遂制終歸與西周不同而具有戰國的社會特徵了。這表現在野的居民有服兵役的權力與義務，因而亦有以軍功受賞賜的權力。楊寬說，西周春秋時期，「六鄉居民是編制六軍的基礎……。六遂居民則不同。他們沒有經常的軍隊，沒有被編入正式的軍隊，他們被徵發去參加『師田行役』，只是隨從服勞役而已。」⑲《周官》中之鄉遂制已不如此。鄭玄說：「遂之軍法，追胥起徒役，如六鄉。」實際上，戰國時，作戰規模擴大，戰爭頻繁，需要大量兵員，故徵召遂野居民上前線，既服勞役，又參軍作戰，是必然的。〈地官・縣師〉說：「若將有軍旅、會同、田役之戒，則受法於司馬，以作其衆庶及其馬牛車輦，會其車人之卒伍，使皆備旗鼓兵器，以帥而至。」〈地官・鄷長〉說：「若作其民而用之，則以旗鼓兵革帥而至。若歲時簡器，與有司數之。」〈地官・里宰〉說：「掌比其邑之衆寡，與其六畜兵器，治其政令。」這裏「軍旅」絕不能理解爲僅是會同田役，而不是行軍作戰。因爲這裏反覆強調備旗鼓、兵器、兵革，並明白指出是將有「軍旅」，「會其車人之卒伍」。將這些說成勞役、田役是無

---

⑯　《孟子・梁惠王下》。
⑰　《孟子・滕文公上》。
⑱　《墨子・尚賢上》。
⑲　楊寬，《古史新探》，頁143，中華書局，1965年版。

法講通的。

　　遂的地方行政組織，以什伍爲基礎，與軍隊編制相應配套，這也說明，遂區居民是要參軍作戰的。

　　《周官》中，鄉與遂的居民，凡成年男子都可同等地授田，也說明宗法制已被破壞了。

　　在鄉區，讀法、懸法活動頻繁，也非西周、春秋所能有。所以《周官》之鄉遂制是戰國人的新觀念。不加分析地把它當成西周史料，是不對的。

四、《周官》的版圖與分封規模

　　討論《周官》的分封制，首先碰到的是其分封的規模與地理版圖之大，似乎不僅非周代，亦非戰國所能有。〈夏官・大司馬〉說：

> 乃以九畿之籍，施邦國之政職。方千里曰國畿，其外方五百里曰侯畿，又其外方五百里曰甸畿，又其外方五百里曰男畿，又其外方五百里曰采畿，又其外方五百里曰衛畿，又其外方五百里曰蠻畿，又其外方五百里曰夷畿，又其外方五百里曰鎮畿，又其外方五百里曰蕃畿。

　　〈夏官・職方氏〉也有類似文字：

> 乃辨九服之邦國，方千里曰王畿，其外方五百里曰侯服，又其外方五百里曰甸服，又其外方五百里曰男服，又其外方五百里曰采服，又其外方五百里曰衛服……

版圖大了，分封公侯的土地就大爲增加。〈地官・大司徒〉說：「諸公之地，封疆方五百里，其食者半；諸侯之地，封疆方四百里，其食者參之一；諸伯之地，封疆方三百里，其食者參之一；諸子之地，封疆方二百里，其食者四之一；諸男之地，封疆方百里，其食者四之一。」〈夏官・職方氏〉說：「凡邦國千里，封公以方五百里則四公，方四百里則六侯，方三百里則七（顧頡剛，七字訛，當作十）伯，方二百里則二十五子，方百里則百男。」

顧頡剛說：「這樣整整齊齊一萬里的疆域，遠遠超出了《禹貢》五服的方五千里。因爲疆域廣了，所以封起諸侯來，手面就闊，不能和《孟子》、〈王制〉等文相比。在《孟子》和〈王制〉裏，公國方百里，現在大致二十五倍了。在〈王制〉裏，方千里的一州，要封二百一十國，現在只夠封四個公國了。就是完全封男國，也只夠封一千了。……爲什麼《周官》裏的疆域變得這麼擴大了呢？這當然由於秦始皇和漢武帝向北、西、南三邊拓地的結果。……《周官》說的中國疆界和封國諸條，原是把西漢的疆域，作爲地理背景的。」❷⓿

王莽說：「漢家地廣二帝三王，凡十二州，州名及界多不應經……。漢家廓地遼遠，州牧行部，遠者三萬餘里，謹以經義正十二州名界，以應正始。」❷① 據此，徐復觀和侯家駒認爲，《周官》必是出於王莽無疑。侯氏且說，按《周官》所云，我國領土面積爲一萬萬方里，遠大於現今領土，此乃其最爲荒謬無知之處。❷②

實際上，所謂方千里，另加九服，每邊4500里，每邊長5500里，全部面積是3025萬平方里，約合1240萬平方公里，比我國現有領土面

❷⓿ 顧頡剛，〈周公制禮的傳說和周官一書的出現〉。
❷① 《漢書・王莽傳》。
❷② 侯家駒，《周禮研究》，頁344。

積僅略大一點。以王畿爲中心，劃成同心正四邊形。第一個方塊是王畿，方千里，面積 100 萬平方里。第二個方塊是侯畿，1500 里平方，面積225萬平方里。除去王畿100萬平方里，餘爲 125 萬平方里，可封公國 5 個，侯國 8 個，伯國 14 個，子國31個。第三個方塊是甸畿，400平方里，減去 225 萬平方里，實爲 175 萬平方里。第四個方塊是男畿，625萬平方里，減去400萬平方里，實爲 225 萬平方里。第五個方塊是采畿，900萬平方里，減去 625 萬平方里，實爲275萬平方里。第六個方塊是衞畿，1225萬平方里，減去900萬平方里，實爲325萬平方里。第七個方塊爲蠻畿，1600萬平方里，減去 1225 萬平方里，實爲375萬平方里。第八個方塊爲夷畿，實爲 425 萬平方里。第九個方塊爲鎮畿，實爲475萬平方里。第十個方塊爲藩畿，實爲525萬平方里。全部面積爲3025萬平方里。

《商君書‧徠民》說：「今秦之地，方千里者五」，即 500 萬方里，可封方 500 里的公國20個。戰國末年，秦兼併各國，領土面積大增，其所封侯國，已遠大於《周官》公、侯分封之標準。呂不韋封文信侯，食邑河南洛陽十萬戶。按竹書〈庫法〉大縣百里，二萬家計算，是五個大縣之地，爲500平方里。以後又益封藍田十二縣，地方就更大了。所以《周官》之分封公侯面積不僅不是空想、荒謬，勿寧說倒反映了戰國末期秦統一前夕人們的分封觀念。到西漢末年王莽當政時，這種觀念反而完全不能有了。因爲土地兼併劇烈，空地不多，加以對諸侯的防範日嚴，「衆建諸侯而少其力」。所以漢代所封侯國都小得可憐。《漢書‧朱博傳》說，朱博「爲丞相，封陽鄉侯，食邑二千戶。博上書讓曰：『故事封丞相不滿千戶，而獨過臣制，誠戃懼，願還千戶。』」《史記‧貨殖列傳》論富可比封侯時，說：封者君食租稅，歲率戶二百。千戶之君則二十萬，朝覲聘享出其中。」王莽爲了收買人心，將封地

擴大，「諸公一同，有衆萬戶，土方百里，侯伯一國，衆戶五千，土方七十里」，與呂不韋相比，也已是小巫見大巫了。即便如此，也不過嘴上說說而已。王莽本人初封新都侯時，僅一千五百戶，以後「益封三百五十戶」。❷王莽害怕諸侯實力增强，於己不利，分封「公國一萬戶」的諾言也始終是一種欺騙。所以《周官》眞爲王莽所作，分封部分就得全部改寫了。

　　侯家駒等理解《周官》「其外方五百里」，是東西每邊各五百里，共一千里，於是每一畿的面積增加一倍，全部疆域成了一萬萬平方里。但這不符合《周官》原意。「其外方五百里」，應是東西兩邊加起來五百里，每邊是二百五十里。故鄭玄注說：「畿猶限也……自王城以外，五千里爲界，有分限者九。」戰國末期，鄒衍有大九州之說，人們的地域觀念，也遠大於《周官》九畿的規模。所以《周官》的分封，在戰國末期產生，是合乎情理的。

　　王莽說：「漢家廓地遼遠，州牧行部，遠者三萬餘里。」以長安爲中心，東西各三萬里是六萬里，領土面積是三十六萬萬平方里，比一萬萬平方里多至 36 倍。以三萬里爲東西之長，領土面積也有九萬萬平方里，遠大於《周官》九畿的面積。所以如此，是因爲王莽所說，並非嚴格實測數字，不過是一種大致的想像而已。《周官》的說法亦復如此。把它視爲嚴格實測數字，以進行議論，未免迂曲了。

　　先秦時，人們的地域觀念有多大，還可以從《山海經》推知。《山海經》卷二〈西山經〉說：「凡西經之首，自錢來之山至於騩山，凡十九山，二千九百五十七里。」〈西次二經〉說：「自鈐山至於萊山，凡十七山，四千一百四十里。」〈西次三經〉說：「崇吾之山至於

---

❷　《漢書・王莽傳》。

翼望之山，凡二十三山，六千七百四十四里。」〈西次四經〉說：「自陰山以下至於崦嵫之山，凡十九山，三千六百八十里。」全部相加是凡七十七山，一萬七千五百二十一里。〈東山經〉說：「志凡四十六山，萬八千八百六十里。」。加上中經之山，「凡百九十七山，二萬一千三百七十一里。」「大凡天下名山，五千三百七十居，地大凡六萬四千五十六里。」如此大的地域，可容納多少九畿之國呢！《周官》之地域觀念受到戰國流行的地域觀念的影響，有些誇張之說是不奇怪的。

五、《周官》分封制的政治特點

周代的分封，其特點是宗法、井田、世襲三位一體。分封諸侯是獨立的政治、軍事、經濟實體。到戰國時，這種典型的封建制被破壞了，封君僅食租稅，政治上不獨立，軍事、司法大權由中央掌握，並須向中央繳納貢賦。《周官》之分封制，正是這種新的分封制。

《周官》中封國的司法權是由中央王室掌握的，這從司法系統的方士、訝士等職權看得很清楚。

「方士」：「掌都家，聽其獄訟之辭，辨其死刑之罪而要之，三月而上獄訟於國，司寇聽其成於朝，羣士司刑皆在，各麗其法以議獄訟。獄訟成，士師受中，書其刑殺之成與其聽獄訟者。」「凡都家之大事，聚衆庶，則各掌其方之禁令，以時修其縣法，若歲終，則省之，而誅賞焉。」「凡都家之士所上治，則主之。」所謂「都家」，按鄭司農的解釋，指「掌四百里至五百里公所食（如魯季氏食於都）」，即諸公與諸侯之國。鄭玄說：「都，王子弟及公卿之采地……大都在疆地，小都在縣地，家邑在稍地，不言掌其民數，民不純屬王。」就是說，民既

屬於王，亦屬於都家，司法權則純屬於王。所以，在《周官》中公國諸侯的司法大權，由中央王室掌握，是很明確的。

「訝士」：「掌四方之獄訟」。「諭罪刑於邦國」。「凡四方之有治於士者造焉」。鄭玄注：「讞疑辨事，先來詣，乃通之於士也。士，主謂士師也，如今郡國，亦時遣主吏詣廷尉議者。」

四方諸侯之獄訟，一是指諸侯之間的獄訟。一是指諸侯國所發生的大獄訟，如「方士」所謂死罪案件等。不論指哪種，都由「訝士」處理，諸侯無權斷獄。這與漢代之侯國是一樣的。故鄭注以漢時之郡國爲喻：「四方有亂獄，則往而成之，猶呂步舒使治淮南獄。」

〈秋官・大司寇〉總結說：「凡諸侯之獄訟，以邦典定之，凡卿大夫之獄訟，以邦法斷之。」這裏邦典、邦法是由「大宰」所立的。「大宰之職，掌建邦之六典，以佐王治邦國。……五曰刑典，以詰邦國，以刑百官，以糾萬民。」「六曰官法，以正邦治。」更明確無誤地規定了司法權是由中央王室掌握而不歸於諸侯。

諸侯國亦須向中央交納貢賦。〈夏官・大司馬〉說：「建牧立監，以維邦國（鄭注：『牧，州牧也。監，監一國，謂君也。』）……施貢分職，以任邦國（鄭注：『職謂職稅也，任，猶事也。事以其力之所堪。』）……乃以九畿之籍，施邦國之政職。（鄭注：『政職，所共王政之職，謂賦稅也。』）」說明分封國君要受王所委派的官員的監視監護，要向王上交貢賦並擔負各種「力之所堪」之事。

〈地官・小司徒〉說：「凡建邦國，立其社稷，正其畿疆之封。」「凡民訟，以地比正之，地訟，以圖正之，歲終，則考其屬官之治成而誅賞。」這裏「屬官」除小司徒所屬，亦包括各封國之官吏。這些官吏由屬於小司徒監督管轄之範圍。

〈秋官・朝大夫〉說：「掌都家之國治，日朝，以聽國事故，以

告其君長。國有政令，則令其朝大夫。凡都家之治於國者，必因其朝大夫，然後聽之，唯大事弗因。凡都家之治有不及者，則誅其朝大夫，在軍旅，則誅其有司。」故封國之政治、軍事權力都由朝大夫掌管，大權是屬於中央王室的。

《孟子・萬章上》說，舜封其弟象，有人謂之封，有人謂之放。孟子說：「封之有庳，富貴之也」，故謂之封。「象不得有為於其國，天子使吏治其國，而納其貢稅焉，故謂之放。」這種既富貴又「流放」的分封觀念，對戰國新分封制是很形象的描述。《周官》的分封制即是這種性質。

「納其貢稅」，一是老百姓向封君納貢稅，同時分封國向天子、王室納貢稅。事實上，戰國時期的封君確是要向王室納稅的。如趙奢任趙國的田部吏，負責徵收地稅，平原君家托拒不納，趙奢「以法治之，殺平原君用事者九人。」❷❹《周官》中的分封諸侯需向王室交納田賦、地稅、貢物，也是戰國時期的情況。

---

❷❹ 《史記・廉頗藺相如列傳》。

附錄：秦之田畝大小

　　商鞅在秦實行的授田制是二百四十步一畝，爲周畝的 2.4 倍。這是許多學者一致肯定的。徐鍇本《說文·田部》：「畮，六尺爲步，百步爲畮，秦田二百四十步爲畮。」慧琳《一切經音義》卷七七引《風俗通義》云：「秦孝公以二百四十步爲畮，五十爲畮畦。」《新唐書·突厥上》引杜佑云：「周制，百步爲畝，畝百給一夫。商鞅佐秦，以爲地利不盡，更以二百四十步爲畝，畝百給一夫。」《太平御覽》卷七五〇引江本〈一位算法〉云：「按司馬遷《史記》云，自秦孝公時商鞅獻三術，內一開道阡陌，以五尺爲步，二百四十步爲畝。」但也有一種說法，認爲這種畝制是漢武帝時才實行的。《鹽鐵論·未通》記御史大夫桑弘羊語云：「古者制田，百步爲畝。……先帝（指武帝）哀憐百姓之愁苦，衣食不足，制二百四十步而一畝。」《漢書·食貨志》說：「（武帝時）率十二夫爲田一井一屋，故畮五頃。」顏師古注引三國鄧展云：「九夫爲井，三夫爲屋。夫，百畮，於古爲十二頃。古百步爲畮，漢時二百四十步爲畮，古千二百畮，則得今五頃。」這種爭論過去無法解決，現在有出土文物，就比較容易解決了。

　　銀雀山竹簡〈田法〉說：「一人而田大畝廿（四）者王，一人而田十九畝者霸，一人而田十四畝者存，一人而田九畝者亡。」說明先秦確有大畝小畝兩種畝制。937 號簡又說：「中田小畝畝二十斗，中歲也。上田畝二十七斗，下田畝十三斗，太上與太下相復以爲率。」銀雀山竹簡〈孫子·吳問篇〉說：「范氏中行氏以一百六十步爲畝」。

「智氏以一百八十步爲畝」。韓氏魏氏「以二百步爲畝」，趙氏「以二百四十步爲畝。」可見戰國時期畝制的大小是多種並存的。

李學勤〈銀雀山田法講疏〉[25]指出：「簡文所說小畝，就是〈食貨志〉李悝所講的畝，也便是周制百步之畝。據此不難推算〈田法〉所說大畝。」他推算的結果，〈田法〉的「大畝等於六小畝」。

侯家駒《周禮研究》對商鞅的田畝大小，有另一種推算。他認爲商鞅之田制，仍以一百畝爲一塊，而爲基本耕作單位，「但……這一塊，必然是正方形，既然是長 240 步，則寬亦必如之。是以，商鞅變法下百畝之面積應爲240平方步或57600步，折合爲每畝 576 步，而非周制之一百步。是以，商鞅改制後的百畝給一夫，等於改制前或周制的576畝，約略言之，則爲五百畝，此即所謂畝五百。」[26]

但畝必爲正方形的說法，不符合秦畝的實際。這在前面已經指出。

其次，商鞅的新畝如果爲舊畝的 5.76 倍，授田一頃爲周畝的576畝，商鞅變法，廢舊畝、行新法，則每家的授田量驟增5.76倍。秦那有那樣多的土地供重新分配呢？如一個村邑，人們已世代耕種於此，現在驟然要給予每家比以前多六倍的土地，必是本村邑所無法提供的，於是必得把六分之五的農民遷往他處，這如何可能？

《商君書·算地》說：「故爲國，分田數小，畝五百足待一役，此地不任也。方土百里出戰卒萬人者，數小也。」侯家駒據《司馬法》推算，「方百里爲一同，共萬井，其 3600 井爲山川、道路、房宅，餘6400井爲田數，計 576 萬畝，周制，每戶百畝，則方百里之地有農戶五萬七千戶，然而僅出兵車百乘，戰卒萬人，是以兵卒數小

[25] 載《中國文化與中國哲學》第 1 輯，北京：東方出版社出版，1987年。

[26] 侯家駒，《周禮研究》，頁110。又：〈「開阡陌」辨〉，《大陸雜誌》第59卷第 2 期。

而民勝其地。商鞅實行大畝，並令民兄弟分居，行小家庭制，此時每戶分田 576 畝，合大畝一百畝（一頃）。方百里之地其農戶數正好爲一萬，戰時每戶出兵卒一人，得戰卒萬人，符合地盡其力的目的。」然而，按秦簡的數字，秦的授田，平均每戶不是一頃而是兩頃，侯僅算每戶一頃，與秦的實際不符。

按大畝爲周畝的 2.4 畝算，方百里之地，每家兩頃可分給民戶一萬二千戶，出戰卒12000人，與《周官》軍制一軍統帥12500人大致相等。故〈算地〉的說法恰應是每畝爲2.4周畝。

問題還可從大畝、小畝的產量及其可能性來考察。秦六尺爲步，一步之長爲138.6厘米，1.386米，一步之積爲 1.9 平方米，一畝之積爲190平方米。故一周畝約合今市畝0.284畝。按銀雀山〈田法〉中歲畝產20斗，約合今 4 市斗，折合小米 60 市斤。如秦大畝爲 5.76 小畝（周畝），則其畝產量當爲 345.6 市斤小米。每戶一百畝，年產量爲34500 市斤小米，或 2304 石小米，秦時的農戶豈能有這樣高的生產量？

〈田法〉說：「一人而田大畝廿四者王」，一人一年的產量是120斗乘24，爲 2880 斗，約合 8640 市斤，86 市石，比較接近實際。但〈田法〉說這是「王者之治」才能達到的產量。這樣的大畝，一人一年只能耕種24畝，需 4 人才能耕種一百畝。如像侯家駒《周禮研究》那樣，授與每人一百大畝，其耕作任務是完不成的。

因此，只有兩種可能，或者一大畝爲5.76小畝，那麼每戶的授田數就絕不可能是一頃，更不可能是兩頃。或者一大畝爲 2.4 小畝，則一家授田一百大畝或二百大畝，是可行的。商鞅所定大畝眞是實行了的話，這大畝只可能爲西漢學者所講的2.4小畝。

第三章

周官的商業與賦稅

本章研究《周官》的商業與財稅。「一部《周官》半理財」。在
《周官》的財政中，生產事業的管理是其重要部分，賦稅的徵收只是
其財政工作的內容之一。關於生產的管理，將聯繫秦簡的材料，在第
七章中予以說明。本章着重分析《周官》對商業的管理及賦稅與服役
的特點，以說明其時代特徵。

一、《周官》的商業及其反映的時代

《周官》對商業的論述，其特點是從市場的設置到市場秩序維
護、物價管理、徵稅等等，無一不由政府直接控制與掌握。這確是一
種特殊的商業。但它卻不是《周官》的空想與主觀的虛構，而是實實
在在地反映了一個特定時代的商業情況。

(一)市場設置

首先要剖析的是《周官》的市場設置。

商業市場，在今天是隨經濟發展自然形成的。但中國古代，城市
是作為政治、軍事據點，有計劃地建立的。商業屬於生活服務性質，
是從屬性的。因此，城市商業區的建立，亦納入政府職務之內。在

《周官》中，它由天官佐助王后來擔任。

〈天官・內宰〉：「凡建國，佐后立市」。鄭注：「市、朝者，君所以建國也。建國者，必面朝、後市，王立朝而后立市，陰陽相承之義。」以陰陽相承解釋「面朝後市」，是陰陽學說盛行以後的說法，古代城市規劃，不一定以此爲指導思想，但「面朝後市」的布局大致反映了先秦國都設置的一般情況。這裏「建國」，指國都的建立，不指建設國家的政治經濟制度❶。〈考工記〉說：「匠人營國，方九里，國中九經九緯」，「左祖右社，面朝後市，市朝一夫。」《管子・度地》說：「聖人之處國者，必於不傾之地，而擇地形之肥饒者，鄉山左右，經水若澤。」朝位於城的前面，卽城的南部。市位於朝的後面，卽城的北部。朝由國君主持。市爲日常生活消費所需，大至奴婢、珍寶、牛羊、貨賄，小至蔬菜、油鹽，往往都需從市場購買，屬「厨房」性質，故由后主持設置。這是古代男耕女織，男主外，女主內之觀念的一種表現，並不表示商業在國民經濟中占據重要地位。

《周官》的商業區反映先秦城市的一般布局，也是位於朝的後面的（包括左右）。基本形式是用圍牆圍一個大區，區內分門別類設立店舖、攤位。牆上開一門或數門。開市時，胥師「執鞭於門」，監察進入市場之商人與顧客。高高築起的市亭上掛出「司市」的旗幟，是「司市」與「賈師」等辦公之處。

〈地官・司市〉說：「凡市入，則胥執鞭度守門，市之羣吏平肆、展成、奠賈，上旌於思次（鄭注：若今市亭也）以令市。市師涖焉，而聽大治大訟。胥師、賈師涖於介次，而聽小治小訟。」這段話清楚地表明

---

❶ 見侯家駒，《周禮研究》，頁216：「立朝是建立政治制度，立市是經濟體制（因爲還會有度量衡制度）……政治與經濟是同等地被重視，而且還有男女平等之意。」這樣，「建國」的意義就成了建立政治制度與經濟制度，而建立經濟制度成爲王后的責任。這是不符合《周官》原意的。

說明市場有牆、有門、有市亭。所謂「市是朝後面的一塊空地」，❷
的說法是不正確的。

先秦，大大小小的城市都是政治、軍事的中心，是由政治、軍事
需要而建立起來的城堡。各種手工業作場與商業區以及與之有關的生
活區，則分成一個一個的小區，亦由圍牆隔開，牆上開門進出。每一
個圍牆區，約為一平方里，就是所謂「市井」、「市里」或「市邑」、
「坊市」。《國語・齊語》說：「處工就官府，處商就市井。」《史記・
孟嘗君列傳》說：「所謂趣市朝者，側肩爭門而入。」正是指這種情
況。

七十年代，內蒙和林格爾漢墓出土壁畫，繪有東漢時一僻遠小縣
的縣城，其中商市是一個四合大院落，「中間一大廣場，四周廊廡圍
繞，自成一區。在東南和西北處角上，有兩人隔廣場相間而立，係管
理市場的官吏。」❸這可以看作先秦坊市、市場的「遺留」。

戰國時，市已相當發達。臨淄號稱「諸市」❹，戰國封泥有「穀
市」（大市）、「左市」、「右市」、「西市」、「南市」。齊國卽墨有「六

---

❷　見侯家駒，《周禮研究》，頁218：「市場是一空地，但有一建築物，類
　　似小亭，稱為思次。……市場有門。」旣然有門，為何只是一空地？空
　　地如何能有門？

❸　羅哲文，〈和林格爾漢墓畫中所見的一些古建築〉，《文物》第 1 期，
　　1974年。

❹　《左傳》昭公三年：「景公欲更晏子之宅，曰：『子之宅近市，湫隘囂
　　塵，不可以居。』」可見市場的活躍、喧鬧、繁榮。又晏子答叔向曰：「山
　　木為市，弗加於山，魚鹽蜃蛤，弗加於海。」「國之諸市，屨賤踊貴。」
　　可見貨物種類之多。據《文物》第 5 期，1972年，群力：〈臨淄齊國故城
　　勘探紀要〉：「大城南北約四公里半，東西約四公里。小城在其西南角，
　　周圍約五公里。市區在大城西部和小城以北，是面朝後市的布局。」
　　《戰國策・齊策一》、《史記・蘇秦列傳》說臨淄城居民七萬戶，二十
　　一萬男子，「甚富而實，其民無不吹竽鼓瑟，擊筑彈琴，鬥鷄走犬，六
　　博蹹鞠……車轂擊，人肩摩，連衽成帷，舉袂成幕，揮汗成雨。」

市」之多。秦國國都稱咸陽市，有咸陽亭，縣邑有「安陸市亭」、「麗亭」、「焦亭」、「豕亭」等，皆見於陶文印記❺。還有匋（陶）里、豆里、蕈里等❻，這些「里」既是手工業生產者的聚居區，又是產品買賣的商業區，證明先秦城市確是實行坊市制的。《周官》城市的基本單位為「里」、為「閭」，與戰國城市的情況是一致的。《說文解字》說：「閭，里門也。⋯⋯二十五家相羣閭也。」孫詒讓說：「凡民所聚居謂之里，里外周幣有圍牆，其門謂之閭，閭卽里之外門，其里中別門為閭⋯⋯不必為六鄉五比之閭，里亦不必為六遂五鄉之里也。」甚是。

據《三輔黃圖》載，漢之長安，「市有九，各方二百六十步。六市在道西，三市在道東。凡四里為一市，致九州之人。⋯⋯市樓皆重屋⋯⋯。又有當市樓，有令署以察商賈財貨買賣之事。」所謂每市各方二百六十步，凡四里為一市，就是實行的坊市制度。每一坊有圍牆相隔。當市樓與令署相當於《周官》所講的「思次」，為司市之所在。這種坊市或市井制，一直到唐代仍然存在。「在唐代，兩京（長安、洛陽）的大街（大道）兩旁，只能見到一堵堵的土築坊牆，這就是中世紀城市的景觀。」❼這種坊市制度，直到唐代中期以後，由於商品經濟的衝擊才開始崩潰。

---

❺ 參閱裘錫奎，＜戰國文字中的市＞，《考古學報》第 3 期，1980 年。俞偉超，＜漢代的亭市陶文＞，《文物》第 2 期，1963 年。袁仲一，＜秦代的市亭陶文＞，《考古與文物》第 1 期。劉志遠，＜漢代市井考＞，《文史論叢》，頁 115～116。

❻ 關野　雄，《中國考古學》，頁 265～267。轉引自杜正勝，＜周秦城市的發展與特質＞，臺灣，《中央研究院歷史語言研究所集刊》第 51 本，1980 年出版。

❼ 徐蘋芳，＜唐代兩京的政治、經濟和文化生活＞，《考古》第 6 期，1982 年。

(二)市場營業與管理

《周官》的市場，按營業時間有大市、朝市、夕市三種。「大市，日昃而市，百族為主；朝市，朝時而市，商賈為主；夕市，夕時而市，販夫販婦為主。」大市在日中之後開市，是集市性質。朝市、夕市則是城郊內外常住商人與小販的經常性營業。朝市，朝時開始，夕市晚上開業。三市之設反映了《周官》商業的繁榮與活躍。

《呂氏春秋・去宥》說：「齊人有欲得金者，清旦，被衣冠往鬻金之所，見人操金，攫而奪之。」鬻金（銅）之所指金市，它在清旦開始營業，這是朝市。《戰國策・燕策三》說，賣駿馬者，「比三旦立市，人莫之知」，也是朝市。《戰國策・齊策四》說，「市朝則滿，夕則虛，非朝受市而夕憎之也，求存故往，亡故去。」所以「朝市」確是戰國時期市場情況的寫照。朝市之朝與上朝之朝同時，亦反映戰國時期商業隨政治而運作的特點。

「大市」當有更古老的歷史。《易傳》「日中而市」，即是大市。《唐六典》說：「凡市，以日午擊鼓三百聲而眾以會，日入前七刻擊鉦三百聲而眾以散。」唐代商業繁榮，長安與洛陽店舖林立，情況不一定如此。但《唐六典》的設想，市僅有大市，沒有《周官》所講的朝市、夕市，且實行宵禁。相對而言，反比《周官》更不自由與繁榮了。

(三)物價管理與秩序維護

〈地官・肆長〉：「各掌其肆之政令，陳其貨賄，名相近者相遠

也，實相近者相爾也，而平正之。斂其總布，掌其戒禁。」〈地官‧胥師〉：「各掌其次之政令而平其貨賄，憲刑禁焉。察其詐偽飾行儥慝者而誅罰之，聽其小治小訟而斷之。」〈地官‧賈師〉：「各掌其次之貨賄之治，辨其物而均平之，展其成而奠其賈，然後令市。凡天患，禁貴儥者，使有恒賈，四時之珍異亦如之。凡國之賣儥，各帥其屬而嗣掌其月。凡師役會同亦如之。」這裏「辨其物而均平之」、「平其貨賄」，都是指由官員在市場價格的基礎上，根據同質同量的商品價格應相同而「平其價」，即實行物價監督與管理。這種管理、監督與政府主觀任意訂定商品價格，是性質不同的。因為商人的目的是謀利，任意定價，強行買賣，無利可圖，商人就絕不會遠道而來，八方雲集以進行貿易了。所以，肆長之平正貨價，應如鄭司農所云：「若珠玉之屬，俱名為珠，俱名為玉，而賈或百萬，或數萬，恐農夫愚民見欺，故別異令相遠，使賈人不得雜亂以欺人心。」胥師之「平其貨賄」，賈師之「辨其物而均平之」、「使有恒賈」，都是指政府對物價實行管理、監督，不是隨意強行定價❽。

《唐六典》卷二十說：「京都諸市令，掌百族交易之事，丞為之貳。凡建標立侯，陳肆辨物，以二物平市，以三賈均市。凡與官交易及懸平贓物，並用中賈。其造弓矢長刀，官為立樣，仍題工人姓名，然後聽鬻之，諸器物亦如之。以偽濫之物交易者，沒官，狹短不中量者還主。凡賣買奴婢牛馬，用本司本部公驗以立券，凡賣買不和而擅固，

---

❽ 侯家駒，《周禮研究》，頁225說：「《周禮》中之價格，並非決定於市場，而是由官方決定，主管者為賈師。」徐復觀，《周官成立之時代及其思想性格》，頁135說：「春秋末期已明顯出現的由市場價格所發生的物資供求調節作用的觀念，在《周官》所描述的市場中，亦隱而不見。」「將商人的機能抑至最小限度，將政府控制的機能，擴大至最大限度。」徐、侯的說法都片面誇大了《周官》對物價的管理，以之為違反市場價值規律的強行定價了。這是不符合《周官》精神的。

及更出開閉，共限一價。」「以二物平市」，就是比較同一商品的兩種不同貨品的質量，以確定公平相應的價格，使價格與商品之質量相符合。「以三賈平市」，就是確立上中下三種不同質量的商品的三種價格，以使價格反映商品的不同品質。《唐六典》所云「平市」、「均市」據《周官》而來，亦可作為《周官》之注解與參考。

先秦，政府確是對物價實行管理與監督的。

睡虎地秦簡〈金布律〉說：「布袤八尺，福（幅）廣二尺五寸。布惡，其廣袤不如式者，不行。」「錢十一當一布，其出入錢以當金布、以律。」「賈市居列者及官府之吏，毋敢擇行錢布；擇行錢布者，列伍長弗告，吏循之不謹，皆有罪。」「有買及買（賣）殹（也），各嬰其價，小物不能各一錢者，勿嬰。」這是秦政府實行的物價管理，可看作《周官》物價管理之時代背景。

政府亦擔負維護市場秩序的重要職能。〈地官・司虣〉：「掌憲市之禁令，禁其鬥囂者其與虣（暴）亂者，出入相陵犯者，以屬遊飲食於市者。若不可禁，則搏而戮之。」〈地官・司稽〉：「掌巡市，而察其犯禁者，與其不物者而搏之。掌執市之盜賊以徇，且刑之。」司稽之胥則「各掌其所治之政，執鞭度而巡其前，掌其坐作出入之禁令，襲其不正者。凡有罪者，撻戮而罰之。」從這些條文看，市場上常有以暴力勇力欺勢霸道，持強凌弱者的搗亂；有仗勢嬉遊、在市場白吃白喝的官僚及其部屬；有不守市場規則與政府法令的違法亂紀分子；有以劣充好，以假冒眞的「不物者」；還有盜賊及其他各種犯法犯罪分子橫行，對他們如果不嚴厲制裁與打擊，商品交易是不可能進行的。這只有依賴政府負起責任。所以《周官》設立幾個專職負責維護市場秩序，是很必要的。

戰國時期的市場情況，可能確如《周官》所透露。因為戰爭頻

仍，兼併劇烈，社會解體，道德淪喪，盜賊橫行，法紀不立，加以人們私有財產觀念薄弱，隨手搶掠財物的風習嚴重❾，市場秩序確可能是很壞的。故由政府對市場嚴加護衞， 是具有歷史進步意義的。不過，政府又常常用「保護」之名，對商業進行鉗制，使之不能自由發展，更以此貶抑商人的政治與社會地位而突出地主封建政權之神聖權力。所以這種市場保護，又具有強烈的落後性與封建性。在中國，商業之所以不能取得如西方那樣獨立自由地發展，中國封建政府的政治權力過於強大， 對市場實行武裝監護， 應是重要原因之一。從《周官》看，這種保護與監護的制度，在戰國就已相當嚴密了。

(四)契約制

《周官》強調建立商品交易的契約制度，並將其規定爲政府職官範圍，成爲政府的職能。

〈地官・質人〉：「掌成市之貨賄、人民（鄭注：『奴婢也』）、牛馬、兵器、珍異。凡賣儥者質劑（鄭注：『爲之券藏之也』）焉。大市以質，小市以劑。掌稽市之書契， 同其度量，壹其淳（鄭注：『讀如淳尸盟之淳』）制，巡而考之，犯禁者舉而罰之。」鄭注：「大市，人民馬牛之屬，用長券；小市，兵器珍異之物，用短券。」這種契約制度，在漢簡有不少實例。《唐六典》卷二十載：「凡賣買奴婢牛馬，用本司本部公驗以立券。」【四部備要】本《法經》解釋說：「諸買奴婢馬牛駞騾驢已過價，不立市券，過一日笞三十，賣者減一等。立券之後，有

---

❾　戰國時搶掠儉盜之風甚盛。秦簡秦律中關於盜的條文很多。《墨子》書中對此亦有鮮明的反映。造成盜取財物、牛羊、桃李果品的風氣甚行，原因當然很多，但先秦土地「國有」，主要生產資料「國有」而非私有的制度，使人們的私有財產觀念無形中受到削弱，無疑是重要原因。

舊病者，三日內聽悔，無病欺者市如法，違者笞四十。」即賣買已訖，
而市司不時過券者，一日笞三十，一日加一等，罪止杖一百。目的似
乎是防止欺騙詐偽。但聯繫《周官》徵稅來看，政府從中抽稅，無疑
是強調契約制的重要原因。

　　契約制在中國起源甚早，從《周官》看，戰國時契約制已在許
多方面實行。商業中廣泛實行契約制度，使當事雙方有證憑可資檢
查，有利於法制的健全與推行。因為這是民事關係法的重要部分，所
以在《周官》大司寇職文中，也特別提出「以兩劑禁民訟」、「以兩造
禁民獄」。可惜的是在中國契約制並未真正朝健全法制的方向發展。
在人治、人情的重壓下，後世的契約關係不是越來越擴展、越獨立，
相反，契約關係的概念還日益受到了削弱。

(五)商業稅收

　　「地官」的許多職官都擔負收稅任務，名目有絿布、總布、質布
等等。

　　〈地官・廛人〉：「掌斂市絿布、**總布**、質布、罰布、廛布，而
入於泉府。凡屠者斂其皮角筋骨而入於玉府。凡珍異之有滯者，斂而
入於膳府。」據鄭司農、鄭玄的解釋，「絿布」為列肆之稅；「總布」
為無市籍、無立持者臨時上市之營業稅；「質布」為訂立買賣契約時
交於質人的見證稅或司驗稅；「廛布」為邸舍稅、貨倉稅；關門之徵
為過關稅。「罰布」不是正常徵稅而是罰金。這些稅收在現代也是存
在的，如營業稅、印花稅、房地產稅等等。

　　這裏很有意義的是「總布」稅。杜子春云：「總，當為儳，謂無
肆立持者之稅也。」似乎與之相反的長年貨肆，有常年營業許可，就

沒有這種稅。由杜子春的解釋，可見《周官》之市場有恒久營業之長年店鋪與臨時攤位兩種。鄭玄不同意杜子春的解釋，說：「緫，讀如租稯之稯，稯布，謂守斗斛詮衡者之稅也。」鄭玄的解釋更值得注意。如果鄭玄的說法成立，可看出先秦時期度量衡制混亂而不統一的情況下，推行統一度量衡制，是如何地艱難與重要。

　　秦始皇統一全國度量衡制以前，各國之間度量衡是極不統一的，一國之內，各地之間的度量衡亦是極不統一的。不僅統一度量衡極爲麻煩困難，標準度量衡器的製造也極困難。所以市場商品交易，大多數情況下，必是在度量衡器極不統一的混亂情況下進行，這就嚴重地妨礙正常交易的進行。因此，《周官》設立「廛人」以掌握標準度量衡器的使用，並爲此而徵收一定的稅金（手續費），不僅是很合理的，也是商業走向正規化、正常化所必須，反映了戰國末年統一度量衡前後這一特定時期的市場情況，有其重要的社會價值與意義。

　　睡虎地秦簡〈效律〉說：「衡石不正，十六兩以上，貲官嗇夫一甲；不盈十六兩到八兩，貲一盾。甬（桶）不正，二升以上，貲一甲；不盈二升到一升，貲一盾。」「斗不正，半升以上，貲一甲；不盈半升到小半升，貲一盾。半石不正，八兩以上；鈞不正，四兩以上；斤不正，三朱（銖）以上，半斗不正，少半升以上；參不正，六分升一以上；升不正，廿分升以上；黃金衡羸（累）不正，半朱（銖）以上；貲各一盾。」爲什麼對於度量衡器之標準如此重視？這正是因爲度量衡的標準化實具極重要的意義。

　　《周官》建立了嚴格的司關制度。

　　〈地官・司門〉：「掌授管鍵以啓閉國門。幾出入不物者，正其貨賄，凡財物犯禁者舉之，以其財養死政之老與孤。祭祀之牛牲擊焉，監門養之。凡歲時之門受其餘，凡四方之賓客造焉，則以告。」

〈地官・司關〉：「掌國貨之節，以聯門市，司貨賄之出入者，掌其治禁與其徵廛，凡貨不出於關者，舉其貨，罰其人，凡所達貨賄者，則以節傳出之。國凶札，則無關門之徵，猶幾（鄭注：『謂無租稅，猶司察不得令姦人出入。』）凡四方之賓客，敂關（鄭注：『猶謁關人也』）則爲之告。有外內之送令，則以節傳出內之。」

〈地官・掌節〉：「掌守邦節而辨其用，以輔王命。守邦國者用玉節，守都鄙者用角節……。門關用符節，貨賄用璽節，道路用旌節，皆有期以反節。凡通達於天下者，必有節以傳輔之。無節者，有幾則不達。」

徐復觀說：「一樣貨物，由運入市場，須繳三次稅。過關時，司關徵貨賄與止宿的邸舍稅。入國門時，由司門徵貨賄稅。進入市場時，由廛人斂市紵布、總布、質布、罰布、廛布。」「凡珍異之有滯者，斂而入於膳府，即發現有人貯藏珍異，即加以沒收，肆長還要斂其總布，這可謂集搜括之大成了。」[⑩] 但實際上，司關只對進出於關門的貨物抽稅，如同今天海關對進出海關的貨物徵稅一樣，不經過關門的國內貨物，司關無法徵稅，也不徵稅。「司關掌國貨之節以聯門市。」司關徵了稅以後，「案其節而書其貨之多少，通之國門，國門通之司市。」國內外銷的貨物，則「司市爲之璽節通之國門，國門通之司關。」（鄭注）。這種互相通知的制度，一是防止猾商偸稅，另一作用是防止重複徵稅。就是說，凡經過司關徵稅的貨物，國門不再徵稅而僅徵市場稅。不經司關的貨物，則司門與司市實行徵稅。《管子・問》說：「關者，諸侯之陬隧也，而外財之門戶也。……征於關者，勿征於市，征於市者，勿征於關。虛車勿索，徒負勿入，以來遠人。」《管子》

---

⑩　徐復觀，《周官成立之時代及其思想性格》，頁135、136。

是主張發展商業的，故主張只徵一次稅，事實上是有兩次稅。所以徐
復觀認爲《周官》一樣貨物，要徵三道稅，是沒有根據的。

徐復觀又說：「根據司關的職掌，不出入於關的貨物卽加以沒收。
根據掌節的規定，無節者則幾不達，要送進監獄。由此可知，作者所
構想的是較商鞅變法後的秦國法家之治，更沒有自由的社會。」[⑪]但
「凡貨不出於關者，舉其貨，罰其人」，是說應該經過關門交納貨稅
的商品，如果不經關門而走私，要沒收貨物並給予處罰，這與現代海
關一樣。「無節者則幾不達」，則類如現代的簽證制度，沒有證件許可
的人要受到阻止，不放行。這是維護國家安全而定的措施，與社會自
由是無關的。戰國時期，各國之間的關係緊張，常處敵對狀態，這樣
作，更可以理解。

設立關門以抽稅 並檢查過往人員， 是戰國時期 各國都實行的制
度。商鞅在秦變法，在這方面並未增加什麼設施，不過是檢查更嚴格
而已。睡虎地秦簡〈金布律〉：「客未布吏而與買，貲一甲。可（何）
謂布吏？詣符傳於吏，是謂布吏。」意思是說，不先向市場官吏驗交
進出關門的符傳而擅自貿易，要罰款。《周官》與此是吻合的。

《周官》還有「泉府」之設，其職責是收購滯銷與不售之物，調劑市
場餘缺與供求；同時用各項稅收所得，辦理國家貸款。所謂「掌以市
之徵布，斂市之不售，貨之滯於民用者，以其賈買之，物楬而書之，
以待不時而買者，買者各從其抵。都鄙從其主，國人郊人從其有司，
然後予之。凡賒者，祭祀無過旬日，喪紀無過三月。凡民之貸者，與
其有司辨而授之，以國服爲之息，凡國之財用取具焉。歲終，則會其
出入而納其餘。」從秦簡看，私人向政府貸款很普遍，《周官》泉府的

⑪ 徐復觀，《周官成立之時代及其思想性格》，頁137。

這種活動，在秦的文化背景中是不奇怪的，它與漢代桑弘羊式的財經政策並不相同。

商鞅變法，是主張耕戰而打擊、抑止商業的，《周官》如果是變法後的秦人作品，爲何未反映這一點，而主張發展商業呢？問題在於商鞅變法雖主張如此，但打擊商業並不是秦政府的政策。從秦簡看，秦國的商業相當發達，商品貨幣關係極爲普遍⑫。《史記‧貨殖列傳》說:「秦文、德、繆居雍，隙隴蜀之貨物而多賈。獻公徙櫟邑，櫟邑北卻戎翟，東通三晉，亦多大賈。孝、昭治咸陽，因以漢都，長安諸陵，四方輻湊並至而會，地小人衆，故其民益玩巧而事末也。南則巴蜀，巴蜀亦沃野，地饒巵、薑、丹沙、石、銅、鐵、竹、木之器。南御滇僰、僰僮。西近邛筰、筰馬、旄牛。然四塞，棧道千里，無所不通，唯褒斜綰轂其口，以所多易所鮮。天水、隴西、北地、上郡與關中同俗。然西有羌中之利，北有戎翟之畜，畜牧爲天下饒。然地亦窮險，唯京師要其道。故關中之地，於天下三分之一，而人衆不過什三，然量其富，什居其六。」所以秦人不僅有經商的傳統，且多大賈。由於扼天府之國四川的通道口，又與天水、隴西等大畜牧區與戎翟爲鄰，商業分外發達。關中地方雖小，至漢初竟集中了天下十分之六的財富。秦始皇即位之後，對商人亦很重視。「烏氏倮，畜牧，及衆，斥賣，求奇繒物，間獻遺戎王。戎王什倍其償，與之畜，畜至用谷量馬牛。秦始皇帝令倮比封君，以時與列臣朝請。而巴寡婦清，其先得丹穴，而擅其利數世，家亦不訾。清，寡婦也，能守其業，用財自衞，不見侵犯。秦皇帝以爲貞物而客之，爲築女懷清臺。」⑬所以《周官》作爲秦地學者作品而並不打擊商業，也是不値得奇怪的。

---

⑫ 從秦簡秦律看，許多的罰款都是折成錢幣進行的。

⑬ 《史記‧貨殖列傳》。

〈地官・司市〉說:「凡治市之貨賄、六畜、珍異，亡者使有，利者使阜，害者使亡，靡者使微。」它對商業作用是充分肯定的。它的方針不是壓抑、打擊商業，而是支持、引導與促進它向利於社會的方向發展。

二、《周官》的賦稅

《周官》的賦稅，前人研究甚多，但許多問題實際已無法弄清。如〈天官・大宰〉:「以九賦斂財賄」。九賦指「邦中之賦」、「四郊之賦」、「邦甸之賦」、「家削之賦」、「邦縣之賦」、邦都之賦、「關市之賦」、「山澤之賦」、「弊餘之賦」。鄭玄說，邦中之賦爲「在城郭者」，四郊之賦爲「去國百里」，邦甸之賦爲「二百里之賦」，家削之賦爲「三百里」，邦縣之賦爲「四百里」，邦都之賦爲「五百里」。純係以地理遠近區分賦的種類，其稅的實質內容並未講出。鄭司農說這些是「二十而稅一」的財貨泉穀之徵，也很含糊。鄭玄又說是「口率出泉也，今之筭泉，民或謂之賦，此其舊名與!」以漢代的口算錢相比擬，但也是猜測之辭，並且還將其與力役混同起來，把問題弄得更混亂了。如果眞是口賦錢，爲何又以地理遠近爲劃分標準呢? 無法自圓其說。所以孫詒讓贊成鄭司農的說法。但鄭司農所謂「二十而稅一」，是據〈地官・載師〉:「凡任地，國宅無徵，園廛二十而一。」然而〈載師〉明說「近郊十一，遠郊二十而三，甸稍縣都皆無過十二。」爲何單取「二十而一」作爲標準且不分遠近，也是不清楚的。說明由於時代變化，《周官》九賦的內容已是無法弄清了。強求解釋，反而愈講愈不清楚。

據〈載師〉，《周官》之地稅包括「園廛之徵」、「漆林之徵」。

粟米布帛之徵更不待言。稅額則爲「園廛二十而一。近郊十一，遠郊二十而三。甸稍縣都皆無過十二，唯其漆林之徵二十而五。」據此可以看出《周官》的地稅有兩個特點：（一）比漢代初期的田稅要重。漢高帝十伍而稅一。文帝十三年，除田租。孝景三十而稅一。《周官》則或十一或二十三，最高是十二。（二）漆林之徵很重，爲二十而五，反映了漆林在稅收中的重要地位。春秋戰國時，河南、山東、關中一帶漆林很多，《詩經‧鄘風》、〈唐風〉、〈秦風〉說到「山有漆」，「阪有漆」。《禹貢》說：「兗州厥貢漆絲」，「豫州貢枲絺紵」。莊周亦「嘗爲漆園吏」。到戰國末期，這些皆爲秦人所有，故漆林的稅收在秦政府的財政收入中，必占一定分量。《周官》特重漆林之徵，是否反映了這一情況呢？

與田稅並列的另兩大賦稅是關市之賦與山澤之賦。關市之賦已見前。山澤之賦，《周官》在〈地官〉中也有詳細開列，其最大特點是同一職官，既事生產，又負責徵稅，與後世單純收稅者不同。如〈地官‧委人〉：「掌斂野之賦斂薪芻。凡疏材（鄭注：『草木有實者也』），木材，凡畜聚之物（鄭注：『瓜瓠葵芋禦冬之具也』），以稍聚待賓客，以甸聚待羈旅。凡其餘聚以待頒賜。」

〈地官‧林衡〉：「掌巡林麓之禁令，而平其守，以時計林麓而賞罰之。」

〈地官‧川衡〉：「掌巡川澤之禁令，而平其守……。犯禁者執而誅罰之，祭祀賓客共川奠。」

〈地官‧澤虞〉：「掌國澤之政令而爲之厲禁，使其地之人守其財物，以時入之於玉府，頒其餘於萬民。凡祭祀賓客，共澤物之奠，喪紀共其葦蒲之事……。」

所有這些職官所守所徵的都是實物，並用以進行生產、加工或消

費，這說明政府有自己的手工工場在從事這些生產。《周官》的這一特點，與秦簡是十分吻合的（詳見第八章）。

除此以外，值得提出的有里布。〈地官·載師〉說：「凡宅不毛者，有里布。凡田不耕者出屋粟，凡無職事者出夫家之徵。」孟子說：「廛無夫里之布，則天下之民皆悅而願爲其民矣。」從孟子的話來看，戰國時各國都廛有夫里之布，孟子建議停止這種徵稅，認爲是仁政。但《周官》究竟爲何徵收這種稅，不清楚。鄭玄注「宅不毛者罰以一里二十五家之泉」。這是用王莽時城郭中宅不樹者爲不毛，出三夫之布的情況注《周官》，與《周官》原意是不符的。

三、力役與兵役

賦稅以外，人民還要擔負力役與兵役。關於兵賦，第二章論井田制時已有說明。〈地官·小司徒〉等又從另一角度談到這一問題。它說：「乃均土地，以稽其人民而周知其數，上地家七人，可任也者家三人；中地家六人，可任也者二家五人；下地家五人，可任也者家二人。」〈夏官·大司馬〉說：「凡令賦（鄭注：賦，給軍用者也），以地與民制之。上地食者參之二，其民可用者家三人。中地食者半，其民可用者二家五人。下地食者參之一，其民可用者家二人。」〈地官·鄉大夫〉：「其可任者，國中自七尺以及六十，野自六尺以及六十有五皆徵之。」賈公彥疏說，「七尺謂年二十，六尺謂年十五。」就是說，國中居民凡二十歲至六十歲，野外凡十五歲至六十五歲，皆要服力役與兵役。銀雀山竹書〈田法〉說「（年七十）以上，十三歲以下，皆食於上。年六十以上與年十六至十四，皆爲半作。」半作，指半勞動力。〈田法〉與《周官》用語比較一致，大約是同時代的作

品，故兩者情況大致相同。不過，《周官》有國與野的區別，〈田法〉沒有；服役的年齡，〈田法〉上限爲七十，下限爲十六。《周官》上限爲六十五與六十，下限爲二十、十五，〈田法〉的力役更重。且〈田法〉有半作，半勞動力也要負擔力役，《周官》則沒有。所以《周官》可能保留了更多的理想色彩，而〈田法〉則更接近於戰國末年的實際情況。

　　關於力役，〈地官・均人〉又說：「凡均力政，以歲上下，豐年則公旬用三日焉；中年則公旬用二日焉；無年則公旬用一日焉。凶札則無力政，無財賦。」鄭玄注：「旬，均也」。按鄭玄的解釋，豐年則公用三日，中年二日，無年一日，凶年無徵，力役負擔是很輕的。但王引之說「旬當讀如字」，「豐年旬用三日」，就是每十日用三日，一年共一〇八日；中年每十日用二日，一年共七二日；無年每十日用一日，一年共三六日。《漢書・食貨志》載董仲舒說：「古者稅民不過什一……使民不過三日……（秦）用商鞅之法，改帝王之制……。月爲更卒，已，復爲正，一歲，屯戍，一歲。力役，三十倍於古，田租口賦、鹽鐵之利，二十倍於古。」董的這段話，有好幾種不同的斷句和理解。我認爲，月爲更卒是一件事。（師古曰，「更卒謂給郡縣一月而更者也」）正卒一歲，屯戍一歲是一事，指服兵役。力役三十倍於古，爲一事。田租口賦、鹽鐵之利二十倍於古爲一事。所以秦人的力役負擔是一年九十日，另加爲更卒三十日，一年是一二〇日，平均每月爲十日。《周官》「旬有三日」是豐年，共一〇八日，平年是七二日，比秦的力役要輕，但與古代比，也是很重的。戰國末年，戰事頻仍，人民的力役兵役等負擔空前繁重，看來《周官》是反映了這一實際情況的。

　　值得注意的是《周官》對新畤的墾殖有免徵役的規定。〈地官・旅師〉說：「掌聚野之鋤粟、屋粟、閒粟而用之……。凡新畤之治皆

聽之，使無徵役，以地之媺（美）惡為之等。」鄭注：「新甿，新徙來者也；治，謂有所求乞也；使無徵役，復之也。」就是說對新移民特別優待，免除兵役與力役。商鞅變法時，曾建議招徠三晉之民來秦開墾，免除他們的服役負擔。那麼，《周官》是否反映了這一政策呢?!是很可能的。

第 四 章
周官的法與刑

《周官》強調「懸法」、「讀法」、按法辦事；對官吏也用「官法」
進行管理、監察、考核；刑事審判及民事訴訟等等也有詳密的規定。
但它試圖以儒家思想對之進行「修正」，從而表現出儒法融合的新趨
向。本章將要分析這種趨向並對「讀法」、「官法」、「八辟」、「八成」、
「五刑」及訴訟程序與審判原則等進行剖析，指出它的內容與特點，
同時對徐復觀等人的有關看法進行辨析。

一、《周官》「讀法」的性質

《周官》中法字用得很多，與禮字幾處於同等的地位。說《周官》
是「周禮」，符合《周官》實際。說《周官》是「周法」，也符合《周
官》實際。在《周官》中，禮法相通，禮亦法，法亦禮，故《周官》
之禮與傳統的禮不相同，其法與法家之法亦不相同。《周官》之「讀
法」不能理解爲純是法家的活動。

徐復觀說：《周官》的讀法「乃自王莽吸取了後來法家以吏爲師
的思想，通過組織性的讀法以求貫徹。」❶這是忽略了《周官》之法
與「讀法」的特殊性質而作出的不符《周官》實際的結論。

---

❶ 徐復觀，《周官成立之時代及其思想性格》，頁96。

　　《周官》的法，有法家嚴刑峻法意義上的法令刑法之法，有禮與制度之法，還有作事程序、法式、法儀之法。如《管子‧七法》所謂：「尺寸也，繩墨也，規矩也，衡石也，斗斛也，角量也，謂之法。」《周官》的「讀法」也包括上述三方面的內容。

　　《周官》中許多法是指禮，其顯例有：

　　〈夏官‧射人〉：「以射法治射儀」。此射法即射禮。故說「王以六耦，射三侯，三獲三容，樂以騶虞，九節五正。諸侯以四耦……。」鄭注：「射法，王射之禮，治射儀。」

　　〈夏官‧司勳〉：「掌六鄉賞地之法，以等其功。」此即賞地之禮，故說：「王功曰勳，國功曰功，民功曰庸，事功曰勞，治功曰力，戰功曰多。凡有功者，銘書於王之大常，祭於大烝，司勳詔之。大功，司勳藏其貳。」

　　〈夏官‧大僕〉：「祭祀、賓客、喪紀，正王之服位，詔法儀，贊王牲事。」〈夏官‧小臣〉：「掌王之小命，詔相王之小法儀。」法儀即禮儀，「小法儀」即小禮儀，鄭玄釋爲王之「趨行拱揖之容」。

　　〈天官‧小宰〉：「以法掌祭祀、朝覲、會同賓客之戒具，軍旅、田役、喪荒亦如之。」鄭玄注：「法，謂其禮法也。」「法掌」即「禮治」。

　　〈天官‧宰夫〉：「掌治朝之法，以正王及三公、六卿、大夫、羣吏之位，掌其禁令。」治朝之法即上朝的禮儀。「凡朝覲會同賓客，以牢禮之法，掌其牢禮。」鄭玄云：「凡此禮陳數，存可見者。」牢禮之法即牢禮。

　　如此等等。這種禮即法，法即禮的情況，《周官》有時逕直稱其爲「禮法」。〈春官‧小史〉說：「掌邦國之志。……大祭祀，讀禮法。」「大喪、大賓客、大會同、大軍旅，佐大史，凡國事之用禮法

者，掌其小事。」此等「禮法」之詞恰當地指出了《周官》之法與禮的特點。

春秋時代，禮法本相通。法度、法典與法是禮的一部分。戰國時，法家思想盛行，禮與法遂相對。然而，荀子卻以法釋禮，溝通禮與法，亦有「禮法」一詞❷。《周官》之禮法是反映了這一時代特點的。

法儀、法式、程序意義上的法，《周官》亦用得很多。如：

〈地官・大司徒〉：「以土會之法，辨五地之物生。一曰山林……二曰川澤……。」「土會之法」即是有關土地的性質及畜牧、種植事宜之專門知識。

「以土宜之法，辨十有二土之名物，以相民宅而知其利害，以阜人民，以蕃鳥獸，以毓草木，以任土事。」內容是土地學等。其他「土均之法」、「土圭之法」、「任土之法」等等，皆是專門學問。這些內容的「讀法」與法家的「以法爲教」，性質似有不同。

在《周官》中，「讀法」是城市居民的特權。

〈地官・鄉大夫〉：「掌其鄉之政教、禁令。正月之吉，受教法於司徒，退而頒之於其鄉吏，使各以教其所治，以考其德行，察其道藝。」這裏，法之內容顯然與教法相同，德行道藝佔重要地位。

〈地官・州長〉：「各掌其州之教治、政令之法。正月之吉，各屬其州之民而讀法，以考其德行道藝而勸之，以糾其過惡而戒之。」教

❷ 《荀子・王霸篇》：「農分田而耕，賈分貨而販，百工分事而勸，士大夫分職而聽，建國諸侯之君分土而守，三公總方而議，則天子共己而止矣。出若入若，天下莫不平均，莫不治辨，是百王之所同，而禮法之大分也。」又說：「君臣上下，貴賤長幼，至於庶人，莫不以是爲隆正；然後皆內自省以謹於分，是百王之所以同也，而禮法之樞要也。」《荀子・勸學篇》：「禮者，法之大分也。」

治之法，包括考禮義德行道藝在內，與單純的政令並不相同。「若以歲時祭祀州社，則屬其民而讀法亦如之，春秋以禮會民而射於州序。」「讀法」的內容包括祭祀州社之禮及射禮等，也與單純的「法教」不同。

〈地官・黨正〉：「正歲，屬民讀法而書其德行道藝。」〈地官・族師〉：「月吉，則屬民而讀邦法，書其孝弟睦婣有學者。」邦法的內容，包括有孝弟與德行道藝的考察，顯然亦不能理解爲法家式的法。

〈地官・黨正〉：「凡作民而師田行役，則以其法，治其政事。」這是軍法，其內容爲：「中春，教振旅……，以教坐作進退疾徐疏數之節，遂以蒐田。」「中夏，教茇舍（林尹《周禮今譯》：『猶今野戰宿營之法也』），如振旅之陳……，讀書契，辨名號之用，如蒐之法。」「中秋，教治兵，如振旅之陳……，如蒐田之法。」「中冬，教大閱……，修戰法。」實爲古代「蒐田之禮」❸。

與刑罰相聯繫的法令、律法、刑法，只是「讀法」中的部分內容。如〈地官・鄉師〉：「以國比之法，以時稽其夫家衆寡，辨其老幼貴賤廢疾牛馬之物……。掌其戒令糾禁，聽其獄訟。」〈地官・黨正〉：「四時之孟月吉日，則屬民而讀邦法，以糾戒之。」〈地官・族師〉：「以邦比之法，帥四閭之吏，以時屬民而校登其族之夫家衆寡，辨其貴賤老幼廢疾可任者。」等等。這些地方所講的「國比之法」等等，是法令政令之法，與法家「以法爲教」相同，但不能以偏概全，認爲是《周官》「讀法」的全部內容。

---

❸ 蒐田是田獵之名。《公羊傳》桓公四年之「狩者何？田狩也。春曰苗，秋曰蒐，冬曰狩。」何注云：「狩，猶獸也，冬時禽獸長大，遭獸可取。」《穀梁傳》昭公八年：「因蒐狩以習用武事，禮之大者也。」莊公八年正月甲午祠兵。《公羊傳》曰：「祠兵者何？出曰祠兵，入曰振旅，其禮一也。」文見〈夏官・大司〉。

二、對民的過失錯誤的教育與處罰

　　後世刑部掌管之司法系統僅負責對犯罪的刑法處理及民事訴訟。《周官》中司寇系統的許多職官，除擔負著這兩類性質的任務外，還負有對民的過失錯誤進行教育與處罰的任務。這是《周官》的重大特點，很具時代意義，值得注意。

　　〈秋官・大司寇〉說：「以五刑糾萬民。一曰野刑，上功糾力（鄭注：『功，農功，力，勤也』）。二曰軍刑，上命（鄭注：『命，將命也』）糾守（鄭注：『守不失部伍』）。三曰鄉刑，上德（鄭注：『德，六德也』）糾孝。四曰官刑，上能糾職（鄭注：『職，職事修理』）。五曰國刑，上愿（鄭注：『愿，慤慎也』）糾暴（鄭注：『暴當為恭字之誤也』）。」這裏，五刑指批評、行政處分與紀律處罰，是施之於職事上的過失的，不同於「五刑」等五種刑罰。故「大司寇」不僅要管犯罪者的法律刑事，也要負責職事與道德風習中的過失行為。徐復觀說：「由此五刑所糾的，都是職業上及生活上的正常要求。有的是各具系統，如二曰軍刑中的將令部伍，四曰官刑中的以能力修理職事。有的是各人自己的本分，如一曰野刑中的農功勤力，有的是家庭教育問題，社會風俗問題……這都不是大司寇所應管的。」[❹]徐的這種批評恰恰是忽略了《周官》之時代與其特點，無疑是以後世的標準去要求先秦時代的作為了。

　　大司寇系統還設立了專門的屬官從事對民的過失的教育。

　　〈地官・司諫〉：「掌糾萬民之德而勸之，朋友正其行而強之道

---

❹　徐復觀，《周官成立之時代及其思想性格》，頁144。

藝，巡問而觀察之，以時書其德行道藝，辨其能而可任於國事者。」後世「司諫」是勸諫君主的。《周官》卻為民設立了這一官職以糾民，目的是使萬民具有道藝德行。因為此種教育是與行政手段相結合的，帶有強制的性質，所以叫「糾」。但其教育性質是主導的。「司諫」不僅糾德、勸德，亦通過朋友去進行幫助，通過德行道藝的考察去選拔賢能，薦舉其擔任國事，其道德教育的任務更為突出。

〈地官·司救〉：「掌萬民之邪惡過失而誅讓之，以禮防禁而救之，凡民之有邪惡者，三讓三罰而士加明刑，恥諸嘉石，役諸司空。其有過失者，三讓而罰，三罰而歸於圜土。」

這裏誅讓是批評、責備或行政、紀律處分。〈天官·大宰〉：「以八柄詔王馭羣臣……八曰誅，以馭其過。」〈天官·宰夫〉：「凡失財用物辟名者，以官刑詔冢宰而誅之。」「誅」皆是批評或官紀處分之意。除了誅讓，「司救」的重要任務是「以禮防禁而救之」。防救無效，司救也採取處罰、勞改等手段，但它的目的亦是為了救，為了改過自新，與單純的懲辦主義不同。

何謂「明刑」？鄭玄說：「加明刑者，去其冠飾，而書其邪惡之狀，著之背也。」「嘉石，朝士所掌，在外朝之門左，使坐焉，以恥辱之。」「既而役諸司空，使事官之作也，坐役之數存於司寇。」「書其邪惡，著之背」，是一種恥辱法，不過，這是在確有邪惡過失，屢教不改的情況下採取的，目的是讓其改過自新。

「圜土」，鄭玄注：「獄城也」。「過失近罪，晝日任之以事而收之，夜藏於獄，亦如明刑以恥之，不使坐嘉石，其罪已著，未忍刑之。」就是說，這種處罰，很照顧過失者的廉恥，故日間服勞役，夜晚坐監獄。「未忍刑之」，是說過失錯誤不同於刑事犯罪，所以雖然嚴重，也不加刑。

對於未正式犯法而又構成了「害人」情況的人，〈秋官・大司寇〉提出要「桎梏而坐嘉石，役諸司空。重罪，旬有三日坐，朞役；其次九日坐，九月役；其次七日坐，七月役；其次五日坐，五月役；其下罪，三日坐，三月役，使州里任之，則宥而舍之。」又說：「以圜土聚教罷民，凡害人者，置之圜土而施職事焉，以明刑恥之，其能改過，反於中國，不齒三年。其不能改而出圜土者殺。」〈秋官・司圜〉也有類似的任務：「掌收教罷民。凡害人者弗使冠飾而加明刑焉。任之以事而收教之，能改者，上罪三年而舍，中罪二年而舍，下罪一年而舍。其不能改而出圜土者，殺。雖出，三年不齒。凡圜土之刑人也，不虧體，其罰人也，不虧財。」

「罷民」，鄭玄注：謂「民不愍作勞，有似於罷。」《墨子・非命上》：「貪於飲食，惰於從事」爲「罷」、「不肖」。鄭司農云：「罷民，謂惡人不從化，爲百姓所患苦，而未入五刑者也。」按：《國語・齊語》：「罷士無伍，罷民無家。」罷民可能指沒有正式戶籍，而到處流浪，不務正業的人。韋注：「罷，病也，無行曰罷。」《尚書・盤庚》：「惰農自安，不昏作勞，不服田畝，越其罔有黍稷。」對於這些人，《周官》是把它與正式犯罪的五刑之人加以區別的，與秦時犯過，動輒加以五刑，似不可同日而語❺。秦簡〈魏奔命律〉：「告將軍，叚（假）門逆旅、贅婿後父，或衡（率）民不作，不治宮室，寡人弗欲，且殺之，不忍其宗族昆弟。今遣從將軍，將軍勿卹視，賜之參飯而勿鼠（予）殺。攻城用其不足，將軍以埴豪（壕）。」〈魏戶律〉：「告相邦，民或棄邑居壄（野），入人孤寡，徼人婦女，非邦之故也……。」

---

❺　梁啓超在《先秦政治思想史》中，曾經指出：「《周官》雖非周公書，然所言感化主義的刑罰，其精神恐傳自周初。」不過應該指出，《周官》之感化主義主要是用於未正式犯罪的過失犯錯者。

所謂「假門逆旅」，亦指逃避戶籍，流亡不務正業的人❻。

　　爲了貫徹教育爲主的原則，〈秋官・士師〉又提出「以五戒先後刑罰，毋使罪麗於民：一曰誓，用之於軍旅；二曰誥，用之於會同；三曰禁，用諸田役；四曰糾，用諸國中；五曰憲，用諸都鄙。」誓，是約束的意思。《墨子・非命上》：「先王之書所以整設師旅，進退司徒者，誓也。」誓就是軍事行動之先，用誓詞宣誓，使軍人能遵守而不致於犯法。誥，是誓約性質。禁，禁止也。〈秋官・訝士〉：「凡邦之大事，聚衆庶，則讀其誓禁。」〈秋官・方士〉：「凡都家之大事，聚衆庶，則各掌其方之禁令。」〈秋官・縣士〉：「若邦有大役，聚衆庶，則各掌其縣之禁令。」等等。之所以如此強調禁，皆有先教後罰之意。

　　〈秋官・鄉士〉：「掌國中，各掌其鄉之民數而糾戒之。」〈秋官・遂士〉：「掌四郊，各掌其遂之民數而糾其戒令。」〈秋官・縣士〉：「掌野，各掌其縣之民數，糾其戒令。」「糾戒」、「糾察」，也帶有事先教育的意思。故〈地官・大司徒〉有「以德糾孝」之說。孫詒讓說：「預設條目，遏之於未犯之前，如〈王制〉所謂執禁以齊政也。」鄭玄說：「先後，猶左右也。」「左右，助也，助刑罰者，助其禁民爲非也。」

　　同樣的思想也見於〈秋官・士師〉：「掌國之五禁之法，以左右刑罰。一曰宮禁，二曰官禁，三曰國禁，四曰野禁，五曰軍禁，皆以木鐸徇之於朝，書而縣於門閭。」鄭玄說：「宮，王宮也，官，官府也，國，城中也。古之禁盡亡矣，今宮門有簿籍，官府有無故擅入，城門有離載下帷，野有田律，軍有囂讙夜行之禁，其確可言者。」《呂氏春

---

❻　參閱李解民，〈睡虎地秦簡所載魏戶律研究〉，載《中華文史論叢》第 1 期，1987年。李指出：「假民這種人，應指原先居住在城邑中而後來寄居於郊野農民之家的流民。」「假門逆旅」所指都是寄客，與《商君書・墾令》中的「奸僞、躁心、私交、疑農之民」是同類型的人。

秋・上農》說：「野禁有五：『地未辟易，不操麻，不出糞。齒年未長，不敢爲園囿。量力不足，不敢渠地而耕。農不敢行，賈不敢爲異事，爲害於時也。』」「然後制四時之禁，山不敢伐材下木，澤人不敢灰僇，繯網置罦不敢出於門，罛罟不敢入於淵，澤非舟虞，不敢緣名，爲害其時也。」對「野禁」作了很貼切的解釋。這種禁是後世之「鄉約」，「鄉約」性質，不同於刑法。

綜觀以上各條，《周官》對於人民中之過失犯錯是很重視的。強調以教育防止過失犯錯成爲司寇、司法部門的重要任務。

後世，司法部門專管刑法。過失犯罪則由行政紀律部門作行政紀律處分，或經由各種社會力量、團體，如宗祠、氏族、鄉社、市民組織、行業公會等等進行教育與處罰。《周官》則不如此，可見《周官》正處於一個過渡時期。在它以前，如春秋之世，宗法氏族組織沒有破壞，政府許多職責，包括部分法律職責，都由氏族宗族擔負。過失錯誤的處罰與教育，更可由氏族宗族進行。在它以後，如漢代，鄉村及民間的宗族力量，已以新的形式恢復了活力與職能，後一類處罰與教育亦可由這些社會民間力量與組織進行。唯有《周官》這段時期，政府萬能，包管一切，宗族職能融合於政府中。人民生產、生活、教育、喪葬、祭祀、軍旅、嫁娶，無一不由政府承擔管理。這應是一個宗法氏族被破壞，氏族組織、民間社團等喪失活動與活力，而政府專制一切的時期，也是宗族職能合併於政府職能之時期。在中國歷史上，這就是秦代在商鞅變法，建立地方官僚政治集權的時期。《周官》所反映的正是這一特殊的文化政治與時代背景。由於宗法被破壞，或者行政職能與宗法職能融合爲一，宗法職能統攝於行政職能系統之下，亦可以說，這時的行政官僚系統是兼政治與宗法爲一的。正如天官系統大宰兼外朝與王家總管，王之政事與家事不加區分一樣，《周官》

之司法亦兼管刑事與過失犯罪。明白了這點，對爲何《周官》有這樣多的職官負責過失犯錯誤的教育與處罰就不會奇怪了。徐復觀責備《周官》把「應由行政機構來干預的……都弄到大司寇所掌的刑的範圍以內。」❼可以說恰恰忽略了《周官》的時代特點。

應該注意的是，後世法律條文亦有大量過失犯罪內容，如《唐律》，其中一部分屬官法內容，卽官吏過失犯錯的處罰，如「置官過限及不應置而置」、「貢舉非其人」、「事應奏不奏」、「公事應行稽留」等等。一部分屬於人民過失犯錯，如脫漏戶口，增減年歲，子孫別籍異財，工作不如法，忌日作樂,在廣市人衆中驚動擾亂等等。這些《唐律》雖規定有處罰，但政府並沒有在司法系統設司諫等官職，擔負對民的過失犯錯的教育任務，大司寇亦沒有「以五刑糾萬民」這樣的職責，這是應加區分的。

三、對官吏的法治

〈天官・大宰〉：「以八柄詔王馭羣臣」❽，「六曰奪（鄭玄注，沒入家財），以馭其貧；七曰廢，以馭其罪；八曰誅，以馭其過。」「三歲，則大計羣吏之治而誅賞之。」

〈天官・宰夫〉：「掌治法以考百官府羣都縣鄙之治，乘其財用之出入。凡失財（鄭注：『泉穀也』）用（鄭注：『貨賄也』）物辟名（鄭注：『詐爲書以空作見文書，與實不相應也』）者，以官刑詔冢宰

❼ 徐復觀，《周官之成立及其反映的思想性格》，頁144。
❽ 徐復觀認爲馭群臣之「八柄」，是用以對付人臣與人民的。這不確。因爲《周官》講得很淸楚，是「馭群臣」。僅從馭字，亦不能認爲就是法家。《荀子・君道》亦說「治國馭民」。

而誅之。」

〈秋官・大司寇〉：「四曰官刑，上能糾職」（鄭注：「職，職事修理」）。「二曰軍刑，上命糾守」（鄭注：「命，將命也；守，不失部伍」）。

〈秋官・小司寇〉：「凡王之同族有罪，不卽市」（鄭注：「刑諸甸師氏」）。

〈秋官・掌囚〉：「掌守盜賊，凡囚者，上罪梏拲而桎，中罪桎梏，下罪梏，王之同族拲，有爵者桎，以待弊罪。及刑殺，告刑於王，奉而適朝士，加明梏以適市而刑殺之。凡有爵者與王之同族，奉而適甸師氏以待刑殺。」

〈秋官・大司寇〉：「凡卿大夫之獄訟，以邦法斷之。」鄭注：「邦法，八法也，以八法待官府之治。」

〈秋官・大司寇〉：「以肺石達窮民，凡遠近惸獨老幼之欲有復於上，而其長勿達者，立於肺石三日，士聽其辭，以告於上而罪其長。」

這些條文概括起來，一是對官吏的犯法、失職、瀆職進行檢查糾察或據法懲辦。從沒收家財、奪爵、判刑以至死罪。一是王的同族親貴犯罪，處理雖與平民有別，但同樣要懲治，直至處死。一是針對司法官員本身之瀆職。《管子・大匡》說：「凡庶人欲通，鄉吏不通，七日囚。出欲通，鄉吏不通，五日囚。貴人子欲通，吏不通，二日囚。」《周官》亦是此種精神。「立於肺石三日」，不能機械解釋，以爲是站立。以之爲「虐政」❾，更屬望文生義了。《周官》這些對官吏

---

❾　徐復觀說：「窮民中包括有老幼，要老幼者在肺石上站三天，才使『士聽其辭』，老者幼者縱使沒有站死，也折磨得半死不活了。這眞是一種虐政。「《周官成立之時代及其反映的思想性格》，頁147。

的法治思想，當有很大的理想成分，事實上是很難做到的。但也反映了先秦法治初步推行時，人們對法治的理想和熱忱。從睡虎地秦簡看，它的許多條文確是針對官吏的。因此，《周官》所說，亦不純是理想與空想（詳見第八章）。

　　但官吏是有司法特權的。

　　〈秋官・小司寇〉：「以八辟麗邦法，附刑罰。一曰議親之辟，二曰議故之辟，三曰議賢之辟，四曰議能之辟，五曰議功之辟，六曰議貴之辟，七曰議勤之辟，八曰議賓之辟。」何謂辟？鄭玄注：「辟，法也；麗，附也……附，猶著也。」《左傳》昭公六年：「夏有亂政而作禹刑，商有亂政而作湯刑，周有亂政而作九刑。三辟之興，皆叔世也。」三辟，是三種法，這是鄭玄以辟爲法的根據。但這是形式上的解釋。侯家駒認爲應是「以八種可避途徑『附於邦法及五刑』，亦卽八種人犯法，可以適當減免。」❿《禮記・郊特性》：「有由辟焉」，鄭注：「辟讀爲弭，謂弭災兵，遠罪疾也。」辟確有減免義。《孟子・滕文公下》：「（陳仲子）辟兄離母，處於于陵。」《左傳》僖公二十三年：「晉楚治兵，遇於中原，其辟君三舍。」辟亦爲逃避、躲避。〈秋官・大司寇〉：「凡邦之大事，使其屬蹕。」《故書》：「蹕作避」。〈秋官・掌交〉：「使咸知王之好惡，辟行之」，鄭玄注「辟讀如辟忌之辟。」辟亦爲逃避、躲避。

　　但我認爲，〈秋官〉「八辟」之辟，更貼切的意思指「名實不相應」。〈天官・宰夫〉：「凡失財用物辟名者，以官刑詔冢宰而誅之。」「辟名」，鄭玄注爲「詐爲書以空作見文書，與實不相應也。」〈秋官・野廬氏〉：「掌達國道路，至於四畿，……凡有節者及有爵者，至則

爲之辟……。」「爲之辟」，卽核查符節文書是否名實相符。秦簡〈法律答問〉：「伍人相告，且以辟罪，不審，以所辟罪罪之。」辟罪不審，指誣告、捏造罪名。如「今甲曰伍人賊殺人，卽執乙，問不殺人，甲言不審，當以告不審論，且以所辟。」故「八辟」是指上述八種人可以在判決後以判決之罪與事實不符而再次進行上訴。用漢代法律的名詞說叫「先請」。故鄭司農說：「議故之辟，若今時宗室有罪，先請是也。」「議賢之辟，若今時廉吏有罪，先請是也。」《漢書·劉屈氂傳》說：武帝時，劉屈氂因司直田仁縱戾太子出長安城門，而欲斬之，暴勝之說：「司直，吏二千石，當先請，奈何擅斬之。」《漢書·宣帝紀》云：黃龍元年，詔禁六百石以上官吏不得舉孝廉，謂：「吏六百石，位大夫，有罪先請，秩祿上通，足以效其賢材。」《漢書·平帝紀》：元始元年詔，「公列、侯嗣子有罪，耐以上先請。」所謂「先請」，皆指判決後可以再次上訴。上訴的結果，一般是減刑，但亦可維持原判。故劉屈氂欲斬田仁時，暴勝之只說田仁有先請權，丞相不能擅斬。「先請」之後，罪當斬亦是不能減免的。平帝元始元年詔書，規定六百石耐罪以上，可以「先請」。耐罪以下則無「先請」之權。

《漢書·高帝紀下》，高帝七年立其子如意爲代王，「令郎中有罪耐以上，請之。」請卽「先請」。這當是秦代法律用語的繼承，故《周官》「以八辟麗邦法」，可能是秦代法律之先請權，經系統化與理想化而形成爲文字的表現。《唐律疏議》說：「《周禮》云『八辟麗邦法』，今之八議，周之『八辟』也。……以此八議之人犯死罪，皆先奏請，議其所犯，故曰『八議』。」已是死罪才先請，死罪以下不在「先請」之列，似與漢代不同，但對「八辟」的解釋是正確的。

四、刑法制定的原則、範圍及審判程序

《尚書‧呂刑》提出：「輕重諸罰有權，刑罰世輕世重。」荀子解釋說：「治則刑重，亂則刑輕，犯治之罪故重，犯亂之罪故輕也。」《周官》關於刑法的制定亦反映這一精神。

〈秋官‧大司寇〉：「大司寇之職，掌建邦之三典，以佐王刑邦國，詰四方。一曰刑新國，用輕典；二曰刑平國，用中典；三曰刑亂國，用重典。」《周官》的說法和荀子強調的輕重恰好相反。這是因為《周官》的著眼點是治理三種不同情況的國家，而非人民。鄭玄說：「新國者，新辟地立君之國；用輕法者，為其民未習於教。」「平國，承平守成之國也；用中典者，常行之法。」「亂國，篡弒叛逆之國；用重典者，以其化惡伐滅之。」「法」的對象是君主、統治者。荀子的說法則以民為對象。孫詒讓《周禮正義》引吳廷華云：「三典皆以施於民者言之。亂國民心乖亂，非重典不足以懾服……〈大司馬〉云，賊賢害民，則伐之。」但吳的說法是矛盾的。因為〈大司馬〉的話明明是指國家的統治者，只有統治者才有賊賢害民的問題。《周官》之「三典」並非皆以施於民者言之，只能說歸根結柢也會施及於民。

刑法如何根據具體情況而定？〈秋官‧士師〉：「若邦凶荒……糾守緩刑。」〈秋官‧朝士〉：「若邦凶荒、札喪、寇戎之故，則令邦國都家縣鄙慮刑貶。」〈秋官‧司刺〉：「壹宥，曰不識；再宥，曰過失；三宥，曰遺忘。壹赦，曰幼弱；再赦，曰老旄；三赦曰蠢愚。」意思是荒年歉收或無收，社會秩序不好，人們為生活所迫，犯法情況多，應該緩刑。寇戎戰亂之世，或國家有重大變故，犯罪增加，亦應考慮貶刑。在正常情況下，則三種人應該寬宥，一是過失犯

罪。一是「不識」卽不明情況而無意中犯罪，一是神經有缺陷，因遺忘而犯罪。對幼弱老旄、糊塗及癡呆蠢愚之人犯罪，則予寬赦。這種區別情況，有寬有赦的作法，與商韓等法家之嚴刑重罰的主張是有區別的。

商鞅說：「治國刑多而賞少，故王者刑九而賞一，削國賞九而刑一。」⑪「重刑少賞，上愛民，民死賞。重賞輕刑，上不愛民，民不死賞。」⑫韓非說：「輕刑，此亂亡之術也……。欲治者必惡亂，亂者治之反也。是故欲治甚者,其賞必厚矣,其惡亂甚者，其罰必重矣。今取於輕刑者，其惡亂不甚也，……此非特無術也，又乃無行。」⑬「刑盜,非治所刑也,治所刑也者,是治胥靡也。故曰重一姦之罪而止境內之邪，此所以爲治也。重罰者，盜賊也，而悼懼者良民也。欲治者，奚疑於重刑。」⑭商鞅、韓非以人性爲惡，認爲唯有重刑可以使之威服而守法，是無條件的重刑論。《周官》既不是無條件的輕刑論，又不是無條件的重刑論。其法治的指導思想和荀子比較接近。

犯刑事罪之具體內容，可由「士之八成」看出。八成的內容爲邦汋、邦賊、邦諜、邦盜、邦朋、邦誣以及犯邦令、撟邦令。鄭司農云：「八成者，行事有八篇，若今時決事比。」這是把士了解爲士師了。我認爲，「士」應是睡虎地秦簡中的士伍之士，卽自由民、庶民⑮。

《漢舊儀》：「秦制二十爵，男子賜爵一級以上，有罪以減，年五十六免；無爵爲士伍，年六十乃免老。」《史記・秦本紀》：「武安

---

⑪　《商君書・開塞》。
⑫　《商君書・靳令》。
⑬　《韓非子・六反》。
⑭　同上。
⑮　劉海年，〈秦漢士伍的身份與階級地位〉對此有詳盡考釋，可參閱。載《文物》第2期，1978年。

君有罪爲士伍」，士伍卽被奪爵的普通平民。睡虎地秦簡中，士伍一詞大量出現，指無爵或被奪爵的普通平民。這種以士爲非奴隸的平民與自由庶民之稱謂，起源甚早。《管子‧小匡》有「士農之鄉」，〈齊語〉有「士鄉」，士卽指亦農亦兵的自由民。《禮記‧曲禮》說：「四郊多壘，此卿大夫之辱也；地廣大，荒而不治，此亦士之辱也。」《禮記‧少儀》說：「問士之子長幼，長則曰能耕矣，幼則曰能負薪未能負薪？」士皆是負農業生產責任的平民❻。這種平民卽秦之士伍，簡稱則曰士。「成」爲「程式」。〈天官‧小宰〉：「以官府之八成經邦治」。〈天官‧大宰〉：「五曰官成，以經邦治。」鄭注：「官成，謂官府之成事品式也。」成事品式卽程式。法律或治罪方面之成事品式，在漢代稱爲決事比。在秦代法律用語中，稱爲「治獄程式」。故「八成」卽八個方面的治獄程式。

秦簡的治獄程式，案例的對象主要是士伍。與《周官》八成相對照，有「賊」、「盜」、「諜」、「誣」等等。所以《周官》「士之八成」，亦可能是秦代法律案例的概括。

關於「賊」，秦簡〈治獄程式〉有：

> 求盜追捕罪人，罪人格殺求盜，問殺人者爲賊殺人且鬥殺？鬥殺人，廷行事爲賊。
>
> 臣妾牧殺主，可（何）謂牧？欲賊殺主，未殺而得，爲牧。
>
> 賊入甲室，賊傷甲，甲號寇，其四鄰典老皆出不存，不聞號寇，問當論不當？審不存，不當論；典、老雖不存，當論。

❻ 參閱楊寬，《古史新探‧試論西周春秋間的鄉遂制度和構社會結》，頁165，中華書局，1965年版。

等等，約三十餘條，涉及戕賊人命，傷人肌膚，斬人髮髻，臣妾殺主
等內容。

關於「盜」，秦簡有：

> 士伍甲盜，以得時直（值）藏（贓），藏（贓）直過百一十，吏
> 弗直，獄鞫乃直藏（贓），藏（贓）值過六百六十，黥甲為城
> 旦。

等等，約四十餘條。涉及盜取耕牛、羊隻、桑葉、錢幣、器物、祭品
等等。

關於「諜」，秦簡有：

> 譽敵以恐眾心者，戮（戮）。
> 內（納）奸，贖耐。今內（納）入，人未蝕（蝕）奸而得，可
> （何）論？

等等。

關於「誣」，秦簡有：

> 誣人盜千錢，問盜六百七十，誣者可（何）論？毋論。
> 誣人盜直（值）二十，未斷，有（又）有它盜，直（值）百，乃後
> 覺，當並藏（贓）以論，且行真罪，有（又）以誣人論，當貲二
> 甲一盾。

等等。

關於撟邦令，秦簡有：

廷行事吏爲詛僞，貲盾以上，行其論，有（又）廢之。

秦簡的這些案例，其對象主要是士伍，原則上亦適用於有爵的貴族和官吏。不過，貴族和官吏享有「八辟」特權，犯同樣的罪，其刑罰比平民要輕；奴隸犯同樣的罪，刑罰則比平民重。《周官》關於「八成」，特別指出是「士之八成」，可以說是反映了先秦與秦國這一社會情況的。

關於邦朋，秦簡未有案例，但《韓非子》中許多地方講到邦朋的危害。〈揚權〉說：「欲爲其國，必伐其聚；不伐其聚，彼將聚衆。」〈孤憤〉說：「主利在豪傑使能，臣利在朋黨用私。……朋黨比周，相與一口，惑主敗法，以亂士民，使國家危削，主上勞辱，此大罪也。」〈說疑〉提出「左右近可朋黨比周以制疏遠」。〈備內〉強調「省同異之言，以知朋黨之分」。《韓非子》所講的邦朋，一是指聚衆鬧事，一是指人臣間的結黨營私。《周官》所謂「邦朋」，內容不詳，但大約也是這種情況。

《管子·明法》說：「今主釋法以譽進能，則臣離上而下比周矣。以黨舉官，則民務交而不求用矣。」「內外朋黨，雖有大姦，其蔽主多矣。」可見在戰國後期，由於宗法親親制被破壞，官僚郡縣制剛剛建立，朝廷上下朋黨比周的問題十分嚴重，成爲時代性的大問題。《周官》反對朋黨，亦反映了這一時代特點。

關於投訴程序，〈秋官·大司寇〉提出三條：(1)「以兩造（鄭注：『使訟者兩至』）禁民訟，入束矢於朝（鄭注：『束矢，其百個與？』）然後聽之。」(2)「以兩劑（鄭注：『劑，今券書也』）禁民獄

（鄭注：『獄，謂相告以罪名者』），入鈞金三日，乃至於朝。」(3)
「以肺石達窮民，凡遠近惇獨老幼之欲有復於上，而其長弗達者，立
於肺石三日，士聽其辭，以告於上，而罪其長。」

　　這三條規定，徐復觀認為是王莽暴政虐政的表現。他說：「以財貨
相告，有的是富人，出得起『矢百個』，但更多的是窮人，很難出矢
百個。此則富人能打官司，窮人便不能打官司了。並且審訊時固然要
兩造，但投訴時多數僅是原告的一造，兩造同時投訴的，事實上是少
而又少。現在以兩造及入矢為接受投訴的先決條件，這等於是拒絕了
投訴。不是投訴的則大量關進獄城（圜室），投訴的又加以拒絕，不
能不說是怪事。」又說：「鄭玄對獄字的解釋也難成立，獄是相告以
罪，訟還不是相告以罪？……這一控訴的程序是使獄者各齎券書，即
兩券書，使入鈞金，又三日，乃治之。這兩劑的情形和上面所說兩造
的情形一樣，這是訟獄時的條件，不應是投訴時的必須條件。再加上
入鈞金乃至於朝，此處的金，即使指的是銅，三十斤銅，也不是一般
人能負擔的。……這只能表示《周官》的作者，以漁利為唯一歸趣，
所以特寫出這類想入非非的方法。」❼

　　但先秦，平民可直接向官府投訴，是有案可徵的。睡虎地秦簡
〈法律答問〉載：「辭者辭廷，今郡守為廷不為？為也」，意思是說，
投訴者直接向郡守提出起訴，郡守應該接受。〈法律答問〉說：「今甲
曰伍人乙賊殺人，即執乙，問不殺人。」然後執乙審問，無須兩方同時
投訴。〈治獄程式〉「告子爰書」：「某里士伍甲告曰，甲親子同里士
伍丙不孝，謁殺，敢告。即令令史乙往執。」「令史乙爰書」：「與審
隸臣某執丙，得某室。丞某訊丙，辭曰：甲親子，誠不孝甲所，毋它
坐罪。」都是一方先告，另一方受審，絕非兩造同時投訴，才能接受

---

❼　徐復觀，《周官成立之時代及其反映的思想性格》，頁147。

上訴。《周官》亦是如此。故《周官》之各級地方官員都有接受訴訟的權力與責任，對於故意刁難窮民、老弱上訴的長官，《周官》還規定了必須懲辦的「官法」。〈秋官‧禁殺戮〉：「凡傷人見血而不以告者，攘獄者，遏訟者，以告而誅之。」鄭司農云：「遏止欲訟者也」。平民上訴者的權利，是法律所保護的。

「以兩劑禁民獄」。劑指質劑，即券書，這是財貨交易與借貸中的一種信用與法律性質的文書。〈地官‧質人〉說：「掌成市之貨賄、人民、牛馬、兵器、珍異，凡賣儥者質劑焉，大市以質，小市以劑。」〈秋官‧司盟〉說：「凡民之有約劑者，其貳在司盟，有獄訟者，則使之盟詛。」〈秋官‧士師〉說：「凡以財獄訟者，正之以傅別約劑。」〈秋官‧朝士〉說：「凡有責者，有判書以治，則聽。凡民同財貨者，令以國法行之，犯令者，刑罰之。」〈天官‧小宰〉：「以官府之八成經邦治。……四曰聽稱責以傅別……六曰聽取予以書契，七曰聽賣買以質劑。」所有這些地方的約劑、質劑、書契、傅別，形式大同小異，都是「別為兩，兩家各得一也」❽。這些質劑、書契，在漢代稱為「手下書」、「券書」、「中別手書」、「別書」。在先秦稱為辨書、辨券。目的都在防止財貨糾紛與訴訟的發生。發生了，可據質劑所載明的條文審理。審理之後仍然不能結案，而須向大司寇上訴時，則投訴者須交鈞金，三日，然後聽之。顯然這是重大複雜的案件，當事人必非窮人、小民。所謂「窮人打不起官司」云云，是沒有根據的。

「以兩造禁民訟」，兩造即質劑兩造。鄭玄解釋為原告被告同時到庭並不恰當。即使如此，也是因為由大司寇審理的案件，必是已經下面多次審理過的重大案件，在此情況下，規定必須原告被告同時到庭，也是合乎情理的。

---

❽ 《釋名‧釋書契》。

　　王安石說:「以兩造禁民訟者，訟以兩造聽之，而無所偏受，則不直者自反，而民訟禁矣。入束矢於朝，然後聽之者，以束矢自明其直，然後聽，蓋不直則入其矢，亦所以懲其不直。以兩劑禁民獄者，獄以兩劑聽之，而無所偏信，則不直者自反，而民獄禁矣。入鈞金，三日，乃至於朝，然後聽之者，以鈞金自明其不可變，然後聽；蓋不信則入其金，亦所以懲不信。獄必三日然後聽，則重致民於獄也。獄必以劑，則訟至於獄，無簡不聽，非特劑而已，舉劑以見類焉。」⑲王的解釋大致是對的。

　　關於審判原則，《周官》有如下規定：〈秋官・小司寇〉：「以五聲聽獄訟，求民情：一曰辭聽，二曰色聽，三曰氣聽，四曰耳聽，五曰目聽。」「以三刺斷庶民獄訟之中，一曰訊羣臣，二曰訊羣吏，三曰訊萬民，聽民之所刺宥，以施上服下服之刑。」「三刺」之刺為刺探、刺入之刺，即用直接、間接以及公開與秘密的各種方法，調查了解案情，不僅向羣臣、羣吏了解，也向萬民調查了解，目的是保證案情清楚，定罪恰當。

　　對於死罪，《周官》規定了特別的審訊程序。〈秋官・鄉士〉：「辯其獄訟，異其死刑之罪而要之（鄭注：『為其罪法之要辭，如今劾矣』），旬而職聽於朝。司寇聽之，斷其獄，弊其訟於朝，羣士司刑皆在，各麗其法，以議獄訟。」〈秋官・遂士〉：「掌四郊……聽其獄訟，察其辭，辨其獄訟，異其死刑之罪而要之，二旬而職聽於朝，司寇聽之，斷其獄，弊其訟於朝，羣士司刑皆在，各麗其法以議獄訟。獄訟成，士師受中，協日就郊而刑殺，各於其遂，肆之三日。若欲免之，則王令三公會其期。」〈秋官・縣士〉：「掌野……聽其獄訟，察其辭，辨其獄訟，異其死刑之罪而要之，三旬而職聽於朝，司寇聽

　　⑲　王安石，《周官新義》卷十四。

之，斷其獄，弊其訟於朝，羣士司刑皆在，各麗其法以議獄訟，獄訟
成，士師受中，協日刑殺，各就其縣，肆之三日。若欲免之，則王命
六卿會其期。」根據這些規定凡死罪都要上報朝廷，由大司寇、羣士、
司刑等會審，不能草率從事。〈秋官・方士〉也有類似條文。

　　荀子說：「一物失稱，亂之端也……。賞不當功，罰不當罪，不
詳莫大焉……。刑稱罪則治，不稱罪則亂。」[20]又說：「賞不欲僭，刑
不欲濫。賞僭則力及小人，刑濫則害之君子。若不幸而過，寧僭無
濫。」[21]《周官》關於審理案件的五聽、三刺及死刑的特別審理程序，
體現了「刑不欲濫」的精神。

　　秦代，法治嚴酷，但也強調「治獄，能以書從（踪）迹其言，毋
治（笞）諒（掠）而得人請（情）爲上，治（笞）諒（掠）爲下，有
恐爲敗。」「訊獄，必先盡聽其言而書之，各展其辭。雖智（知）其
訑，勿庸輒詰。其辭已盡書而毋（無）解，乃以詰者詰之。詰之有
（又）盡聽書其解辭。」[22]秦簡〈爲吏之道〉說，「審當賞罰，嚴剛勿
暴，廉而勿刖，勿復期勝。」《周官》作爲秦地學者的作品，它反映
出上述近乎荀子的愼刑明法思想，並不值得奇怪。

五、關於五刑

　　〈秋官・司刑〉：「掌五刑之法，以麗萬民之罪，墨罪五百，劓罪
五百，宮罪五百，刖罪五百，殺罪五百。」錢穆指出：五刑之名，
僅見於《周書》之〈呂刑〉，而〈呂刑〉亦是晚出的作品。墨、劓、

[20]　《荀子・正論》。
[21]　《荀子・致士》。
[22]　睡虎地秦簡〈封診式〉。

黥、髡，在吳越間本是一種風尙，傳至諸夏，則變成一種刑罰。「大辟、宮刑及劓刖之刑，在春秋時已屢見，而少見有墨」。[23]《易·睽卦》：「其人天且劓」。《周易·困卦》：「劓，刖」。《尙書·盤庚》：「我乃劓殄滅之」。《周易·噬嗑》：「滅趾、滅鼻、滅耳」。《左傳》僖二十七年，楚子玉治兵，「鞭七人，貫三人耳」。晏嬰說「踊貴屨賤」，說明受斷趾之刑者很多。但《周官》與此不同，以墨罪卽黥刑居於刑法的首位。這說明《周官》的五刑，非春秋時代之五刑，反映了戰國之世的時代特徵。

鄭玄說：「墨，黥也，先刻其面，與墨窒之。」「劓，截其鼻也，今東西夷或以墨劓爲俗。」「宮者，大夫則割其勢，女子閉於宮中，若今宦男女也。」「刖，斷足也」。「殺，死刑也」。錢穆曾指出：五刑之罪各有五百，不僅周時不能有，李悝《法經》不能有，「且秦人號爲一意於以刑法爲治矣，下逮蕭何，擴撫秦法而作律九章，亦豈有二千五百乃至三千等第之繁瑣乎，其爲虛構不實，亦斷可見矣。」[24]然而，考之睡虎地秦律，黥刑確居於首位，《周官》與此是不謀而合的[25]。

在秦律中，各種刑罰情況爲數極多，雖不見二千、三千條文，但各種案例加起來，亦不會少於此數。例如以黥罪而論，有：「五人盜，贓一錢以上，斬左趾，又黥以爲城旦。」「不盈五人，盜過六百六十

[23] 錢穆，＜周官著作時代考＞，《兩漢經學今古文平議》，頁337，臺北：東大圖書有限公司，1983年版。

[24] 同上。

[25] 錢穆曾指出，墨劓是春秋時越人風尙，近於紋身。黥墨傳至中國，成爲刑罰，最早應在春秋末期。《漢書·刑法志》云：「秦用商鞅，連相坐之法，造參夷之誅，增加肉刑大辟，有鑿顚抽脅鑊烹之刑。」其時秦國刑中始有鑿顚，此乃商鞅從東方攜入之一種刑罰也。「而今《周官》五刑，墨爲第一，此豈爲周公之所制？又豈爲春秋前之所常有乎？」(同前註，頁342)，這是極有見地的。這亦可說明《周官》當爲秦地學者之作。

錢，黥劓以爲城旦。」「不盈六百六十到二百廿錢，黥爲城旦。」「甲謀遣乙盜，一日，乙且往盜，未到，得，皆贖黥。」「人臣甲謀遣人妾乙盜立牛，買賣，把錢皆邦亡，出繳，得，當城旦黥之。」「人奴擅殺子，城旦黥之。」「歐大父母，黥爲城旦舂。」等等。情況可謂千差萬別。而每種情況又有不同的黥罪。以盜而言，人數五人以上至十人，十人以上及不盈五人黥罪有別，所盜款額由於數目大小不同而刑罰輕重有別。得手不得手，主謀與執行者等等情況不同，黥罪又有別。所以黥罪五百，是很實際的說法。

　　由此也可以明白，所謂五刑二千五百，並非說有二千五百條關於五刑的法律條文，而是說，關於五刑的程式與案例（漢代所謂決獄比）有二千五百之多，黥罪五百，劓罪五百等等，不過是概括其案例具體情況之多而已。

　　一般認爲比之漢律，秦代法律是殘酷、嚴厲的。如《秦律》規定：「五人盜，贓一錢以上，斬左趾，又黥以爲城旦。」一錢是很小的數目，但因爲是五人合夥，那麼每人所得僅只一錢，也要斬左趾，黥爲城旦。如果所盜數目多，情況嚴重，刑罰當更重了。《周官》則只是概括地指出「黥罪五百，劓罪五百……」並未具體涉及那種情況應處以何種刑罰，所以它究竟是否如秦代一樣的酷刑，是不清楚的。

　　《漢書·刑法志》曾指出：「及至孝武卽位……律令凡三百五十九章，大辟四百九條，千八百八十二事，死罪決事比萬三千四百七十二事。」僅大辟之罪就有四百九條，千八百八十二事，死罪決事比竟達一萬多事。黥、劓等等當然數量更多。比之《周官》可謂苛密多了。

第 五 章

周官之教育思想

　　本章主要探討〈天官〉、〈地官〉、〈春官〉有關職守所表達的教育思想。夏官管軍事，秋官管刑法，屬於「導之以政，齊之以刑」，且在前面論法的部分已談到。在《周官》教育思想中，有爭論的是其教育思想的性質與地位，「六詩」、「六藝」、「五禮」的內容與時代背景，以及是否有學校的設立等。對這些問題，本章將進行考辨。

一、天官冢宰的教育職能

　　冢宰的教育職能表現於以「八則治都鄙」：

> 一曰祭祀，以馭其神；二曰法則，以馭其官；三曰廢置，以馭
> 其吏；四曰祿位，以馭其士；五曰賦貢，以馭其用；六曰禮俗，
> 以馭其民；七曰刑賞，以馭其威；八曰田役，以馭其眾。

「則」指治理的原則或指導思想。對象有神、官、吏、士、民、眾；內容包括祭祀、立法、祿、爵位、賦貢、禮俗、刑賞、田役。對民而言，主要是禮俗與刑賞，要求以禮「化民成俗」，又以俗「導民於禮」。《禮記》說：「化民成俗，莫善於禮」，《周官》體現了這一思想。

冢宰的教育職能又表現於「以八統詔王馭萬民」：

> 一曰親親，二曰敬故，三曰進賢，四曰使能，五曰保庸，六曰
> 尊貴，七曰達吏，八曰禮賓。

鄭玄說：「統，所以合率以等物也」。率即率領、引導。合是全面完整
之意。「以八統馭萬民」，即從八個方面，用八種方法與手段以統率、
管理人民。其中「親親」、「尊尊」是儒家倫理道德的核心；「舉賢」、
「尚能」是法家思想，亦是儒家所主張的。

冢宰的教育職能也表現於「以九兩繫邦國之民」：

> 一曰牧，以地得民；二曰長，以貴得民；三曰師，以賢得民；
> 四曰儒，以道得民；五曰宗，以族得民；六曰主，以利得民；
> 七曰吏，以治得民；八曰友，以任得民；九曰藪，以富得民。

「繫」是維繫、團聚之意；兩通輛，即車輛，運載工具，指達到某種
目的的手段。《周官》要求以九種手段與方式來團聚人民。它們可歸
納為四類：一是土地、利益、財富；一是政治權力與行政管理；一是
宗法組織；一是師儒及其道德表率與言傳身教。《周官》把氏族與師
儒提到和政治、經濟、財富等同樣重要的地位，表現了與法家片面崇
尚功利及法治而對師儒及氏族宗法力量，加以打擊與削弱的不同的思
想傾向。

徐復觀說：「『師』是大師徒系統下的中大夫的官職，則『儒』亦應
是官職。但此後除了大司徒中有『聯師儒』一語外，並無儒的官職，
又無儒在教化中的作用，則所謂『儒以道得民者』，毫無著落。」又

說：「師氏、保氏不僅……敎化的是國子而不是萬民，並且都有『守王之門』、『守王闈』的任務，這便證明他們是直接屬於大司徒的朝廷命官，而決不是諸侯之官（如鄭玄所云）。」❶

實際上，冢宰「九兩」之牧、長、師、儒、宗、主、吏、友、藪，都不能解釋爲官職，而是泛指一種政治職能與社會作用。用現在的話說是：「地」是牧民者用以得民的憑藉；「貴」是各級長官用以得民的憑藉；「賢」是社會師長用以得民的憑藉；「道」是儒者用以得民的憑藉；「族」 —— 氏族組織是宗主用以得民的憑藉。有了這九個方面的社會政治功能，就可以把萬民緊緊地團聚、維繫在邦國之內。因此，「師儒」指職能、職守、職業。《白虎通義》說：「古之敎民者，里皆有師。里中之老有道德者，爲里右師，其次爲左師，敎里中之子弟以道藝、孝悌、仁義。」❷《周官》所講的「師」正是「里皆有師」之師。

《周官》中師保所敎的是貴族子弟，甚至是貴族子弟中守王宮的特別人員 ——「諸子」、「庶子」。這些貴族子弟享有特殊身分與地位，一面擔任王宮守衞與王及王室之隨從，一面學習禮、樂、道藝。他們的老師 —— 師氏、保氏亦是文武全才，兼通武功與文化禮樂。但這一特點，在儒家的開創者孔子那裏，亦特別顯著，是不能用後世的文弱書生的眼光來看待的。

春秋時代，負責貴族文化禮樂敎育之官職，晉、楚、蔡有太師；周、楚、衞有師；楚、隋有少師；晉有太傅；魯、晉有傅，亦有少傅；晉、楚、衞有保；魯晉之卿大夫家或有氏，或有傅，或有保❸。《周官》的師氏、保氏正是這些職官的概括。隨着封建制度沒落，王

---

❶　徐復觀，《周官成立之時代及其思想性格》，頁164。
❷　《白虎通義・辟雍篇》。
❸　參閱陳槃，〈春秋時代的敎育〉，臺灣《中央研究院歷史語言研究所集刊》第45本第3分。

官解體，師保散走各國，如「大師摯適齊，亞飯干適楚，三飯繚適蔡，四飯缺適秦，鼓方叔入於河，播鼗武入於漢，少師陽、擊磬襄，入於海。」❹教育對象擴大到平民，文化下放，私人講學興起，師、保就轉而爲儒了。儒雖是孔子建立學派以後出現的名詞，但它與師保確有繼承、承傳的關係。《漢書‧儒林傳》說：「仲尼既沒，七十子之徒，散游諸侯，大者爲卿相師傅，小者友敎士大夫，或隱而不見。故子張居陳，澹臺子羽居楚，子夏居西河，子貢終於齊。如田子方、段干木、吳起、禽滑釐之屬，皆受業於子夏之倫，爲王者師。」戰國時期諸侯及卿大夫之師、保多由儒者擔任，儒成爲師保的骨幹，這就是「聯師儒」。所以「聯師儒」這名詞不僅反映了師和儒之間的內在關聯與淵源關係，也反映了《周官》之爲戰國後期作品之時代特徵。在周初與春秋時期，是不可能出現這一名詞的。

天官的主要任務是官員的任用與管理。它一方面反映了戰國後期的法家思想，並且吸收與概括了商鞅變法以後對官吏進行法治、考核的措施，但它與單純主張「以法爲敎」與嚴刑峻法的法家思想不同。它力求貫徹「導之以德、齊之以禮」與「導之以政、齊之以刑」兩手並用的原則。所以大宰掌建邦之「六典」中，既強調「治典」、「政典」、「刑典」、「事典」，又強調「敎典」與「禮典」。「敎典以安邦國，以敎官府，以擾萬民」。由於著作性質的關係，它不能把「敎典」與「禮典」加以全面論述，但提出這兩典以與治典等並列，是很重要的。

天官管理敎育的對象，主要是官吏，但它總是把官民並提，所謂六典，卽是「以治官府」，「以正百官」，「以刑百官」的，又是「以紀萬民」、「以擾萬民」、「以諧萬民」的。它強調「禮俗」、「親親」、「敬

❹　《論語‧微子》。

故」、「禮賓」、「尊貴」的重要，與儒家思想基本一致，所以鄭玄注說:「親親，若堯親九族也。敬故，不慢舊也，晏平仲久而敬之……。尊貴，尊天下之貴者。孟子曰:『天下之達尊者三，曰爵也、德也、齒也。』〈祭義〉曰:『先王之所以治天下者五，貴有德、貴貴、貴老、敬長、慈幼……。』禮賓，賓客諸侯，所以示民親仁善鄰。」鄭玄引堯舜及《孟子》、〈祭義〉以解釋《周官》，是符合《周官》的本意的。

「友以任得民」，鄭玄解釋說:「友，謂同井相合，耦耡作者。孟子曰:『鄉田同井，出入相友，守望相助，疾病相扶持，則百姓親睦。』」這解釋也是符合《周官》本義的。

小宰「以官府之六職辨邦治」。與治職、政職、刑職、事職並列，有教職與禮職。「教職以安邦國，以寧萬民，以懷賓客。」「禮職以和邦國，以諧萬民，以事鬼神。」其所謂禮，主要內容包括荀子所謂「禮有三本」之禮，卽通過祭祀天、地、先祖以達「愼終追遠，民德歸厚」之目的。故天官的許多職守都有禮教的精神。如:

〈宰夫〉:「掌治朝之法，以正王及三公、六卿、大夫、羣吏之位。」「凡朝覲會同賓客，以牢禮之法，掌其牢禮。」

〈宮正〉:「會其什伍而敎之道藝。」

〈膳夫〉:「以樂侑食。……卒食，以樂徹於造。」

〈酒正〉:「共賓客之禮酒，共后之致飲於賓客之禮。」

〈內宰〉:「以陰禮敎六宮，以陰禮敎九嬪。以婦職之法敎九御」等等。

〈九嬪〉:「掌婦學之法，以敎九御、婦德、婦言、婦容、婦功。」

這些都是儒家禮教的思想。所以「天官」全部職守中，教育是其重要的方面，貫徹於大多數官職的職守之中。

二、地官司徒的教育職能

地官的教育職能，首先表現於大司徒對民的十二教：

> 一曰以祀禮敎敬，則民不苟；二曰以陽禮敎讓，則民不爭；三曰以陰禮敎親，則民不怨；四曰以樂禮敎和，則民不乖；五曰以儀辨等，則民不越；六曰以俗敎安，則民不偷；七曰以刑敎中，則民不虣；八曰以誓敎恤，則民不怠；九曰以度敎節，則民知足；十曰以世事敎能，則民不失職；十有一曰以賢制爵，則民慎德；十有二曰以庸制祿，則民興功。

祀禮、陰禮、樂禮、禮儀與禮俗，是儒家一貫主張的教育內容。「以祀禮敎敬」即「愼終追遠、民德歸厚」之意。「以陽禮敎讓」即「爲國以禮讓」的具體化。鄭注：「陽禮，謂鄉射飲酒之禮也。」《儀禮》鄉飲酒禮及射禮的主要精神是謙讓教育。《論語‧八佾》說：「君子無所爭，必也射乎！揖讓而升，下而飲，其爭也君子。」《周官》陽禮的具體內容雖不清楚，但聯繫鄉大夫、鄉老主持飲酒禮與射禮看，鄭玄的解釋是正確的。

「以陰禮敎親」。陽爲外，陰爲內，陰禮與陽禮相對，當是家族內部之禮。

「以樂禮敎和」。儒家主張「禮主敬，樂尚和」、「禮也者，天地之序也，樂也者，天地之和也。」「以樂禮敎和」正是儒家這一思想的體現。

「以儀辨等」。儀指禮儀、威儀，「等」是差異、等級。「以儀辨等」
卽「禮別異」，也是儒家思想。

其他「以賢制爵」，是要求爵位的授予以「賢」爲標準。「以度敎
節」與「以世事敎能」，是道藝的敎育與職能的敎育。「以刑敎中」則
是把刑罰作爲敎育的手段。

十二敎的目的是使民「不苟」、「不爭」、「不怨」、「不乖」、「不
越」、「不偷」、「不疏」、「不怠」、「愼德」、「知足」、「不失職」、「興
功」，使社會安定有序、和諧、團結，與法家片面强調功利、刑賞與
法治是不同的。

大司徒又提出「以保息六養萬民」，「以本俗六安萬民」，「以荒政
十有二聚萬民」。其內容可歸納爲宗族恩情；惠政緩刑；節儉；索鬼
神；尊師重儒。具體項目爲「慈幼」、「養老」、「族墳墓」、「聯兄
弟」、「聯朋友」、「同衣服」、「薄征」、「緩刑」、「振窮」、「散利」、「弛
力」、「興利」、「去幾」（關市幾而不征）、「殺哀」等等，都是與儒家
的主張一致的。

大司徒還要對民進行「六德」、「六行」、「六藝」的敎育。「六德」
指「知、仁、聖、義、忠、和」。「六行」指「孝、友、睦、婣、任、
恤」。「六藝」指「禮、樂、射、御、書、數」。

對商鞅的什伍連坐制，《周官》亦用儒家思想作了修正，强調有
罪相及的同時，要求「相受、相保、相救、相賙、相賓」。

總之，「地官」的全部職責可以歸結爲兩方面，一是制民恆產；
一是禮樂道德的敎育，彷彿是孟子理想在某種形式下的復活。孟子主
張行井田，使民有恆產。這在孟子是一種理想，《周官》則明文規定
實行授田制。孟子主張在民有恆產基礎上「謹庠序之敎，申之以孝弟
之義」，《周官》同樣如此。雖然孟子的「井田」是仁政王道，以「不

忍人之心」爲基礎，與《周官》的授田「以寓兵於農」不同，但孟子
純是理想，面對現實時不能不打折扣，故《周官》可視爲孟子理想的
某種形式的實現。

徐復觀說：「應特別注意到在掌邦教的大司徒系統下，沒有反映
出學校制度的存在。鄉的空洞地教化規定，沒有貫徹到遂，而鄉的教
化，也不似〈王制〉樣，可以與貴族的學校教育相通。於是司徒掌邦
教，對鄉遂而言，都無實際意義。」❺徐復觀認爲，《周官》中沒有
學校的設立，其所謂教育只是空談。

實際上遂是野外，不立學校，是不奇怪的，這正是鄉遂制的特
點。但鄉是有學校的。

〈地官・州長〉：「若以歲時祭祀州社，則屬其民而讀法，亦如
之。春秋以禮會民，而射於州序。」鄭玄：「序，州黨之學也。會民而
射，所以正其志也。」〈地官・黨正〉：「國索鬼神而祭祀，則以禮屬
民，而飲酒於序，以正齒位。」這裏的「序」與州序之「序」相同。
賈疏云：「案下黨正亦云飲酒於序，故知州黨學同名爲序，若鄉則立
庠」，故《禮記》之〈鄉飲酒義〉云：「主人迎賓於庠門之外，彼鄉大夫行
賓賢能，非州長黨正所行，故知庠則鄉學也。」孟子說：「夏曰校，殷曰
序，周曰庠，學則三代共之。」❻段玉裁云：「成周學制，鄉有鄉學，
其屬別爲州黨族比閭。州有州序，黨有黨序。古者仕焉而已者，歸敎
於閭里，朝夕坐於門側之堂，〈學記〉所謂家有塾也。鄉大夫等掌
之，大司徒領之，自鄉而四郊，每郊有郊學。」❼序屬於學校性質，
應該是沒有疑問的。

❺　徐復觀，《周官成立之時代及其思想性格》，頁161。
❻　《孟子・滕文公上》。
❼　引自孫詒讓，《周禮正義》卷二十二。

　　〈春官・大司樂〉：「掌成均之法，以治建國之學政，而合國之子弟焉。凡有道者、有德者使敎焉。」〈春官・樂師〉：「掌國學之政，以敎國子小舞。」「凡樂，掌其序事，治其樂政。」董仲舒說：「成均，五帝之學。成均之法者，其遺禮可法者。」[8] 徐復觀認爲董仲舒的說法，在其他的典籍上找不到根據，他把「成均之法」解釋爲《國語・周語下》伶州鳩答周景王問律中的「均」。伶州鳩說：「律所以立均出度也。古之神瞽，考中聲而量之以制，度律均鍾，百官軌儀，紀之以三，平之以六，成於十二，天之道也」，韋昭注：「均者均鍾木，長七尺，有絃繫之。以均鍾者，度鍾大小淸濁也。」徐認爲「由此可知所謂『成均之法』，乃使十二律大小淸濁合於均鍾的法度，亦卽是主管調和音律的法度。」[9] 但如此解釋《周官》，比董仲舒的說法更無典籍根據。「成均之法」作爲一個名詞不能簡約爲「均之法」，更不能單取一個均字，而附會爲度律均鍾之均。〈大司樂〉這段話很明確是指「建國之學政」之事，所以下面接著講到樂德的敎育，樂語的敎育，樂舞的敎育，大合樂以祭祀鬼神的禮儀，最後又講到六樂、五聲、八音等等。全文的意義，上下文連貫起來，是說大司樂掌管貴族子弟的敎育，有學宮，貴族子弟集合於此學宮之內，由大司樂及有道有德者進行全面敎育。「學政」指敎學之政，大司樂按「成均之法」進行學政的治理。董仲舒釋「成均之法」爲「五帝之學」的遺意，符合《周官》此文的本意。〈春官・樂師〉掌「國學之政」，鄭玄說：「周人立此學之宮」。所以大司樂也有學校。

　　學校系統到漢代，由於董仲舒的天人對策的實施，有很大的發展，從地方到中央，有一系列學校，中央是大學。《周官》產生於

---

[8]　鄭玄，《周禮注》。

[9]　徐復觀，《周官成立之時代及其思想性格》，頁172。

先秦，它關於學校的論述簡單而不系統、明確，是很自然的，這正是它的時代背景的一個標誌。

孔子說：「惟孝，友於兄弟，是亦爲政，奚其爲爲政。」又說：「弟子入則孝，出則弟，行有餘力，則以學文。」古代的教育、學校是很少數的人享有的。對大多數人民，所謂教育正是言行身教的道德、孝弟等教育。孟子所謂「庠、序」，亦是「申之以孝弟之義」，不同於後世的學校。〈地官〉強調以「鄉三物教萬民而賓興之」，教以六德、六行、六藝等，正是反映出這一特點。徐氏用漢代後世的標準去要求，是脫離時代的。

三、春官宗伯的教育職能

春官管神靈祭祀、占卜、巫祝、音樂、喪葬，《周官》稱之爲禮官。故大宗伯的職守是「掌建邦之天神、地示、人鬼之禮，以佐王建保邦國。」在《周官》看來，禮的內容是祭祀神靈。荀子曾說「禮有三本」，「三本」指對天、地與君師的崇敬與祀奉。孔子則強調「愼終追遠，民德歸厚。」〈大宗伯〉以天神地示人鬼之祭爲禮，與孔子、荀子禮的思想是一致的。

徐復觀說：「禮是在人與人與事的關係上，建立合理的秩序而達到互相諧和，這是由春秋時代起，經過戰國以迄西漢初年，禮在發展中所特別顯出的人文的意義。……」〈大宗伯〉「則把禮的重點轉回到禮本是起於祭神的宗教意義之上，這是王莽好鬼神淫祀的性格的反映。」❿殊不知所謂儒學的人文精神，並不是要摒棄神靈祭祀，而僅是予神

---

❿　徐復觀，《周官成立之時代及其思想性格》，頁170。

靈祭祀以人文的意義。以三祀爲禮，正表現出這種特點。

〈大宗伯〉說：「以凶禮哀邦國之憂，以喪禮哀死亡，以荒禮哀凶札，以弔禮哀禍災，以襘禮哀圍敗，以恤禮哀寇亂，以賓禮親邦國。」很強調禮的動機。

「以荒禮哀凶札」。鄭注：「荒，人物有害也。〈曲禮〉曰：『歲凶，年穀不登，君膳不祭肺，馬不食穀，馳道不除，祭事不縣，大夫不食粱，士飲酒不樂』」。鄭引《禮記・曲禮》作注，符合《周官》本義。《韓非子・外儲說右下》說：「秦大饑，應侯請曰：『五苑之草著蔬菜橡果棗栗，足以活民，請發之』。昭襄王曰：『吾秦法，使民有功而受賞，有罪而受誅。今發五苑之蔬果者，使民有功與無功俱賞也。夫使民有功與無功俱賞者，此亂之道也。夫發五苑而亂，不如棄棗蔬而治』」。這是法家功利政策的一個極端的例。法家是反對憐民、恤民的，更不可能將其昇華爲人文性質的哀禮。《周官》則正是予哀禮以濃烈的人文精神。

「以弔禮哀禍災」。鄭注：「禍災，謂遭水火。宋大水魯莊公使人弔焉，曰：『天作淫雨，害於粢盛，如何不弔』？廐焚，孔子拜，鄉人爲火來者，拜之。士一，大夫再，亦相弔之道。」廐焚，會傷馬、傷畜、傷人。《論語・鄉黨》：「廐焚，子退朝，曰：『傷人乎』，不問馬。」是對人的關懷。水災，農業歉收，人民衣食無著，也是應該哀憐的。與法家乘人之危，以鄰爲壑的態度恰好相反。

「以恤禮哀寇亂」。鄭注：「恤，憂也。鄰國相憂，兵作於外爲寇，作於內爲亂。」寇亂使人們流離死亡，《周官》提出撫恤、哀恤，是仁者胸懷。對國內、對鄰國一視同仁，更是儒家的宗法情誼之所在。這種「恤禮」，是極富人道精神的人文思想。法家主張耕戰，殺人越多，功勞爵賞越高。「以恤禮哀寇亂」是法家不能具有的。

〈大宗伯〉又說：「以軍禮同邦國。大師之禮，用眾也。大均之禮，恤眾也。大田之禮，簡眾也。大役之禮，任眾也。大封之禮，合眾也。」鄭玄說：大師之禮是「用其義勇」。大均之禮是「均其地政、地守、地職之賦，所以憂民。」憂民卽恤眾。《周官》認爲這是「禮」，這使「軍禮」亦具有人文、人道思想的特點。

對人際關係的一切領域，如萬民、宗族、兄弟、男女婚配、親朋故舊、兄弟之國、異性之國、四方往來賓客，《周官》都用「禮」把它們團聚在一起。「以嘉禮親萬民，以飲食之禮親宗族兄弟，以昏冠之禮親成男女，以賓射之禮親故舊朋友，以饗燕之禮親四方之賓客，以脤膰之禮親兄弟之國，以賀慶之禮親異姓之國。」這些禮雖然都指人君所奉行者，但其精神也適合於萬民。

禮與樂的結合，是先秦西周以來「禮敎」的又一個重要特點。《禮記》說：「樂者，天地之和也，禮者，天地之序也。」「致中和，天地位焉，萬物育焉。」《周官》「以禮樂合天地之化」，符合《禮記》的這種看法。〈大宗伯〉「以天產作陰德，以中禮防之，以地產作陽德，以和樂防之。」內容不可解，大致也是體現這種精神。

春官的大司樂專門負責國子的教育及各類禮儀的責任，體現了古代「以樂官主教化的大傳統」[11]。這種教育，寓德育於文化、詩歌、音樂、舞蹈之中，強調「以樂德教國子，中和祇庸孝友。以樂語教國子，興道、諷誦、言語。以樂舞教國子，舞雲門、大卷、大咸、大磬、大夏、大濩、大武」，「禁其淫聲、過聲、凶聲、慢聲。」「教六詩，以六德爲之本，以六律爲之音。」等等，可以說，無一不體現儒家的教育思想及其所繼承的禮樂內在結合的傳統。責備其行文「膚潤」、

---

❶　徐復觀，《周官成立之時代及其思想性格》，頁167。

「混亂」、「空洞」，徒爲「點綴性質」。⑫是沒有根據的。

四、對統治者人格培養的重視

徐復觀認爲《周官》沒有體現儒家身教重於言教的精神，沒有提出統治者自身的人格問題。沒有眞誠人格在後面的所謂禮樂這一類的設施，「常流於點綴性乃至流於形式主義的虛僞。」⑬

其實，《周官》對統治者的以身作則，樹立良好品德是很重視的。〈地官・鄉大夫〉說：

> 三年則大比，考其德行道藝而興賢者、能者。鄉老及鄉大夫帥其吏與衆庶，以禮禮賓之。厥明（鄭注：其實之明日），鄉老及鄉大夫羣吏獻賢能之書於王，王再拜受之，登於天府，內史貳之，退而以鄉射之禮五物詢衆庶，一曰和，二曰容，三曰主皮，四曰和容，五曰興舞。此謂使民興賢，出使長之，使民興能，入使治之。

大比內容包括兩個方面：㈠鄉老、鄉大夫向王推薦賢者、能者，使之擔任對民的「治之」、「長之」之責。㈡民向王推薦鄉老、鄉大夫及羣吏中之賢者、能者，使之擔負更大的責任。「以鄉射之禮五物詢衆庶」，包括詢問庶民中之賢者能者，也包括詢問鄉大夫及羣吏中之賢者與能者。而賢能的標準是德行、道藝兩方面，是兩方面都優異的楷模。《國語・齊語》載管子對桓公說：「昔吾先王昭王、穆王，世法文、武遠蹟以

---

⑫　徐復觀，《周官成立之時代及其思想性格》，頁167。
⑬　同上，頁157、158。

成名，合羣叟，比校民之有道者。」韋昭注：「合，會也。叟，老也。比，比方也。校，考合也。謂考其德行、道藝而興賢者。」韋昭以《周官》鄉大夫注解《國語》，正可以說明《周官》鄉大夫思想淵源有自，反映了古老的傳統。

徐復觀說：「《周官》雖提出賢者、能者出使長之、治之，卻無一字作實際的規定。……（不如〈王制〉有具體規定）只是落得一場疏濶的大話廢話。」〈王制〉是後起的書，對鄉的秀士，司徒的選士、俊士、造士、進士，雖有較詳細的描述，但究竟如何「官之」、「爵之」，也缺乏明文交代。比較起來，《周官》較爲籠統的說法，正是它作於〈王制〉之前，而未受到漢代舉孝廉、茂才的影響的表現。

「以鄉射之禮五物詢衆庶」，鄭玄注說：「庶民無射禮，因田獵分禽，則有主皮。主皮者，張皮射之，無侯也。主皮、和容、興舞，則六藝之射與禮樂與（歟），當射之時，民必觀焉，因詢之也。」射禮屬於田獵，亦是軍事訓練。參與射禮的是官員與貴族。但〈鄉大夫〉所講的是正式射禮之前，鄉老率羣吏與衆庶參加的賓射之禮。它與主皮主射的射禮，性質不同。「以鄉射之禮五物詢衆庶」，是在正式的射禮與賓射之禮以後，不存在徐復觀所謂此處不應行「射禮」的問題。《論語・八佾》曾說：「射不主皮，爲力不同科，古之道也。」朱熹解釋說：「古者射以觀德，但主於中而不主於貫革。蓋以人力有強弱、不同等也。」但春秋以後，「列國兵爭，尚復貫革，故孔子歎之。」[14]射而主皮，正是春秋以降，戰國之世射禮的特點，《周官》表現的正是這種時代特點。

《周官》特別重視貴族子弟的教育。《周官》師氏負責國子的教育，要求國子有「至德以爲道本」，「敏德以爲行本」，「孝德以知逆惡」。

---

14 朱熹，《四書集注》。

能親身躬行孝道、友道、師道，同時諳熟六藝，其要求是全面的。

春官之大司樂主持國子的教育，強調以樂德教國子，以六德爲本，六律爲音，並且要求教育者本人是「有道者、有德者，使教焉，死則以爲樂祖，祭於瞽宗。」這都是對眞誠人格之重視的表現。

〈天官・冢宰〉說:「以六計弊羣吏之治: 一曰廉善，二曰廉能，三曰廉正，四曰廉敬，五曰廉法，六曰廉辨。」廉善、廉正、廉敬，都是道德品質的要求; 廉能、廉法、廉辨，雖屬於才能方面，但冠以廉字，也是強調了它的道德意義。

徐復觀說:「儒家所提倡的身教，是要求統治者對人民的要求，先在自己的生活中和自己的家族中實現。」《周官》作爲一本論述官職設立及其職守的書，不可能如《論語》、《孟子》、《荀子》一樣，反映出孔、孟、荀自身的高尚的人格。《周官》的王也只是統治者政治權力的來源與象徵，要求《周官》把王寫成身教楷模是不符合實際的。內聖外王在儒家也只是一種理想。《周官》面對實際，只能從實際出發。《周官》中規定的一系列王及大臣應遵循的禮的生活，從祭禮到喪禮、到軍禮、嘉禮等等，它無不認爲是王與官吏應該忠誠踐履的。它們並不是點綴。認爲《周官》只有關於法治刑罰的條文才不是點綴，是沒有道理的。

五、「六藝」說之時代背景

〈地官・保氏〉:「保氏掌諫王惡而養國子以道，乃敎之六藝。」
〈地官・大司徒〉:「以鄉三物敎萬民，而賓興之。……三曰六藝: 禮、樂、射、御、書、數。」

六藝的教育旣對貴族及國子，又普及於萬民。

「六藝」，通常指儒家的六部經典：《詩》、《書》、《禮》、《樂》、《易》、《春秋》。《莊子·天下篇》說：「《詩》以道志，《書》以導事，……《春秋》以道名分。」《史記·孔子世家》說：「六藝折衷於夫子，天下以爲至聖。」《漢書·儒林傳》及《漢書·藝文志》也有類似的說法。

徐復觀說：「以禮、樂、射、馭、書、數爲『六藝』，乃《周官》出現以前所未有。……戰國末期出現『六藝』一詞以後，皆指《詩》、《書》、《禮》、《樂》、《易》、《春秋》而言，更無例外。」⑮認爲以禮樂射御書數爲六藝是王莽劉歆的作僞。

實際上，《周官》以禮、樂、射、御、書、數爲「六藝」，是很切合藝字本意的。藝本指種植，引申爲藝能活動，既包括農事藝能，亦包括工師藝能。《書·胤征》說：「官師相規，正執藝事以諫。」引而申之，凡需專門技巧知識以從事的活動都是藝能，由藝能而掌握藝能的規律，則爲道藝。禮、樂、射、御、書、數既是道藝，又是藝能。孔子說：「吾不試，故藝」，「吾少也賤，故多能鄙事。」孔子的學生贊孔子：「固天縱之將聖，又多能也。」禮、樂、射、御、書、數是孔子教育學生的重要內容。射、御、書、數是一種藝能，禮、樂亦是藝能。音樂不僅有高深樂理，亦是一種演奏、歌唱的藝能。禮在《周官》中指射禮、祭禮、賓禮、嘉禮等實際禮儀活動，也是專門的技能。所以《周官》把禮、樂、射、御、書、數概括爲「六藝」，是很恰當的，符合先秦與古代教育的內容與特點。

漢代經學盛行，經有專師，師有師法，門戶森嚴，承傳有序。六藝被稱爲五經或六經，《漢書·藝文志》雖然仍稱其爲「六藝」，但爲與《周官》及先秦藝能之「六藝」加以分別，特別指明爲「六藝之

<hr />

⑮　徐復觀，《周官成立之時代及其思想性格》，頁168。

文」。說「六藝之文，《樂》以和神，仁之表也；《詩》以正言，義之用也；《禮》以明體，明者著見，故無訓也；《書》以廣聽，知之術也；《春秋》以斷事，信之符也。五者，蓋五常之道，相須而備，而《易》爲之原，故曰『《易》不可見，則乾坤或幾乎息矣』，言與天地爲終始也。」如果《周官》眞爲王莽、劉歆們所作，是絕不可能以藝能性之禮樂射御書數爲「六藝」的內容的。

漢代由於大學及私人講學是學校教育的支柱，教學的基本內容是五經書本，故禮樂射御書數的藝能教育已沒有地位了。先秦則完全不同。如六書，在先秦與漢初，是爲吏作官須考試及格的重要科目，是選拔官吏的必經之途。「御」，在先秦，由於車戰與騎兵（如秦）占居重要地位，它在軍事與社會上也具有重要地位。孔子說：「吾何執？執射乎，執御乎？吾執馭矣。」又說：「君子無所爭，必也，射乎！揖讓而升，下而飲，其爭也，君子。」故射御在教學上亦受重視。在先秦，禮樂也主要是與藝能相聯繫的禮樂活動，而不是讀經，故在戰國末年產生的《周官》，將禮樂射御書數概括爲「六藝」，而不採《莊子》的說法，正是其時代特徵的表現。

徐復觀說，王莽、劉歆們之所以不以《詩》、《書》等六經而以禮、樂、射、御等爲「六藝」，「是因爲他們要暗示《周官》爲周公所作，而周公的時代，《書》的許多篇沒有，是後人加上的。《易》的「十翼」也是周公以後才有的，可是『六藝』這個名詞太顯赫了，不能不用。」⑯故只好改變內容。這是主觀想像的說法。「六藝」之所以顯赫，是因爲在人們的心目中，它是經書。既然《周官》設定爲周公所作，周公的時代根本沒有「六經」，那麼，「六藝」還有什麼顯赫地位可言？至於說《易》的「十翼」是周公時代所沒有的，爲自圓其說，

---

⑯ 徐復觀，《周官成立之時代及其思想性格》，頁168。

才不得不改用射御等爲「六藝」，也不符王莽、劉歆的思想狀況。因爲在劉歆看來，《易》爲「大道之原，與天地相終始」，是根本不能用時間去限制的。「河出圖，雒出書」，「書之所以來者遠矣」❼，《書》也是不能用時間去限制的。

《周官》把「六藝」作爲保氏敎育國子的內容，正好說明當時貴族子弟的敎育中，儒家的經典與書本知識不具重要地位。這是《周官》貴族敎育的特點，也是《周官》貴族敎育的優點。《周官》把「六藝」作爲敎萬民的內容，又說明這六種道藝與藝能在日常生活中居於重要地位，是人人要參加的。

六、「五禮」內容及時代背景

《周官》以「六藝」敎國子，以鄉三物敎萬民。「五禮」是「六藝」的重要內容。漢人認爲是指吉、凶、軍、賓、嘉五禮。〈地官·大司徒〉：「以五禮防萬民之僞而敎之中」。鄭司農注：「五禮謂吉凶軍賓嘉」。

〈春官·小宗伯〉：「掌五禮之禁令與其用等」。鄭司農云：「五禮，吉凶軍賓嘉」。

徐復觀說：「以吉凶軍賓嘉五個名詞概括禮的內容，這是出於王莽、劉歆們對傳統中極爲繁複的禮，作了歸納性的整理後所提出來的。五禮的系列爲《周官》出現以前所未有。」❽

徐氏的意思是說，先秦無五禮，《周官》以吉凶軍賓嘉爲五禮，證明其出自王莽。但《周官》根本未提吉凶軍賓嘉爲五禮，徐氏是把

---

❼　《漢書·藝文志》。
❽　徐復觀，《周官成立之時代及其思想性格》，頁170。

漢人的注當成《周官》本身的說法了。

　　《周官》五禮究竟指什麼？可能指：祀禮、陽禮、陰禮、樂禮、儀禮。〈地官・大司徒〉說：「一曰以祀禮敎敬，則民不苟；二曰以陽禮敎讓，則民不爭；三曰以陰禮敎親，則民不怨；四曰以樂禮敎和，則民不乖；五曰以儀（儀禮）辨等，則民不越。」這就是「以五禮防萬民之僞」的「五禮」。所謂「僞」指苟且、爭奪、怨恨、乖僻、僭越，所以須用「五禮」以消除、防範。鄭司農注爲「吉凶軍賓嘉」，不符《周官》原意。

　　〈春官・宗伯〉關於禮的論述，都屬於「祀禮敎敬」的範圍。這種「祀禮」漢人稱之爲吉禮。〈春官・宗伯〉：「以吉禮事邦國之鬼神」。這是漢人以吉禮概稱祀禮的根據。

　　「陽禮」，鄭玄認爲是鄉飲酒之禮，包括賓射之禮、射禮等等。〈地官・鄉大夫〉：「退而以鄉射之禮五物詢眾庶。」〈地官・州長〉：「春秋以禮會民，而飲酒於序以正齒位。」陽禮，漢人稱之爲「賓禮」。但《周官》的「賓禮」指邦國之禮，此則爲「賓射之禮」。

　　「陰禮」，即〈天官〉的婦職之禮，如〈天官・內宰〉：「以陰禮敎六宮，以陰禮敎九嬪」。鄭司農說：「陰禮，婦人之禮」。〈天官・內小臣〉：「相九嬪之禮事」。〈天官・寺人〉：「佐世婦治禮事」。〈天官・女史〉：「掌王后之禮職」。〈天官・世婦〉：「相外內宗之禮事」等等。這種「陰禮」，無法用漢人五禮的觀念加以概括。

　　〈春官・大司樂〉：「以六律、六同、五聲、八音、六舞大合樂，以致鬼神示，以和邦國，以諧萬民，以安賓客，以說遠人，以作動物。」這種樂禮也無法用漢人五禮的觀念來概括。

　　「儀禮」，即以儀辨等，是《周官》禮制的基本精神。凡宗廟、祭祀、爵位、分封、禮器、車服等等，莫不按儀分等。〈天官・宰夫〉：「掌

治朝之法（禮），以正王及三公六卿大夫羣吏之位。」〈天官·內宰〉：
「正后之服位，而詔其禮樂之儀。」〈春官·小宗伯〉：「掌五禮之禁
令與其用等」，「辨吉凶之五服，車旗宮室之禁。」等等，這些都是儀
禮。

〈春官·大宗伯〉：

> 以吉禮事邦國之鬼神示；
>
> 以凶禮哀邦國之憂；
>
> 以喪禮哀死亡；
>
> 以荒禮哀凶札；
>
> 以弔禮哀禍災；
>
> 以檜禮哀圍敗；
>
> 以恤禮哀寇亂；
>
> 以賓禮親邦國；
>
> 以軍禮同邦國；
>
> 以嘉禮親萬民；
>
> 以飲食之禮親宗族兄弟：
>
> 以昏冠之禮親成男女；
>
> 以賓射之禮親故舊朋友。

這些並列的禮，《周官》沒有將其分爲五大類。所謂「以嘉禮親萬
民」，與「親宗族兄弟」的飲食之禮，「親成男女」的昏冠之禮，「親故
舊朋友」的賓射之禮，都是並列而不相隸屬的。凶禮、荒禮、恤禮、
弔禮、喪禮的關係也是如此。荒禮、恤禮、弔禮並不隸屬於凶禮。所
以《周官》所謂「五禮」，從文字上看，指「祀禮、陽禮、陰禮、樂

禮、儀禮」的可能性更大。

　　徐復觀說：「〈姚姬傳〉謂『任宏以《司馬法》百五十篇入兵權謀，班固出之以入禮經』……此蓋班氏深信《周官》五禮之說，所以特別將《司馬法》從「兵書略」的兵權謀中抽出，列入禮家，以實五禮中的軍禮。」⑲徐認爲，由班固這一點可以證明《周官》吉凶五禮的觀念已深入人心，所以特地把《司馬法》抽出以湊軍禮之數。然而細看〈藝文志〉全文，班固所以將《司馬法》抽出，是因爲他認爲：「湯武受命，以司克亂而濟百姓，動之以仁義，行之以禮讓，《司馬法》是其遺事也。」就是說，《司馬法》的內容並不是論述兵權謀，而是敍述湯武以仁義禮讓治兵的事跡，歸入兵權謀一類並不合適。根據同樣的原則，班固亦將《孫卿子》、《陸賈》從兵權謀中抽出，入於儒家；將《伊尹》抽出，入於道家；將《蘇子》、《蒯子》抽出，入於縱橫家；將《鶡冠子》、《管子》抽出，入於道家。可見，班固〈藝文志〉書目分類的調整，是根據書的內容，《司馬法》本爲兵書，故班固將其歸入禮經時，特別加上軍禮二字。「軍禮」是古已有之的名詞，加上軍禮二字，無法證明班固已有吉凶軍賓嘉五禮的觀念。所以徐的說法，可以說是沒有眞正的根據的。

　　明確將「五禮」概括爲吉凶軍賓嘉五類，大約是東漢經學家鄭衆、馬融等人。也就是說，吉凶軍賓嘉五禮的觀念不僅不是《周官》的觀念，也不是王莽、劉歆的觀念，而是東漢儒者的觀念。

七、「六詩」的時代背景

　　「六詩」是《周官》樂教的重要內容。〈春官‧大師〉：「大師

---

⑲　徐復觀，《周官成立之時代及其思想性格》，頁170、171。

……敎六詩，曰風、曰賦、曰比、曰興、曰雅、曰頌，以六德爲之本，以六律爲之音。」這裏所謂「六詩」包括德和律，故「詩」指樂曲的文字內容。這種文字內容的詩，其本是六德，其樂譜是六律。

《毛詩・大序》說：「故詩有六義焉，一曰風，二曰賦，三曰比，四曰興，五曰雅，六曰頌。」形式上與《周官》相同，但實質不同，不能認爲《毛詩・大序》是抄《周官》，也不能認爲《周官》一定是抄《毛詩・大序》。

徐復觀說：「《周官》的敎六詩，分明是抄《毛詩・大序》的。〈大序〉講六義，六義是指詩有六種內容（義可作內容解），所以六義是可以說得通的。風雅頌是三種詩體，賦比興是三種作詩的方法，須附麗於風雅頌而始爲詩，不能獨立指之爲詩，所以六詩是不通的。」❷⓿

以風雅頌爲詩之「三體」，賦比興爲詩之「三用」，這是〈大序〉的說法，由《毛詩》的廣泛流行而成爲定論。但在《周官》中，風雅頌與賦比興，並列地稱爲「六詩」，沒有體與用的區別。

〈春官・瞽矇〉：「諷誦詩，世奠繫，鼓琴瑟，掌九德六詩之歌，以役大師。」這裏「六詩之歌」，無法解釋爲「三體三用」。

在《周官》中，一首詩旣可稱爲風詩，又可是雅詩、頌詩，也可是賦詩，如圅詩，在《周官》中旣稱圅雅，又稱圅頌。高亨說：「風的聲音有高低大小清濁曲直種種不同，樂曲的音調也有高低大小清濁曲直種種不同，樂曲有似於風。」❷❶章必功說：「風之歌不僅指《詩經》風詩中那些詩，也指風詩中那種特定的詩歌的曲調。」❷❷《左傳》成九年：「使與之琴，操南音」。旁人說，「樂操土風，不忘舊也。」

❷⓿ 徐復觀，《周官成立之時代及其思想性格》，頁173。
❷❶ 高亨，《詩經今注》。
❷❷ 章必功，〈六詩探故〉，《文史》第二十二輯，中華書局出版。

土風卽鄉音，是一種特定曲調。《左傳》襄公二十九年，吳季札觀樂，說：「其衞風乎！」風也是曲調。《詩·大雅·崧高》：「其詩孔碩，其風肆好。」「孔碩」形容詩的內涵，「肆好」形容曲調的優美動聽。《左傳》襄公十八年，晉師曠曰：「吾驟歌北風，又歌南風。」由北風到南風是樂曲曲調卽詩的曲調的變化。《詩·鄭風·蘀兮》：「蘀兮蘀兮，風吹其女。叔兮伯兮，倡予和女。」「蘀兮蘀兮」是形容樂曲的優美。所以先秦所謂風之歌，在《詩經》是指風詩，同時指樂曲或詩的曲調。曲調不同，表現爲詩的體裁的不同，猶如律詩之五律、七律及詞的不同詞牌一樣。《周官》所謂風詩，不指《詩經》的風詩，而是後一種意義。

　〈春官·大司樂〉：「凡建國，禁其淫聲、過聲、凶聲、慢聲。」章必功說：「『雅』就是經過大司樂淘汰了淫、過、凶、慢之聲，並用於某種禮儀的正聲詩樂。」㉓《大戴禮·投壺》：「凡雅二十六篇，其八篇可歌：歌〈鹿鳴〉、〈貍首〉、〈鵲巢〉、〈采蘩〉、〈采蘋〉、〈伐檀〉、〈白駒〉、〈騶虞〉；八篇廢不可歌；七篇〈商〉、〈齊〉可歌也，三篇閒歌。」雅二十六篇，現有兩篇在《詩經·小雅》，一篇在〈魏風〉，四篇在〈召南〉，一篇在〈商頌〉，一篇在〈齊風〉。故此處之「雅」並不指《詩經》的〈小雅〉、〈大雅〉，而當另有所指。《周官》所謂大師教「詩之雅」，應是指詩的曲調，故國詩在《周官》中，有時稱爲「國風」，有時稱爲「國雅」。

　頌也是歌詩的曲調。鄭樵說：「宗廟之音曰頌」。《毛詩·大序》：「頌，美頌德之形容，以其成功告於神明者也。」這種樂曲主要用於宗廟，故莊嚴肅穆。《周官》所謂「頌」卽指歌詩的這種曲調。

　賦字的本意是朗誦。墨子所謂「賦詩三百」。《漢書·藝文志》

㉓　章必功，〈六詩探故〉，《文史》第六十六輯，中華書局出版。

說:「不歌而誦謂之賦」。《左傳》隱公元年:「公賦而入,『大隧之內,其樂也融融』。姜賦而出,『大隧之外,其樂也洩洩』」。《禮記》說周學「春誦夏弦」。誦亦是歌與詩的一種「曲調」與體裁。在戰國末年,賦已是詩正式的體裁。

〈春官・大司樂〉:「以樂語教國子,興、道、諷、誦、言、語」。興與諷、誦等並列稱爲「樂語」,也指誦詩的一種形式,不指作詩技巧。

「比」當也如此。以此比彼謂之比。《國語》載,魯成公時,晉有秦客廋辭於朝,大夫莫能對。有隱。隱卽隱語或謎語。《史記》:「齊威王喜隱,淳于髡說之以隱。」《新序》說齊宣王時有隱書。《漢書・藝文志》載《隱書》十八篇⑳。隱就是「比」的一種。

章太炎〈六詩說〉㉕早已指出,興、比、賦是詩的體裁。「比者,比辭也。凡龏事治具,《周官》言比庀。漢世言辯、辨。其伏義有駕辯,夏後啓乃有九辯、九歌。晚周宋玉猶儀刑之。其文亦肆,不被管弦與賦同」。周策縱由此推論,辯之初義可能指樂舞表演中像相聲一類的對話或對唱㉖。「興字取義,可能與般桓相類或相關,卽敲着或圍着承盤或其他方圓形物而歌舞。興詩卽此種詩歌。」㉗周氏在詳細考證了「六詩」與殷商古巫醫的關係以後,認爲「六詩」說比《詩・大序》詩之「六義」說更早,風賦比興的起源都可從古巫醫找到確切的踪跡。

在《周官》中,詩教作爲樂教的一部分是由大司樂擔任的,反映

---

⑳ 參閱梁啓雄,《荀子簡釋・賦篇》。

㉕ 《章氏叢書・檢論》卷二。

㉖ 周策縱,《古巫醫與六詩考》,頁 250,臺北:聯經出版事業公司,1986 年版。

㉗ 同上,頁225。

古代禮樂結合的教育特點。以「六德」爲本，其「六德」的內容，或指「中、和、祇、庸、孝、友」。或指「知、仁、聖、義、忠、和」。以聖爲重要的德目，與其他德目並列，見於《帛書‧五行篇》及賈誼《新書》，這亦透露出《周官》爲戰國末年、秦漢之際的作品這一特殊的時代背景。到西漢末年，詩是五經之一，道德觀念也不是六德，而是三綱五常了。與五行相應，仁義禮智信是五種常道，像《周官》那種「中、和、祇、庸、孝、友」或「知、仁、聖、義、忠、和」等六德之不規範的提法，就早已消聲匿迹了。

第 六 章

周官之神靈祭祀與喪葬制度

本章將着重從《周官》與《呂氏春秋》及《周官》與齊人神靈祭祀觀念之比較，說明《周官》係反映秦地文化的背景。《周官》的喪葬制度具有先秦時期的一般特點，而不具西漢時代之新特點。《周官》之公墓制由來久遠，但至戰國時，唯秦人保留最為完整，故《周官》的描述亦可視為秦人喪葬制度之影響。由於「寢」在喪葬制度的演變中具有重要意義，本章亦對「寢」及中山王〈兆域圖〉王堂的性質這一學術界熱烈爭論的問題，表示個人不成熟的看法。

一、《周官》之上帝及五帝觀念

上帝與五帝觀念是《周官》與《呂氏春秋》神靈觀念的核心。那麼兩書的觀點是一致還是矛盾、不同？錢穆認為兩者是不同的。《呂氏春秋》是鄒衍「五行相生說」的代表，主張一年遍祀五帝，按時令進行，並以方色與時令相配合。「春天祭青帝於東郊，夏天祭赤帝於南郊，不問其以何德王，其受命帝係何色帝，均應隨時令而兼祀五帝，亦均應隨時令而逐一分祀五帝。」❶錢穆認為，《周官》未採用《呂氏春秋》的說法，未受其四時四郊分祀五帝觀念的影響，因此，

---

❶　錢穆，〈周官著作時代考〉。

《周官》不僅在《呂氏春秋》以前， 也沒有受到鄒衍「五行相生」，
「陰陽主運」等思想的影響。然而《呂氏春秋》並無五帝分祀於四時
及四郊的觀念。《呂氏春秋》僅說：「立春之日，天子親率三公九卿
大夫以迎春於東郊。」「立夏之日，天子親率三公九卿諸侯大夫以迎夏
於南郊」等等❷，這是於四季四郊四迎的說法。但迎春於東郊，並不等
於祭蒼帝於東郊。春祭蒼帝，夏祭赤帝，秋祭白帝，冬祭黑帝與春天
迎春，夏季迎夏等是不同的兩件事。

在《呂氏春秋》中，帝有五帝，但只有春夏秋冬的「四迎四季」，
沒有迎五季與祭黃帝的說法。

《呂氏春秋》每一季都有兩種祭祀活動，一是迎立四季，一是郊
祭上帝。如孟春之月，「是月也，以立春，先立春三日，太史謁之天
子曰：『某日立春，盛德在木』。天子乃齋。立春之日，天子親率三公
九卿諸侯大夫以迎春於東郊。還，乃賞公卿諸侯大夫於朝。」❸這是
立春迎春的儀式，儀式在立春日舉行。立春前三日卽齋戒。但它沒有
說是否祭蒼帝（太皞），沒有說明如何迎立，也沒有「蒼帝」這一名
稱。

這一月又有祭上帝的祭禮：「是月也，天子乃以元日祈穀於上帝。
乃擇元辰，天子親載耒耜，措之參於保介之御間，率三公九卿諸侯大
夫躬耕帝籍田……」❹這是籍田祭。《國語·周語》曾有詳細記載。
周人的郊祭、春郊，就是指的這一「籍田禮」。它是祭上帝的禮儀，周
人以「后稷」配祭，以求一年的豐收。《呂氏春秋》定在元日舉行。
《國語》及《左傳》則說「驚蟄而郊」，不一定是在元日，但內容是

---

❷ 《呂氏春秋·孟春紀》、《呂氏春秋·孟夏紀》。
❸ 《呂氏春秋·孟春紀》。
❹ 同上。

一致的。由於背景不同，《呂氏春秋》也未說以「后稷」配祭。

夏季的兩種祭祀禮儀是：孟夏之月，「是月也，以立夏。先立夏三日，太史謁之天子曰：『某日立夏，盛德在火』，天子乃齋。立夏之日，天子親率三公九卿大夫以迎夏於南郊。」❺

但對上帝的祭祀在仲夏之月舉行。「是月也……命有司，爲民祈祀山川百原，大雩帝，用盛樂。」這就是《左傳》所謂的雩祭。「龍見而雩」。目的是求「穀實」❻

孟秋之月，有迎立秋之禮儀活動，時間在立秋日舉行。其儀式與立春、立夏一樣。但祭上帝在季秋之月進行。「是月也，大饗帝，嘗犧牲，先備於天子，合諸侯，制百縣，爲來歲受朔日。」❼這當是《左傳》所謂「始殺而嘗」的「嘗祭」。

孟冬之月，有迎立冬的活動，亦如迎立秋等等，同時舉行「大飲蒸」的祭禮。「是月也，大飲蒸，天子乃祈來年於天宗。」❽這當是《左傳》所謂「閉蟄而蒸」的「蒸祭」。

所以《呂氏春秋》有對上帝的四郊祭，無分祀五帝的五郊祭。上帝是五帝的總稱，每一祭都可以說是遍祀五帝，亦可以說是專祀上帝的。祭祀是否按時令方位以服色相配，亦沒有說明，按推想是沒有的。因爲每一祭都是祭上帝（五帝），如果配上顏色方位，就成了對某一帝的祭祀了。孫詒讓說：「〈月令〉更無祭五帝之文」❾，從分祀意義上說這是對的。

《周官》的祭祀觀念亦是如此。《周官》中有上帝，亦有五帝，

---

❺　《呂氏春秋·孟夏紀》。
❻　《呂氏春秋·仲夏紀》。
❼　《呂氏春秋·季秋紀》。
❽　《呂氏春秋·孟冬紀》。
❾　孫詒讓，《周禮正義》卷三十三。

但上帝卽是五帝的總稱。

〈春官・典瑞〉：「四圭有邸，以祀天旅上帝。」

〈天官・掌次〉：「王大旅上帝，則張氊案，設皇邸。朝日祀五帝，則張大次小次，設重帟重案。」

〈春官・司服〉：「王之吉服，祀昊天上帝（《呂氏春秋》稱皇天上帝）則服大裘而冕，祀五帝亦如之。」

〈天官・大宰〉：「祀五帝，則掌百官之誓戒與其具脩。」

〈地官・大司徒〉：「祀五帝，奉牛牲，羞其肆。」

〈地官・充人〉：「祀五帝，則繫於牢芻之三月。」

〈春官・大宗伯〉：「以禋祀祀昊天上帝。」「國有大故，則旅上帝及四望。」

〈春官・小宗伯〉：「兆五帝於四郊，四望四類亦如之。」

〈秋官・大司寇〉：「若禋祀五帝，則戒之日，涖誓百官，戒於百族。」

〈秋官・小司寇〉：「凡禋祀五帝，實鑊水，納亨亦如之。」

〈秋官・士師〉：「祀五帝，則沃尸。」

這裏，上帝與五帝同爲禋祀。上帝是總稱，五帝是實體。禋祀上帝，亦卽禋祀五帝。故〈地官・大司徒〉、〈地官・小司徒〉、〈秋官・大司寇〉、〈秋官・小司寇〉等僅說禋祀五帝，不及上帝。〈春官・大宗伯〉等說旅上帝就不講五帝。〈春官・小宗伯〉講「兆五帝於四郊」，就不講兆上帝。其祭祀五帝亦未說於四季分祀而配以方位與服色，故與《呂氏春秋》是一致的。

金鶚說：「五帝爲五行之精，佐昊天化育，其尊亞於昊天……。五帝爲天之亞。」金榜說：「昊天垂象之天也，上帝祈穀之帝也，冬至禘者爲昊天，啓蟄郊者爲上帝，後鄭合昊天上帝爲一，誤。」孫詒讓

說：「昊天，上帝並當分爲二。昊天爲圜丘所祭之天，天之總神也。
上帝爲南郊所祭受命帝，五帝之蒼帝也。……〈典瑞〉云四圭有邸，
以祀天旅上帝，彼云祀天卽此昊天，旅上帝卽此上帝，二者別文，明其非
一帝可知，而鄭賈說昊天上帝並合爲一，爲專指圜丘之天帝，非也。」
❿實際上，以五帝爲上帝之佐，是漢代才有的說法，《周官》、《呂
氏春秋》等並無其說。昊天與上帝也是合二而一的，賈鄭的說法是對
的。金、孫等人強加分別，皆爲混同《禮記‧祭義》與《周官》諸說
以求統一協調，實際上各書反映不同的國別、歷史承傳與時代文化背
景，有矛盾與不同是正常的，加以統一解釋反而造成混亂。

二、四郊與郊祭

從《呂氏春秋》的四郊與《周官》的「兆五帝於四郊」，可以肯
定，郊祭是四而非一。錢穆說：

> 周人祭天當用冬至，此事儻無可疑。故〈郊特牲〉云：「周
> 之始郊，日以至」，又云：「郊之祭也，迎長日之至也，大報
> 天而主日也。」但到戰國晚年，另有一羣學者起來主張用夏曆
> 了。正歲旣變，則一歲更始之祭天大禮，自然也會隨而變，
> 這便是立春南郊祭的來源。《呂氏》十二紀卽是主張採用夏曆
> 者（呂不韋亦晉人，而他的賓客，亦以三晉爲多），在正月裏便說：
> 「是月也，天子乃以元日祈穀於上帝」，而在仲冬十一月冬至，

---

❿　以上引自孫詒讓，《周禮正義》卷三十三。

> 却別無祭天之禮，此即是把冬至祭移爲立春祭之確證也。❶

孔穎達說：

> 王肅之說，以魯冬至郊天，至建寅之月又郊以祈穀，是二郊也。鄭康成說異於此，魯惟一郊。❷

錢穆評論王、鄭時說：

> 鄭玄堅持魯惟一郊是對的，王肅二郊的說法是錯誤的。鄭玄認爲魯郊與《周官》的圜丘祭天，是二而非一，這說法是錯誤的，而王認爲郊即圜丘，圜丘即郊這說法是對的，所以鄭王的說法各有對錯。❸

實際上，從《左傳》看，魯從來是四郊，所謂「魯惟一郊」或「二郊」是不能成立的，由此而起的爭論，自屬無謂。

《左傳》桓公六年說：「凡祀，啓蟄而郊，龍見而雩，始殺而嘗，閉蟄而蒸，過則書。」這裏「祀」指對天的「大祀」，它很明確地包括郊、雩、嘗、蒸四祭。

《左傳》襄公七年魯孟獻子說：「夫郊祀后稷，以祈農事也，是故啓蟄而郊，郊而後耕。」似乎只是「啓蟄而郊」一次。但孟是省略的說法。狹義的「郊」指「啓蟄祈農事」的一次。廣義的郊，指在郊外

---

❶ 錢穆，〈周官著作時代考〉，《兩漢經學今古文平議》，頁302，。
❷ 同上，頁305。
❸ 同❶。

的祭天（上帝）大典，它是一年四次而非一次。

　　春秋時，曆法不精確，天子不告朔，或「司曆過也」，所以桓六年以天象定四郊的時間。「啓蟄」就是春季立春以後，「龍見」是立夏以後，「始殺」是秋季，「閉蟄」是立冬以後。魯國用周曆，以建子爲歲首，所以四季的時間常常與實際歲時距離很大，更需以天象爲正。惟夏曆與實際歲時一致，故《汲冢周書》說：「亦越我周王，致伐於商，改正異械，以垂三統，至於敬授民時，巡狩聘享，猶自夏焉。」《公羊傳》成公十七年注云：「三王之郊，一用夏正」。趙越說：「四時之祭，乃用夏時，從物宜也。故周雖以建子爲正，至於郊祭，則用夏時本月以行四時之祭。」都明確肯定魯於四季舉行四郊。

　　從《左傳》看，魯國的許多郊祭並不按照時間準時進行，但這些多是意外事故造成的，桓六年所謂「過則書」也。在春秋大約二百四十二年之中，魯之不正常的郊祭共有32次，其中「春郊」11次，「雩」18次，「嘗」1次，「烝」2次。這些記載說明，魯國是一直實行「四郊」的。

　　從前節引用的資料看，《呂氏春秋》於孟春之月「祈穀於上帝」。仲夏之月「大雩帝」，季秋之月「大饗帝」，季冬之月「大飮烝」，與魯的四郊完全一致。

　　《周官》沒有四郊祭的具體記載，但〈春官・小宗伯〉有「兆五帝於四郊」的明確說法。一般注釋以爲「四郊」指東南西北。孫詒讓云：「謂於王城外，近郊五十里之內設兆位也。」又說：「五帝四郊之兆，每帝各於當方之郊，黃帝則在南郊，其青帝迎氣之兆自於東郊，而在周尊爲受命帝，則亦別設兆於南郊。」[14]實際這裏的郊，不一定指東南西北四郊。先秦文獻亦無祭天於南郊之說。《白虎通義》說：「祭

----

[14]　孫詒讓，《周禮正義》卷三十六。

天必於郊者何？天體至清，故祭必於郊，取其清潔也。」祭天於郊，
是古老的歷史傳統。《尚書》曰：「越三日丁巳，用牲於郊，牛二，
周公加牲，告從新邑，定郊禮於雒。」⑮ 但《周官》之四郊係指對天
之祭的祭名，正如「四望四類」是祭名一樣。《尚書‧堯典》說，「望
於山川，徧於羣神。」《公羊傳》僖三十一年：「三望者何？望，祭
也，然則何祭？祭泰山、河、海。」「類」亦爲祭天之祭名。《尚書‧
堯典》：「肆類於上帝」。孫詒讓《尚書今古文注疏》引夏侯、歐陽
說：「類，祭天名也」。「類」爲祭天，係以事類祭天而取名，故與郊
天之郊祭不在一個層次上。《周官》以「四郊」與「四望、四類」並
提，說明「郊」亦指祭天之祭名。故「四郊」指「春郊」、「夏雩」、
「秋嘗」、「冬蒸」。所謂「兆五帝於四郊，四望四類亦如之」，意思是
說「四望四類」之祭亦如對五帝之「四郊祭」一樣，亦於春夏秋冬按
時序進行，同時設兆以祭之。〈春官‧小宗伯〉：「掌四時祭祀之序
事與其禮」。突出四時之祭，正是對這一點的說明。

　　《禮記》冬至祭天以天地陰陽並列爲前提，當是陰陽五行泛濫以
後祭祀觀念所起的新變化。〈春官‧大司樂〉說：

　　　冬日至，圜丘祭天；夏日至，方澤祭地。
　　　冬日至，於地之圜丘上奏之，若樂六變，則天神皆降，可得而
　　　禮矣……。夏日至，於澤中方丘奏之，若樂八變，則地示皆出，
　　　可得而禮矣。

　　《史記‧封禪書》論齊之祭說：

⑮　孫詒讓，《周禮正義》卷三十六。

「地貴陽，祭之必於澤中方丘。」「天好陰，祠之必於高山之
下畤。」

《周官》的說法與齊人的祭祀觀念有相合之處，很可能是反映了
齊人的影響。是否受到《禮記》的影響？也值得研究，但它與「四
郊」的古老傳統不同，是很明顯的。

《周官》的冬至圜丘祭天，目的是否爲祈穀抑或迎日之長至？並
不清楚，其天是衆天神的總稱，故說：「天神皆降，可得而禮矣」，並
不是昊天上帝的獨一尊神，與魯人的郊祭及《呂氏春秋》「元日祈穀
於上帝」，《周官》「祀天旅上帝」並不相同。鄭玄、王肅等人與之相
提並論，就引起了種種的混亂。

在《呂氏春秋》中，「郊天」在孟春，祭祖在季春，「雩祭」在仲
夏，祭祖在孟夏。「嘗祭」在季秋，祭祖之嘗麥、嘗穀、嘗稻在孟秋。
「蒸祭」在孟冬，祭先祖在季冬。〈春官・大宗伯〉說：「以祠春享先
王，以禴夏享先王，以嘗秋享先王，以蒸冬享先王」與《呂氏春秋》
很符合。到漢代，歲一祭於天，四祭於宗廟成了定論。如《春秋繁
露・郊義》說：「春秋之法，王者歲一祭天於郊，四祭於宗廟。宗廟
因於四時之易，郊因於新歲之初……。天者，百神之君也，王者之所
最尊也，以最尊天之故，故易始歲更紀。」《周官》未受此種觀念之
影響，這亦是《周官》早出之證明。

三、《周官》的祭祀觀念反映秦人之文化背景

《周官》神靈祭祀觀念，其核心是上帝與五帝合一，反映了陰陽
五行學說的影響，但它所反映的恰恰是秦國的文化背景。《漢書・郊

祀志上》論齊的神靈祭祀說：

> 始皇遂東遊海上，行禮祠名山大川及八神，求仙人羨門之屬，八神將自古而有之。或曰，太公以來作之。齊所以為齊，以天齊也，其祀絕，莫知起時。八神：一曰天主，祠天齊。天齊淵水，居臨菑南郊山下者。二曰地主，祠泰山梁父。蓋天好陰，祠之必於高山之下小山之上，命曰『畤』，地貴陽，祭必之於澤中圜丘云。三曰兵主，祠蚩尤。蚩尤在東平陸監鄉，齊之西境也。四曰陰主，祠三山。五曰陽主，祠之罘。六曰月主，祠之萊山，皆在齊北，並渤海。七曰日主，祠盛山，盛山斗入海，最居齊東北隅，以迎日出云。八曰四時主，祠琅邪。琅邪在齊東方，蓋歲之所始。皆各用一牢具祠，而巫祝所損益，圭幣雜異焉。

這就是齊國的古老的八神祭祀系統。其祭祀的神靈為天、地、兵、陰、陽、月、日、四時，沒有五帝，也沒有上帝與五帝合一的觀念。天、地、陰、陽、日、月、四時，性質相近，似乎有陰陽觀念的影響，以兵主蚩尤列天地之後，陰陽四時之前，不僅突出了兵的重要地位，也使天地陰陽日月四時不成為一個有機系列，故與陰陽五行思想無關。其神靈方位，陰陽與月皆在齊之北境，與陰陽五行也完全不相干。

秦人之祭祀觀念，則早已屬於五行之五帝系統。《漢書·郊祀志上》說：

> 平王東徙雒邑，秦襄公攻戎救周，列為諸侯，而居西，自以為主少昊之神，作西畤，祠白帝。

其後十四年，秦文公東獵汧渭之間，卜居之而吉。文公夢黃虵
自天下屬地，其口止於鄜衍。文公問史敦，敦曰：「此上帝之
徵，君其祠之」，於是作鄜畤，用三牲郊祭白帝焉。

秦德公立，卜居雍……雍之諸祠自此興。

後四年，秦宣公作密畤於渭南，祭青帝。

自秦宣公作密畤後二百五十年，而秦靈公於吳陽作上畤，祭黃
帝；作下畤，祭炎帝。

櫟陽雨金，獻公自以為得金瑞，故作畦畤櫟陽，而祀白帝。

　　陳夢家說：「祀白帝於西畤，當雍之西方；祠青帝於渭南密畤，
當雍之東方；雍地吳陽上、下畤祠黃帝、炎帝，上下指北南。」⓰ 說
明其帝位的分布是按陰陽五行思想的。

　　《史記・三王世家》記載：「諸侯王始封者，必受土於天子之社
……。封於東方者取青土，封於南方者取赤土，封於西方者取白土，
封於北方者取黑土，封於上方者取黃土。」〈世家〉這段話本於《逸
周書・作雒解》，故上方卽中方，吳陽上畤祭黃帝，卽是以黃帝居中
方（陳夢家以上方為北方，不確），故青、赤、黃、白、黑配東、南、
中、西、北，是嚴格的五行方位。

　　秦人四帝，缺黑帝，因此有人懷疑秦人之五帝觀念，甚至認為
〈郊祀志〉關於秦人的祭祀是後來陰陽家偽造的。但春秋時，五帝觀
念已很有影響。1972 年銀雀山出土竹簡《孫子兵法》說：「黃帝南伐
赤帝，東伐蒼帝，北伐黑帝，西伐白帝，已勝四帝，大有天下。」黑
帝位在北方，五帝與五方的配置完全固定，成了一有機系列。秦人之
四帝與五帝、五方、五色的觀念一致，也必是屬於這一系列無疑。錢

⓰　陳夢家，〈戰國帛書考〉，《考古學報》第 2 期，1984年。

穆說:「五帝祠,乃秦人特創」,「祀五帝,其事興於秦」❶,這是符合實際的。

秦人既稱上帝,又稱白帝、炎帝等,兩者的關係亦如《周官》與《呂氏春秋》一樣,上帝與五帝是合一的。上帝是總稱,五帝為實體。故《史記‧封禪書》說「秦襄公……自以為主少皞之神,作西時,祠白帝」,而〈秦本紀〉則寫作祠上帝西時。秦文公鄜時用三祀郊白帝,而史敦則稱其為上帝。

《史記‧封禪書》說:

> 唯雍四時(鄜,吳陽上下時)上帝為尊,其光景動人民唯陳寶。故雍四時,春以為歲禱,因泮凍;秋涸凍,冬塞祠,五月嘗駒,及四仲之月月祠,若陳寶節來一祠。春夏用騂,秋冬用駵,時駒四匹,木禺龍欒車一駟,木禺車馬一駟,各如其帝色。

這裏,上帝即指青帝、赤帝、白帝、黃帝。雍四時的特點是,每季的仲月進行祭祀,其祭畜等「各如其帝色」。祭青帝用青色,祭炎帝用赤色,隨方面為服。但每次皆同時祭祀各帝,並非春祭青帝,夏祭赤帝。這與《周官》也是大體一致的。所以《周官》的神靈祭祀系統可以說直接地反映了秦文化的影響。

陰陽五行觀念在秦國,實際遠較其它各國,特別是齊國更為重視,且淵遠流長,這不僅反映在秦人的上帝與五帝觀念中,也反映在秦人之醫學、取名、日書、禁忌等等方面。

《左傳》昭公元年秦醫和論疾說:「天有六氣,降生五味,發為五色,徵為五聲,淫生六疾。」所謂「降生五味」,即以地有五行為基

---

❶ 錢穆,〈周官著作時代考〉,《兩漢經學今古文平議》,頁288、289。

礎。《左傳》昭公二十五年，子產說：「則天之明，因地之性，生其六氣，用其五行，氣爲五味，發爲五色，章爲五聲，淫則昏亂，民失其性。」子產把醫和省略的說法補充了。《黃帝內經·六節藏象論》說：「天食人以五氣，地食人以五味。五氣入鼻，藏於心肺，上使五色脩明，聲音能彰。五味入口，藏於腸胃，味有所藏，以養五氣。」《老子河上公章句》：「地食人以五味，從口入，藏於胃，五味濁辱爲形骸、骨肉、血脈六情。」醫和論疾以五味、五色、五聲爲基礎，實卽以地有五行思想爲基礎，說明至遲在昭公初，秦人已將五行思想與醫學相結合，成爲醫學理論的基石。

　　王引之《經義述聞·春秋名字解詁》說：「秦白丙字乙，丙，火也，剛日也；乙，木也，柔也。名丙字乙者，取火生於木，又剛柔相濟也。」秦白丙始見於魯僖公三十二年，當春秋早期。這說明很早秦人已將五行系統引入日常生活。五行相生相剋的觀念已如此深入人心，故取名亦取相生相濟之義。丙火乙木，是五行已與天干相配。王引之還引述了楚壬夫、鄧石癸、衞夏戊的同樣材料，說明這是各國的習俗，不獨秦人爲然，但秦白丙的材料極早則是事實。

　　剛日柔日，剛柔相濟等等，屬於「日書」內容。1986年3月甘肅天水放馬灘秦墓出土秦始皇初年（八年）《日書》甲乙兩種[18]。乙種有《五行書》，言五行互生次序說：

　　木生亥，牡卯者未。乙63

　　火生寅，牡午者戌。乙229

　　金生巳，牡酉者丑。乙230

　　水生申，牡子者辰。乙231

---

[18] <甘肅天水放馬灘戰國秦漢墓群的發掘>，《文物》第2期，1987年。

土生木，木生火，火生土，土生金。乙311⑲

這些內容見於《淮南子‧天文訓》，如下圖：

　　　　　　　　　北單閼　攝提格　子單閼

　　　　　　　　　　未　未　未
　　　　　　　　　　午　巳　午
　　　　　　　　　　巳　巳　午
　　角亢　　　　　　辰　卯　　　　　申　水　生
　氐房心　老　水　　寅　甲　　庚　酉　金　壯　昴畢觜參
　尾箕　　壯　木　　　火　　　辛　戌　火　老　土　壯　奎婁胃所畢
　　　　　　　　　　生　　　　　　　　　　　　　　　　

　　　　　　　　　丑　子　亥
　　　　　　　　　金　水　木
　　　　　　　　　老　壯　生

　　　　　　　斗牛率　女須虛　危室壁

⑲　何雙全，〈天水放馬灘秦簡綜述〉，《文物》第 2 期，1989 年。

　　〈天文訓〉的資料有古老來源，現在看來，《日書》當是其中一種。〈天文訓〉的特點是以地支五行為基礎，又配以天干與二十八宿，但天干與二十八宿顯然是外加的部分，真正的基礎是《日書》的地支五行。《日書》這類著作在目前出土文物中，惟見秦人的兩種，可以想見它在秦人生活中影響之重大與廣泛。這也說明秦人的陰陽五

行早已不是學者的理論，而是深入民間日常生活的習俗與觀念。

《日書》之律書還論述了五行與五音、六律、六呂及六十律相生之法及律數。如：

> 甲九木，丑八金，旱食七桐火，入暮中鳴六，大簇生南呂，大
> 簇七十二，參阿。乙77
>
> 丙七火，寅七火……南呂生姑洗，滅鐘六十八，參阿。乙78
>
> 丁六火，卯六水……。姑洗生應鐘，姑洗六，陽毅。乙79[29]

等等。說明五行觀念已滲透於天文、音樂領域，並開始與象數系統相結合。所以漢代之律曆及易學皆以五行爲基礎，實是秦人這種思想的發展。

《墨子·備城門》以下各篇，其軍事思想來自墨家，亦有象數思想。如〈迎敵祠〉以靑色、八數配東方；赤色、七數配南方；白色、九數配西方；黑色、六數配北方；而以己爲中，與《呂氏春秋》十二紀一致。〈旗幟〉述守城之法，以「木爲倉旗，火爲赤旗，薪樵爲黃旗，石爲白旗，水爲黑旗。」體現五行爲指導，這說明秦人之軍事思想亦有五行說的嚴重影響。

因此，秦人之神靈系統以五行爲基礎，以五帝爲核心，並不值得奇怪。相反，正可以使人明白，何以正好是《呂氏春秋》成了戰國末期五行思想的集大成者。《周官》爲秦國學者著作而反映此種觀念，正是極爲自然的。

---

[29] 何雙全，〈天水放馬灘秦簡綜述〉，《文物》第 2 期，1989年。

四、《周官》的淫祀及其時代背景

《周官》的神靈系統，大至天、地，小至四方百物，旁及時日禁忌、占卜迷信，徐復觀以「淫祀」視之，說：「王莽承武帝『尤好鬼神之祀』以後，再加以讖緯之說大行，養成他『好怪』、『崇鬼神』淫祀的性格。……王莽末年，至『諸小鬼神凡千七百所』，《周官》之淫祀卽王莽此種性格之反映。」❷

實際上，《周官》的祭祀每一項都可以在先秦找到確切的承傳與民俗學的背景，毋須用王莽來說明。如〈春官・大宗伯〉：「以禋祀祀昊天上帝，以實柴祀日月星辰，以槱燎祀司中、司命、風師、雨師。」這在先秦就有古老的承傳。如《詩》曰：「芃芃棫樸，薪之槱之。」《尚書・洛誥》說：「予以秬鬯，二卣明禋」。注云：「禋，芬芳之祭」。《國語・周語》說：「精意以享謂之禋」。《尚書・堯典》：「禋於六宗」。所以「禋祀」很確切地反映了先秦祭祀的實際。

《左傳》昭公元年：「日月星辰之神，則雪霜雨露之不時，於是乎禜之。」〈覲禮〉：「拜日於東門之外，禮日於南門之外，禮月與星辰於北門之外。」這是先秦古老的對日月星辰的祭祀。司中司命、風師雨師之祭亦歷史久遠。其它《周官》之祭社稷、五祀、五嶽、山林、川澤、四方百物、「祀大神、享大鬼、祭大示」❷、「兆山川、丘陵、墳衍」、「大災，及執事禱祠於上下神示」❷、「祭兵於山川」❷、

---

❷　徐復觀，《周官成立之時代及其思想性格》，頁170。

❷　〈春官・大宗伯〉。

❷　〈春官・小宗伯〉。

❷　〈春官・肆師〉。

「用牲於社宗」❷，「四時之大甸獵，祭表貉」❷ 以及「四望、四類」等，無一不有其先秦文化的背景。

《禮記‧祭法》：「共工氏之霸九州也，其子曰后土，能平九州，故祀以爲社。」

《左傳》昭公二十九年：「社稷五祀……土正曰后土……共工氏有子曰句龍，爲后土，此其二祀也，后土爲社。」又說：「稷，田正也。有烈山氏之子曰柱，爲稷，自夏以上祀之。周棄亦爲稷，自商以來祀之。」

《國語‧魯語上》：「共工氏之伯九有也，其子曰后土，能平九土，故祀以爲社。」

《呂氏春秋》之五祀爲戶、灶、中霤、門、行。

「社宗」，鄭玄注：「社，軍社也。宗，遷主也。《尚書大傳》曰，王升舟水，鼓鐘亞，觀臺亞，宗廟亞。」宗指宗廟。

「祭表貉」，鄭玄說：「貉，師祭也，其神蓋蚩尤，或曰黃帝。」這些，嚴格地說，不能稱爲「淫祀」。

湖北雲夢秦《日書》中，記有土神、地杓神、馬禖神、神蟲、神狗、鸑鳥、豸、飄風、寒風、水、雷、雲、火、牛、羊、豬、犬、鷄、彘等等神。市有市神，錢有錢神，凡社會生活的一切種類與活動，都有相應的神，可謂名目繁多。《周官》如果是「淫祀」，正好可用秦俗來解釋。

〈春官‧大宗伯〉：「以疈辜祭四方百物」。鄭玄注：「疈，牲胸也。疈而磔之，謂磔禳及蜡祭。」磔禳與蜡祭在《禮記》等著作中皆有記述。

《禮記‧郊特牲》：「八蜡以祭四方，四方年不順成，八蜡不通，以謹民財也。」八蜡之祭指祭祀牛、虎、貓、犬等八種動物，都是有

❷　〈春官‧肆師〉。
❷　參閱饒宗頤，〈西南文化〉，臺灣《中央研究院歷史語言研究所集刊》第46本第1分，1974年2月出版。

功於農事的。古代，農田莊稼，野豬等危害破壞很大，虎吃野豬等，有利於保護禾苗、莊稼，也在祭祀之列。

〈郊特牲〉又說：天子大蜡，謂「歲十二月合聚萬物而索饗之」。「大臘」的範圍包括一切與人生活有關的物卽四方百物。

〈春官・籥章〉：「國祭蜡，則龡豳頌，擊土鼓，以息老物。」〈夏官・羅氏〉：「蠟則作羅襦」。鄭司農云：「蜡，謂十二月大祭萬物也。」《呂氏春秋・十二紀》之社稷五祀：戶、灶、中霤、門、行等等，亦屬於此類。

「磔禳」屬於另一類。〈夏官・小子〉：「凡沈辜侯禳，飾其牲。」鄭司農云：「沈辜，謂磔牲以祭也。」「侯禳者，候四時惡氣，禳去之也。」《呂氏春秋・季春紀》：「國人儺，九門磔禳，以畢春氣。」高誘注：「索宮中區隅幽闇之處，擊鼓大呼，驅逐不祥，如今之正歲逐除是也。九門，三方九門也，嫌非王氣所在，故磔犬羊以禳木氣，畫盡之，故曰，以畢春氣也。」《呂氏春秋・季冬紀》：「命有司大儺、旁磔，出土牛，以送寒氣。」高誘注：「旁磔犬羊於四方以禳，其畢冬之氣也。出土牛，令之鄉縣，得立春節，出勸耕土牛於東門外是也。」所以「磔」是戰國時期歷史久遠的習俗，秦地十分盛行。

《史記・封禪書》說：秦德公二年，「作伏祠，磔狗邑四門以禦蠱災。」《史記・秦本紀》作「初伏以狗禦蠱。」故《周官》「以疈祭四方百物」，皆可以指出其秦文化之確切的社會學和民俗學的內容。

〈夏官・校人〉：「春祭馬祖，執駒。夏祭先牧，頒馬攻特。秋祭馬社，臧僕。冬祭馬步，獻馬，講馭夫。」〈夏官・廋人〉：「祭馬祖，祭閑之先牧。」很巧，《日書》中，秦人對馬神的祭祀也特別重視。秦人善馬，以養馬著稱。《周官》特別指出對馬神的春夏秋冬四祭，當亦透露出它的秦文化的背景。

據《史記・封禪書》，秦始皇統一時，於秦地祭祀之各種神靈有：

令祠官所常奉天地名山大川鬼神可得而序也。於是自殽以東，名山五，大川祠二……自華以西，名山七，名川四。……而雍有日、月、參、辰、南北斗、熒惑、太白、歲星、填星（辰星）、二十八宿、風伯、雨師、四海、九臣、十四臣、諸布、諸嚴、諸逑之屬，百有餘廟。西亦有數十祠。於湖有周天子祠。於下邽有天神。灃滈有昭明、天子辟池。於杜、亳有三社主之祠、壽星祠；而雍菅廟亦有杜主。杜主，故周之右將軍，其在秦中最小鬼之神者。各以歲時奉祠。……郡縣遠方神祠者，民各自奉祠，不領於天子之祝官。

所以，秦都城的祭祀，加上郡縣民間所奉，數量很大。徐復觀說《周官》反映了王莽好鬼神的性格，不過是泛泛空論而已，不如說反映秦文化來得確切而具體。

五、喪葬制度

喪葬制度牽涉廣泛方面，本文僅分析(一)陪葬品及其變化；(二)公墓制度；(三)陵寢制度，以考察《周官》的時代及其反映的文化。

(一)陪葬品及其變化

《墨子·節葬》說：「王公大人有喪者，曰棺椁必重，葬埋必厚，衣衾必多，文繡必繁，丘隴必巨，……金玉珠璣比乎身，綸組節約，車馬藏乎壙。又必多為屋幕，鼎鼓几梴壺濫，戈劍羽旄齒革，寢而埋之。」還有殺人殉葬的制度，所謂「天子殺殉，眾者數百，寡者數

十；將軍大夫殺殉，衆者數十，寡者數人。」這是春秋戰國時期的厚葬之風。《呂氏春秋・節喪》說：

> 國彌大，家彌富，葬彌厚。含珠鱗施，夫玩好貨寶、鐘鼎壺
> 濫、轝馬衣被戈劍，不可勝其數。諸養生之具，無不從者。題
> 湊之室，棺椁數襲，積石積炭，以環其外。

陪葬品包括(1)禮器：卽鐘鼎壺濫（鑑）（鼎、簋、壺、盤、匜、瓶等等）。(2)養生之具：包括衣食住行，如日用銅製陶製器具及漆器、衣物、食品等等。各種服役、勞動人手亦包括在內，如陶俑。(3)車馬。(4)戈劍兵器。(5)樂器。(6)珍寶玩好。「含珠鱗施」則指死者的衣衾。這六方面，從戰國到西漢，有些沒有變化，有些則有顯著的變化，如樂器等。

已發掘的戰國諸侯國君一級墓葬，樂器皆爲重要陪葬品，規模盛大完整，恰如生前一般。如湖北曾侯墓，有編鐘、編磬、鼓、瑟、琴、笙、排簫、橫吹竹笛，共124件。其中編鐘64件，編磬32件，楚王贈送的鎛1件，生前所享用的樂器，幾乎都完整地陳列在墓室，確是「事死如事生」了[27]。湖北江陵1號墓，墓主爲楚之上卿，有編鐘四件，編磬一件，笙六件，瑟五件，縣鼓一件，小鼓一件[28]。1982年紹興306號越墓，陪葬有銅質房屋模型一具。室內跪六人，分前後兩排。前排東首第一人是鼓師，後排東一人面向南，雙手捧笙，作吹奏狀。中一人面南，膝上置一長條形四弦琴，正演奏。西一人面南，身前橫置一四弦琴，以小指撫弦。這樂隊隊形以鼓師爲首，與《周官》所述相

---

[27] ＜湖北隨縣曾侯乙墓發掘簡報＞，《文物》第7期，1979年。
[28] 《考古學報》第1期，1982年。

合❷。其他諸侯墓，樂器亦很醒目。到漢代，情況有了變化。漢初山東齊王墓，出土樂器僅甬鐘一件。中期之中山靖王劉勝墓，也不見樂器。燕王及中山懷王劉修墓，亦無樂器。

《周官》中樂器陪葬很突出。

〈春官・大司樂〉：「凡樂，圜鍾、黃鍾、大蔟、姑洗、雷鼓、孤竹、琴瑟……大喪，涖廞樂器，及葬，藏樂器亦如之。」

〈春官・笙師〉：「掌教歙、笙、竽、塤、簫、籥、篪、簧、管、舂牘、應雅以教淁樂。凡祭祀饗射，共其鍾笙歙樂，燕樂亦如之。大喪，廞其樂器，及葬，奉而藏之。」

〈春官・鎛師〉：「掌金奏之鼓，……大喪，廞其樂器，奉而藏之。」

〈春官・籥師〉：「掌教國子舞羽歙籥，……大喪，廞其樂器，奉而藏之。」

〈春官・司干〉：「掌舞器，……大喪，廞舞器，及葬，奉而藏之。」

所謂「奉而藏之」，不能理解爲葬禮之後，加以收藏保管。聯繫上下文看是陪葬，藏於墓之意。〈春官・典庸器〉：「掌藏樂器庸器及祭祀，帥其屬而設筍虡，陳庸器……。大喪，廞筍虡。」這裏藏確係保管，因爲其職守如此，故在大喪時，只是「廞筍虡」，不說「奉而藏之」。相對於〈春官・典庸器〉，其他各官職所司樂器，在大喪陳列之後，都要奉而埋藏以陪葬。特別是〈大司樂〉「及葬，藏樂器亦如之」，更顯然是指陪葬時要如演奏時一般，按其位置秩序全部完好安葬。從曾侯墓看陪葬的樂器其陳列確如生前演奏一樣，證實〈大司樂〉這句話是很眞切的。爲什麼大司樂、笙師、鎛師、籥師、司干等都有將所奏樂器大喪後「奉而藏之」的任務呢？就是因爲樂器的陪葬不能隨便放置，只有專業人員才能擔任。《周官》中陪葬車馬是「埋

---

❷ 〈紹興306號戰國墓發掘簡報〉，《文物》第 1 期，1984年。

之」，樂器則說「奉而藏之」，因爲車馬確是埋入陪葬車馬坑，樂器則是陳列藏於諸侯之地下墓室，與埋之是不同的。

車馬的陪葬，春秋戰國亦很盛行。戰國河南淮陽馬鞍冢楚王墓（此地前278年爲楚的都城，戰國晚期），其南冢二號車馬坑隨葬23輛車，北冢車馬坑隨葬車8輛，馬24匹❸⓿。曾侯墓的車馬，竹簡記載爲40乘又3乘❸❶。漢初，齊王墓，殉馬13匹，車4輛❸❷。西漢中期之中山靖王墓，殉葬車6輛、馬16匹。中山懷王劉修墓，殉葬車13輛、馬13匹。北京燕王旦墓，殉葬馬11匹，朱輪華轂車3輛。至元帝時車馬的陪葬卽被廢止。《漢書・成帝紀》：「竟寧元年五月，元帝崩……有司言：『乘輿車，牛馬禽獸皆非禮，不宜以葬。』奏可。」此後，不再以乘輿車馬禽獸陪葬了。

《周官》中，車馬的殉葬很明確。

〈夏官・校人〉：「大喪飾遣車之馬，及葬，埋之。」鄭注：「言埋之，則是馬塗車之芻靈。」這是以東漢的情況解《周官》，是解錯了。

〈春官・巾車〉：「王之喪車五乘，……大喪，飾遣車，遂廞之，行之，及葬，執蓋從車持旌，及墓，呼啓關陳車。」鄭注：「關，墓門也；車，貳車也。」〈士喪禮下〉曰：「車至道左，北面立車上。」實際上「呼啓關」，是喊叫打開墓門、陳車，是將車馬陳於墓室，鄭引〈士葬禮〉以解釋天子諸侯之喪禮，以爲係陳車馬於道左而不入墓室，是不正確的。

所以就樂器、車馬而言，《周官》顯然是反映先秦情況的。

---

❸⓿　《文物》第10期，1984年。
❸❶　〈湖北隨縣曾侯乙墓發掘簡報〉，《文物》第7期，1979年。
❸❷　《考古學報》第2期，1985年。

漢代，皇帝和高級貴族死時穿玉衣（玉匣）入葬。《續漢書・禮儀制下》說，漢代列侯以上，以玉柙爲特製葬服。《漢書》與《後漢書》也有此記載。按等級不同，玉衣有金縷、銀縷、銅縷之分❸。但先秦無玉衣。諸侯死時，在屍體貼身衣袍之外，用不同質的十餘件衣衾層層包裹，最後橫九道絲帶（如馬王堆一號墓）入葬。《周官》關於喪葬的衣衾，講得不夠明確，但顯然沒有玉柙玉衣的記載。

〈天官・玉府〉：「大喪，共含玉，復衣裳，角枕，角柶。」鄭司農云：「角柶，角匕也，以楔齒。〈士喪禮〉曰：『楔齒用角柶，楔齒者，令可飯含。』」

〈春官・典瑞〉：「大喪，共飯玉，含玉，贈玉。」鄭注：「飯玉，碎玉以雜米也。含玉，柱左右顑及在口中者。〈雜記〉曰：『含者執璧，將命』，則是璧形而小耳。贈玉，蓋璧也，贈有束帛、六幣、璧以帛。」

〈春官・鬱人〉：「掌祼器……凡祼玉，濯之陳之，以贊祼事。（鄭注：『祼玉，謂圭瓚、璋瓚。』）……及葬，共其祼器，遂貍之。」「埋之」，就是陪葬。

〈天官・追師〉：「掌王后之首服，爲副編次追衡笄……喪紀共笄絰，亦如之。」鄭司農云：「追，冠名。〈士冠禮記〉曰：『委貌，周道也，章甫，殷道也，牟追，夏后氏之道也。』……〈祭統〉曰：『君卷冕立於阼，夫人副褘立於東房。』衡，維持冠者。」鄭玄：「王后之衡、笄，皆以玉爲之，唯祭服有衡，垂於副之兩旁、當耳，其下以紞懸瑱。……笄，卷髮者。」

〈天官・內司服〉：「辨外內命婦之服，鞠衣、展衣、緣衣、素紗

❸　史爲，〈關於金縷玉衣的資料簡介〉，《考古》第 2 期，1972年。

……共喪衰，亦如之。后之喪，共其衣服，凡內具之物。」鄭注：「內具，紛帨線纊鑷匜之屬。」

這些涉及喪服的敍述，《周官》與《禮記》、《儀禮》是一致的，沒有玉衣。

夏鼐說：「玉衣制度，可以溯源於東周時代的『綴玉面幕』和綴玉片的衣服。但是成爲眞正的金縷玉衣，可能始於景帝末或武帝初年（公元前二世紀中葉）。與西漢前半期半兩錢同時出土的臨沂劉疵墓中，玉衣只有頭罩、手套和鞋子，沒有上身、袖子和褲筒，可能是早期玉衣的形式。到了黃初三年（222年），魏文帝下詔，禁止使用玉衣，這制度可能便被廢止了。」❸❹ 王莽處在西漢末年，正是玉衣制盛行之時，如果《周官》爲其所作，一定會有反映的。

(二)公墓制度

《周官》有關於公墓制的完整記載：

〈春官・冢人〉：「掌公墓之地，辨其兆域而爲之圖。先王之葬居中，以昭穆爲左右，凡諸侯左右以前，卿、大夫、士居後，各以其族。凡死於兵者，不入兆域。凡有功者居前。」

〈春官・墓大夫〉：「掌凡邦墓之地域，爲之圖，令國民族葬而掌其禁令，正其位，掌其度數，使皆有私地域。」

事實上，墳墓的昭穆秩序不可能如宗廟一樣。因爲墳墓所在，多係山地丘陵，受地理環境的限制，整齊地按照昭穆位置是困難的。且每一君王有自己的諸侯、卿、大夫、士，如果都按〈冢人〉所言，實在

---

❸❹ 夏鼐，〈漢代的玉器──漢代玉器中傳統的延續和變化〉，《考古學報》第2期，1983年。

是無法辦到。因此，已發現的秦國國君陵園及齊楚王陵都不同於〈冢人〉所說。

　　但〈冢人〉及〈墓大夫〉所載並不是憑空虛構，它不但是兩周及春秋時期的墓地禮制的記載，也可以說是秦統一前，秦人族葬情況的反映。邦墓族葬是宗法制的產物，宗法制越是破壞得屬害，邦墓族葬制就越不可能存在。秦國經歷商鞅變法，似乎公墓制比之山東六國應該是保存得最不好的。但事實不然。從已有的資料看，倒是秦人保存有更多公墓制的遺迹，遠較六國爲甚。這也許說明，由於軍功等級制的嚴格實行，宗法等級及軍功等級觀念反而相應地強化了。

　　據蔡永華〈秦喪葬一瞥〉❸❺分析，秦人公墓族葬墓地已發現的可分爲四類：（一）位於王都與王陵之間，如雍城南與秦公王陵間的高庄、八旗屯一帶「秦小墓」，已發掘的86座墓，自春秋早期至秦統一，延續了五百年以上。（二）城區附近的萬民聚居之地，如咸陽城西北的黃家溝墓地，西安半坡的戰國墓地等❸❻。（三）大的村落旁，如陝西長武上孟村遺址東南秦墓❸❼。（四）位於山上，如南方楚郢城的秦羣墓、雲夢秦墓、成都羊子山等地秦墓❸❽。這四類都有明顯的公墓族葬制。

　　西安半坡秦墓，將112座墓分佈於東西北三個墓地中，每區以5～

---

❸❺　載《中國考古學研究論集》，1987年，三秦出版社。

❸❻　金學山，〈西安半坡的戰國墓葬〉《考古學報》第3期，1957年。咸陽考古隊，〈咸陽市黃家溝戰國墓發掘簡報〉，《考古與文物》第6期，1982年。

❸❼　中國科學院寶雞發掘隊，〈陝西寶雞福臨堡東周墓葬發掘記〉，《考古》第10期，1963年。

❸❽　郭德維，〈試論江漢地區楚墓、秦墓、西漢前期墓的發展與演變〉，《考古與文物》第2期，1983年；四川省文管會，〈成都羊子山土臺遺址清理簡報〉，《考古學報》第4期，1957年；〈成都羊子山172號墓發掘簡報〉《考古學報》第4期，1956年；宋治民，〈略論四川戰國秦墓葬的分期〉，《中國考古學會第一次年會論文集》。

7米間隔（最小為一米）的形式排列各墓。寶鷄福臨堡十一座秦墓，以3～5米的間距排列為三排，M_1 獨為一排，M_2、M_5、M_6、M_{10}、M_{11}為第二排，M_3、M_4、M_7、M_8、M_9 為第三排，顯示 ——「正其位」、「各從其親」的族葬形式。

然而，這種情況，秦漢以後就逐漸變化了。《史記・淮陰侯列傳》說：「韓信雖為布衣時，其志與衆異，其母死，貧無以葬，然而行營高敞地，令其旁可置萬家。」《漢書・李廣傳》說：「（元狩五年）李蔡以丞相坐詔賜冢地陽陵，當得二十畝，蔡盜取三頃，頗賣得四十餘萬，又盜取神道外壖地一畝葬其中，當下獄，自殺。」說明墓地已在進行買賣。宣帝時期墓地買賣不僅已合法，並且普遍化了。墓地自由買賣的結果，就出現公墓制被破壞而各宗族亂葬的情況❸。故漢代出土了許多買山買地以為墓地的冥券。加以貧富的分化，宗族瓦解，族墓制更不可能維繫了。《周官》的墓葬無疑是以先秦情況為背景的。

（三）陵寢制

陵寢制是喪葬禮儀中的重要部分。自殷周歷秦至漢，它也是有顯著變化的。據現有考古材料，西周尚無冢墓。春秋時，冢墓出現。到戰國時，則普遍出現高丘大墳，不僅園林面積大，封土高，而且陵上有規模巨大的宮室建築。《呂氏春秋・安死》說：「世之為丘壟也，其高大若山，其樹之若林。其設闕庭，為宮室，造賓阼也若都邑。以此觀世示富則可矣，以此為死則不可也。」〈春官・冢人〉：「以爵等為丘封之度與其樹數」。這些都是戰國時期的情況。

---

❸ 參閱俞偉超，〈古史分期問題的考古學觀察〉，《文物》第6期，1981年。

《呂氏春秋》所說的闕庭、宮室，在秦始皇以後，即是帝王陵園中的寢與殿及其附屬建築。但陵上設寢，據前人的說法是秦始皇時開始的，《呂氏春秋》在秦統一前成書，其墳地建築當不是指陵上之寢，而是其它性質的建築。

蔡邕《獨斷》說：「宗廟之制，古者以爲人君之居，前有朝，後有寢，終則前置廟以象朝，後制寢以象寢。廟以藏主，列昭穆，寢則有衣冠几杖象生之具，總謂之宮……古不墓祭，至秦始皇出寢，起之於墓側，漢因而不改。」《後漢書·禮儀志》也說，「始皇出寢，起於墓側，後因而弗改。」所以墳上有寢是秦始皇以後情況。

古代寢有三種：(1)是宮殿之寢，爲君主及家屬起居飲食之所；(2)是宗廟之寢，爲已故君主及其家屬的靈魂飲食起居之所；(3)是陵墓之寢，是墓主靈魂的飲食起居之所。《三輔黃圖》記載：「高園（高祖陵園）於陵上作之，既有正寢，以象平生正路寢也；又立便殿於寢，以象休息宴閑之處也。」陵上的正寢是墓主日常生活起居飲食之所，陳列有坐位（稱爲神座）、床、几、匣、櫃和被枕衣服及其他日常生活用具，如同活人的寢一樣。便殿則是休息的地方。政府設寢園令（或稱寢令）掌管寢園，四時按時刻獻食祭祀，稱日祭。宗廟則專供祖先牌位，對先王先公祖先的大祭祀則仍在廟內舉行。高園的園陵和寢的布局，照蔡邕和《後漢書·禮儀志》的說法是漢承秦制，仿照秦始皇的。

1978年河北省平山縣中山王墓出土〈兆域圖〉，有「王堂」、「王后堂」、「夫人堂」，有人以爲王堂指享堂，有人以爲指寢。如果「王堂」確是陵上之寢，則蔡邕和《後漢書·禮儀志》的說法就要修正了。本著不同意是享堂或寢的看法，認爲「王堂」係指地下宮室，中山王墓之地上建築遺留，當是《呂氏春秋·安死》所說之「闕庭」一

類（見本章附論）。

那麼《周官》所講到「寢」是否有陵上之寢呢？

〈天官・宮人〉：「掌王之六寢之修，爲其井匽，除其不蠲，去其惡臭，共王之沐浴。凡寢中之事，掃除、執燭、共鑪炭、凡勞事。四方之舍事亦如之。」鄭注：「六寢者，路寢一，小寢五……。路寢以治事，小寢以時燕息焉。」這顯然是宮殿之寢。

〈夏官・隷僕〉：「掌五寢之掃除糞洒之事。祭祀、修寢。王行，洗乘石，掌蹕宮中之事。大喪，復於小寢、大寢。」鄭注：「五寢，五廟之寢也。周天子七廟，惟祧無寢，《詩》云：『寢廟繹繹，相連貌也。前曰廟，後曰寢。』」「小寢，高祖以下廟之寢也，始祖曰大寢。」

「五寢」，照鄭玄的解釋是五廟之寢。天子七廟，諸侯五廟。《周官》五廟的說法，不自覺地顯出它所講的「王」仍然是諸侯王。照《周官》的說法，「大喪復於小寢、大寢。」鄭玄說成祖廟的小寢、大寢。

但復是一種招魂禮，「死時，升屋招魂，冀其復生也。」《禮記・檀弓下》：「復，盡愛之道也，有禱祠之心焉，望反諸幽，求諸鬼神之道也。北面求諸幽之義也。」《禮記・喪大記》說：「皆升自東榮，中屋履危，北面三號，捲衣投於前，司命受之，降自西北榮。其爲賓，則公館復，私館不復。」又說：「凡復，男子稱名，婦女稱字，唯哭先復，復而後行死事。」所以死者剛死的復禮只能在其死之寢舉行。《周官》復禮之寢，當爲宮中之寢，不可能是鄭玄所講的祖廟之寢。

秦始皇出寢於陵之後，墓主的遺衣服藏於墓地之寢。但《周官》遺衣服仍然藏於祖廟之寢。〈春官・守祧〉說：

掌守先王先公之廟祧，其遺衣服藏焉。若將祭祀，則各以其服
授尸，其廟，則有司修除之，其祧則守祧黝堊之，旣祭則藏其
隋與其服。

可見，秦始皇後遺衣服藏於陵上之寢的情況，在《周官》中是不存在
的。

〈天官・夏采〉說：

掌大喪，以冕服復於大祖，以乘車建綏復於四郊。

鄭司農云：「夏采，天子之官，故以冕服復於大祖，以乘車建綏。
復於四郊，天子之禮也。大祖，始祖廟也。」

所以要將冕服復於大祖之廟，是因爲按昭穆制度，許多死者有祧
無寢，死者的遺衣服需存於大廟，以便祭祀時取出復於尸。第一次將
冕服入於大廟時，舉行復禮，是爲死者招魂，使其魂靈能隨冕 服一
起，安息於大廟❹。秦始皇以後，也不再須在廟行復禮了。這說明
《周官》「復於大祖」所反映的亦是先秦情況。

---

❹　《禮記・喪大記》所講的是士的喪禮，所以只在死者的住寢招魂，行復
　　禮，而沒有講到藏衣服於大廟的復禮。

附錄：中山王＜兆域圖＞王堂之性質

這裏需要討論一下中山王＜兆域圖＞「王堂」之性質。如果「王堂」是寢，《周官》中沒有陵上之「寢」，其成書的時間也許就當在中山王以前了。

＜兆域圖＞如右。（附圖）

按＜兆域圖＞，有王堂、王后堂、夫人堂。不少學者認為「王堂」是「享堂」，是用以祭祀死者的。楊寬認為王堂不是享堂，是寢。本著既不同意「享堂」的說法，也不同意「寢」的說法。因為楊寬反對「享堂」的理由也可作為反對是「寢」的理由。

楊說，按古代禮制，后妃居於配祭地位，把王、王后、夫人並列在五間享堂而同時祭祀是違反禮制的。又說，墳頂上建享堂，親屬登上墳丘，參與祭祀是要被認為不敬而加以禁止的。但寢也要奉祀飲食供品，五間大寢並列一起，並在墳上之寢進行祭祀，同樣是違反禮制的，所以楊寬的說法自相矛盾❹。事實上，秦始皇於陵園建寢，也不在墳墓之上。漢代諸陵亦未發現在墳堆上建寢，甚至亦未發現墳頂上有建築遺留。

傅熹年從建築的復原，對＜兆域圖＞之王堂提出了幾種推測：(1)堂之建築為飛陛式，那麼，其可建的最大面積為27平方米；(2)納

❹ 楊寬，＜先秦墓上建築和陵寢制度＞，《文物》第 1 期，1982；年楊鴻勛，＜關於秦代以前墓上建築的問題＞，《考古》第 4 期，1982年。

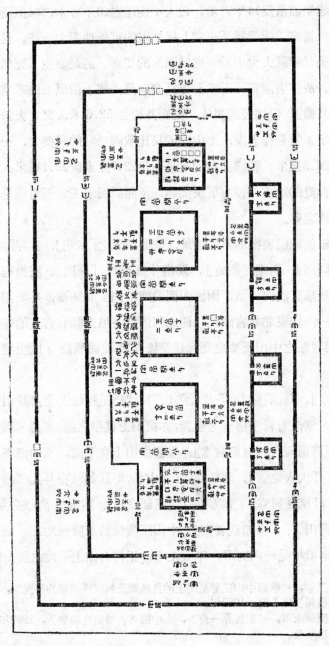

本章銅版銘文圖域兆

阰式，其建築面積爲14平方米，最大不能超過20平方米。參照漢代納阰比飛阰規格高，傅認爲「王堂」採納阰的可能性要大一些。這樣，王堂的建築尺寸就大大小於〈兆域圖〉的要求。這是要犯「死無赦」的處罰的。故作者認爲「王堂」方爲 200 尺，絕不指頂上的享堂，而是「廻廊外檐」。但據發掘報告，廻廊外檐是 52.6 米，又遠大於46米的應有數字。於是作者說，中山國的尺比戰國通常的尺要大，一尺合25厘米或26.3厘米。戰國通常的尺是一尺22.7厘米或23.1厘米。顯然這是矛盾混亂的說法，沒有解決問題，反而證明了王堂不可能是指墳上的享堂或寢[42]。

中山王陵區已發掘的建築遺址，既非墳上之「享堂」，亦非「寢」，可能是「闕庭」。所謂「闕庭」，闕指「城闕」、「闕門」。庭指庭院廻廊。秦始皇墓「設內外城，兩城四面設門，門上有闕樓，外城四角有角樓。……內城東北有宮殿區，西北部的內外城之間有宮吏的寺宅吏舍」[43]與已發掘之中山王墓之廻廊建築遺存及〈兆域圖〉圖上建築相符。

「王堂」、「哀后堂」、「夫人堂」，我認爲是指地上土封及相應的地下墓室。堂，有宮室房屋之意義，亦指山上寬平之處。《詩·秦風·終南》：「終南何有？有紀有堂」。堂卽指山上寬平處。《山海經·大荒東經》：「大人之堂」。郭璞注：「亦山名，形狀如堂室耳」。《詩·定之方中》：「望楚與堂」。陳夢家：「堂卽高丘、高唐、高禖之類」。《爾雅·釋山》：「山如堂者密」。中山王陵位於丘陵坡地上，削平而成墳堆，這墳堆是一四方形，下大上小，正符合山上平地之義。因爲

❷ 傅熹年，〈戰國中山王䥣墓出土的兆域圖及其陵園規制的研究〉，《考古學報》第 1 期，1980年。

❸ 參閱蔡永華，〈秦喪葬一瞥〉，《中國考古學研究論集》，1987年，三秦出版社。

是指墳堆，故〈兆域圖〉於王堂、王后堂、哀后堂方200尺之下，每面都寫著：「丘平者五十尺，其坡五十尺」。

與地上墳堆規格相應的是地下之墓室，故「王堂」之面積，與地下之墓室面積基本相應。「夫人堂」等的銘文內寫有：「其椑棺（卽內棺）、中棺視哀后，題湊長三尺」，就是因為「堂」亦涵有地下墓室的內容在內。

發掘報告稱，「第六號墓……墓口有20厘米厚的草泥。墓壁外敞，用椎夯打成麻面，再塗抹一層厚0.2～0.5厘米的細泥，泥皮外粉刷成白色。壁上有柱洞，洞內用土坯壘砌，外表抹有草泥做成的假柱，象徵地下宮殿。南北墓道有上下兩層壁柱，象徵前後樓閣……墓道兩壁分爲兩級，下一級各保存一個壁柱，層高內端3米，外端約在地表，好像一個登上樓閣之類的坡道。主墓墓室平面是斗形，上部長寬各爲27.5米，下部長寬各爲25.5米，底深4.6米，東西兩壁（包括兩端），各有六個壁柱，南北兩壁各有四個壁柱，構成面闊進深均爲五間的大殿。」❹這些地下宮殿之類的遺存，清楚地表明，死者生前有關於地下宮室的明確觀念。所以關於〈兆域圖〉之「王堂」，應是相應的地下宮室，並不是主觀附會的設想。

已發掘之漢宣帝陵園杜陵，陵墓封土爲覆斗形。現存高29米，底和頂平面均爲方形，底每邊長175米，頂每邊長50米。孝宣王后陵封土稍小，底邊每面長140～150米，頂邊每面長45米。中山王陵封土的規模較小，但杜陵封土這種方形及其規格，可供參考。

〈詔書〉說：「王命賙爲兆乏闊狹小大之別，有事者官圖之。逮（進）退迎乏者，死亡若（赦），不行王命者，忎（殃）連（逮）子孫。」

---

❹　河北省文物管理處，〈河北省平山縣戰國時期中山國墓葬發掘簡報〉，《文物》第1期，1979年。

「乏」，許多學者釋爲法，李學勤釋爲窆。我認爲李釋符合〈詔書〉內容。窆，從宀，象形爲穴、家、室之形。《說苑・修文》：「治凶服、衣衰飾、修棺椁、作穿窆、兆宅。」治、衣、修、作是動詞。「穿窆」或「窆」則爲地下之墓室。王命爲「兆乏濶狹小大之別」，正是指王及夫人堂、王后堂、哀后堂之兆域及窆的濶狹大小之別。〈兆域〉之範圍爲宮垣所標示；窆之濶狹大小則由王堂方二百尺所規定。所以〈詔書〉說，「迲退迎乏者，死亡若」。「窆」，鄭玄釋爲「下棺也」，成了動詞，但鄭玄釋「及窆」爲「下棺」。「及窆」正如及室、入室一樣，是由室、窆之名詞加動詞入、及而構成的。

「迲」，朱德熙、裘錫奎釋爲進。說：「進退猶言損益出入，引申爲違失，不遵循的意思。銀雀山漢簡的一種佚書裏，有『欲其吏大夫之毋進退違令以相爲』之語，進退的用法同此」。❹裘釋迲爲進甚好，引申爲違失「法」，就不恰當了。「乏」應讀爲窆。出土秦簡中，字常省偏旁，〈詔書〉亦是如此。朱、裘也漏釋了迎字。迎似爲迫或過❹。全句的意思是：「進退過窆者死無赦」。

〈兆域圖〉一份藏於王室，一份藏於地下。藏於地下的這一份，是針對死後之地下世界而言的。

〈秋官・司約〉：「掌邦國及萬民之約劑，治神之約爲上。」地下之劵書，也屬治神之約中的一種。《淮南子・齊俗訓》：「含珠鱗施，綸組節束。」陳奇猷說：「束約同義」。節束卽《墨子》之「節約」，亦卽約劑❹。正是指地下之約書。可見，地下劵書是先秦就有的。漢代馬王堆出土之「木牘」，湖北江陵鳳凰山墓之竹簡，與〈兆

❹ 朱德熙、裘錫奎，〈平山中山王墓銅器銘文的初步研究〉，《文物》第 1 期，1979年。
❹ 參見佐野光一編，《木簡大字典》。
❹ 陳奇猷，《呂氏春秋校釋》。

域圖〉、〈詔書〉之內容性質相同。可見〈詔書〉正如木牘、竹簡之地下律令一樣❽。

　　西漢中期以後，出現有「冥契」、「幽契」，目的是確定冢地之所有權，令地下勿得侵犯「如律令」。它形式上是地下丞所發，但實際上是地上丞請地下丞發出，故亦預設了地上的權力對地下官吏為有效。中山王為王，故自以為其詔書對地下世界是同樣有效的。

　　冥契有稱墓地為宅者，如東漢光和二年王當墓之買地冥券，稱「買谷郊亭部三陌西袁田以為宅」。《說苑‧修文》亦將「穿窆」與「兆宅」並列。〈兆域圖〉之王堂與冥契等上之兆宅之宅，性質相同。

---

❽　江陵鳳凰山漢墓竹簡：「十三年五月庚辰，江陵丞敢告地下丞：市陽五夫二嬛少言與大奴良等廿八人，大婢益等十八人，軺車二乘，牛車一兩，駟馬四匹，騎馬四匹，可令吏以從事，敢告主。」這是漢代的地下律令。載《文物》，1975 年 9 月，〈湖北江陵鳳凰山 168 號發掘簡報〉；《文物》同期〈關於鳳凰山 168 號漢墓座談紀要〉還有如下類似材料：「(景帝) 四年後九月辛亥，平里五夫張偃敢告地下主，偃衣器物所以蔡 (祭) 具器物，各令會以律令從事。」張偃告地下主的口氣，江陵丞告地下吏的口氣，正如中山王〈兆域圖〉之詔命一樣。

附　　注

　　最近收到彭士林先生的大作《周禮主體思想與成書年代研究》（中國社會科學出版社，1991年9月版），認為《周官》的成書當在漢高祖以後，文景時期，所據理由主要有二：（1）據《史記·封禪書》，秦始皇尚無五帝之祀，劉邦至咸陽，始立黑帝祠而有五帝祀，但《周官》有「兆五帝於四郊」之說，是其已有五帝分祀，故《周官》成書必在漢高以後；（2）《周官》之五行系統比《呂氏春秋》及戰國末年已有之五行思想完備，如中醫的五行理論為《呂氏春秋》所無，而《周官》則有之。凡完備者必在不完備者之後，如果以戰國末年的《呂氏春秋》作為年代標尺，那麼《周官》的成書當在它之後。

　　我以為彭先生的兩個理由都可商榷。

　　（一）觀念、理論、學說、思想與客觀實際存在是兩回事，不能混同。有五帝及五帝祀的觀念、學說、思想，不一定在現實生活中必有五帝的祭祀。反轉來，現實生活中有五帝祠及五帝的祭祀，也不一定必有某種五帝祀的理論與之相應。《周官》是設官分職的理想、空想之書，屬於理論、觀念、學術形態；它的許多官職及職事都是空想的，不必實有其事；更不必實際生活中先有此官職及職事，《周官》才能加以概括與記述。研究《周官》的人常常據某官職如司隸是在武帝以後出現的，證明《周官》的成書必在武帝以後。但這樣的推證是不妥的。《周官》關於五帝之祭祀及其職官職事，純屬理論，以秦無五帝祠、五帝祀以證明《周官》必在秦和漢高以後，是難於成立的。

　　（二）據〈封禪書〉劉邦的話而否定秦有白、黃、炎、青四帝之祠，否定這四帝之祠祀屬於五帝系統，這也是難於成立的。恰恰相

反，劉邦的話反而證明了，秦不僅已有白、黃、炎、青四帝祠，並且這四帝祠正是據五行系統建立的，所以劉邦一見情狀就知道缺了黑帝之祠，而為之立以完足五帝之數。如果秦之白、黃、炎、青四帝祠，散亂無序，是據另外的系統建立的，則劉邦何以能知所缺恰好是黑帝？又何以能肯定它確屬於五帝系列（「吾聞天有五帝」）？又何以能下令立黑帝祠，命曰北畤？立黑帝祠而命曰北畤，正好是據五行方位的。故亦恰好證明，他所見之四帝祠亦是據五行方位的。秦襄公「作西畤，祀白帝」正如劉邦立北畤，祀黑帝。西畤、北畤此後雖為地名，但地名之初義則據五行方位而來。

（三）劉邦的話還證明了，五帝與上帝，在秦及漢初人的觀念中仍然是合一的，將兩者區分，以上帝為昊天大帝，五帝為上帝之佐，是漢武以後之說。彭先生用金鶚據漢武以後之說來解釋《呂氏春秋》及《周官》之上帝、五帝觀念也是不妥的。

《周官》中的五行觀念是否比《呂氏春秋》及戰國末年之五行觀念更完備精密？是否能據此推斷，因其更為完備而必在《呂氏春秋》以後？也是不能的。

首先，五行思想在戰國末年已十分完備，比較起來，某些關鍵項目倒是《呂氏春秋》等著作所有而《周官》未能完備的。

例如《呂氏春秋》及《墨子·迎敵祠》，有五行配數的記載：東八、南七、北六、西九、中五，它與五行之象：色、聲、味等相配合，構成完整的「五行象數」系統。但《周官》則僅有五行之象而無數，據彭先生的說法，從象數系統是否完備看，《周官》豈非成書在《呂氏春秋》以前？

又如，《呂氏春秋》以五行配律、配五臭、五室，此又為《周官》所無，據彭先生的說法，豈不又可以推斷，它當成書在《呂氏春

秋》以前？

　　又，《呂氏春秋》有五帝德的觀念，據高誘注引鄒衍五德終始之說，則《呂氏春秋》吸納了鄒衍的五行思想，但《周官》則無此思想，據彭先生的説法，豈不又可以推斷，它當成書在《呂氏春秋》及鄒衍以前？

　　在五行理論中，時分五節，故五時的觀念是十分重要的。以五時、五方為基礎，才能有五聲、五色、五味、五學、五火、五室、五臭等等與之相配，但《周官》明確講四時、四學、四火，也是很不完備的。

　　事實上，因為各書著作的目的任務不同，對五行的應用、項目有詳有略，各有不同，是很自然的，故以《呂氏春秋》為標尺，據其五行項目之詳略以定各書之先後是不妥當的。

　　最後，「兆五帝於四郊」，彭先生以為「四郊」指方位，因而認為這是《周官》有分祀五帝之祭的明證。但四郊如指東南西北，它如何能安排五帝？顯然，這裏的「郊」是指郊祭，郊為祭名。四郊指春夏秋冬對上帝（五帝）的四大祭，故每一郊都是同時祭祀上帝、五帝的。這説明，它的祭祀觀念與《呂氏春秋》基本上是一致的。

　　彭先生的説法，關係到《周官》成書的年代，和本書的説法極有關聯，故特稍加説明如上。

1993年1月　作者

第 七 章
《周官》與秦律中之奴隸制及官法

本章將根據雲夢秦律資料， 就罪隸與隸臣妾、庶子、 理財與官法，進一步論述《周官》與秦文化的密切關係。

一、《周官》之隸與秦之隸臣妾

《周官》有以戰俘爲奴的制度。〈秋官・朝士〉：「凡得獲貨賄、人民、六畜者，委於朝，告於士，旬而舉之。大者公之，小者庶民私之。」鄭玄注：「俘而取之曰獲。委於朝十日，待來識之者。人民，謂刑人、奴隸逃亡者。」既然「俘而取之曰獲」，人民就是指戰俘。古代的戰俘既指俘虜的軍隊成員，亦指俘獲的居民、平民。他們被俘以後，成爲公家或私人的奴隸。

〈秋官・司厲〉：「掌盜賊之任器貨賄，辨其物，皆有數量，賈而楬之，入於司兵。其奴，男子入於罪隸，女子入於舂槀。凡有爵者與七十者與未齔者，皆不爲奴。」這是以盜賊罪人爲奴的制度。鄭玄注：「奴，從坐而沒入縣官者，男女同名。」就是說，除有爵者及七十以上、七歲以下的老小外，犯盜賊罪的，皆一律爲奴，家屬亦不能免。「罪隸」是專管奴隸的官職。男奴由「罪隸」分配勞作，進行管轄。「舂槀」指「舂人」、「槀人」。女奴卽由「舂人」、「槀人」管轄分配勞作。故〈地官・司徒〉記載：舂人有「奄二人，女舂抌二人，奚五人。」槀人有「奄八人，

女稾每奄二人，奚五人。」〈天官・冢宰〉記載：冪人有「奄一人，女冪十人，奚二十人」，宮人有徒八十人。鄭玄說：「女舂抌，女奴能舂與抌者。抌，抒曰也。」「稾，主冗食者。」「古者從坐男女，沒入縣官爲奴，其少才知以爲奚，今之侍史官婢。或曰奚、官女。」漢代，文帝廢除從坐法，罪人家屬不從坐爲奴，故鄭說古代如此。

《周官》各官中皆大量使用男女奴隸。〈秋官・司寇〉記載：司隸下有「罪隸百有二十人，蠻隸百有二十人，閩隸百有二十人，夷隸百有二十人，貉隸百有二十人。」〈秋官・罪隸〉：「掌役百官府，與凡有守者，掌使令之小事。凡封國若家，牛助爲牽傍，其守王宮與其屬禁者，如蠻隸之事。」❶國家有事，以牛車助轉徙，罪隸在旁與在前牽車，如牛馬一樣。

古代，士農工商，各有分業，平時從事生產，戰時武裝作戰。擔任宮廷守衞與百官雜役、養畜牛馬之常備人員多以奴隸、罪隸、蠻隸等充之。

《周官》還有殺奴隸以祭祀之制。〈秋官・大司寇〉：「大軍旅，涖戮於社」。〈秋官・小司寇〉：「小師涖戮」。鄭玄注：「小師，王不自出之師」。這是小的戰役，王不親自指揮，但出師前亦殺戮奴隸以爲祭。《尚書》：「用命賞於祖，不用命，戮於社。」《周官》殺奴以祭之制來源甚古。

《周官》也設有奴隸買賣的市場。〈地官・質人〉：「掌成市之貨賄、人民、牛馬、兵器、珍異，凡賣儥者質劑焉，大市以質，小市以劑。」鄭注：「人民，奴婢也。」奴隸與牛馬、兵器一樣是貨品，經過契約手續而成交。這些市場上的奴隸多來自戰俘、罪人、債務奴隸，

---

❶ 《左傳》襄公二十九年：「吳人伐楚，獲俘焉，以爲閽。」當是古有此風習。

其數量當不是小數。

　　中國古代是否有奴隸制，雖然學術界尚有爭論，但西周有嚴重的奴隸制殘餘是沒有問題的。但《周官》並非春秋前的作品，那麼《周官》中的這種奴隸制，是否有現實背景呢？從文獻資料來看，《周官》在這方面的情況與《商君書》及雲夢秦律所述，很相吻合。

　　荀子與臨武君在趙孝成王前議兵時，曾指出：「秦人功賞相長也，五甲首而隸五家。」就是說秦人有軍功賞賜戰俘的制度。《商君書·境內》說：「故爵為大夫爵，吏而為縣尉，則賜虜六。」這也是賞賜戰俘為奴的規定。證之於睡虎地秦律、荀子與《商君書》所述，確是秦國的實際。因為秦律中有大量隸臣妾的論述，也有戰俘為奴的明確規定。

　　那麼，何謂「五甲首而隸五家？」隸五家之隸是什麼性質？與秦律中隸臣妾是否有性質的區別？有一種看法認為，「隸五家」之隸與奴隸不同，指「服勞役的刑徒」，引申為「服任賤役者」。「隸五家」是指為五家服賤役。證據是秦人於戰勝一國之後，並不將其人民「係操（累）而歸，丈夫以為僕圉胥靡，婦人以為舂酋。」❷而是驅逐其民而占有其地。如果秦是實行以戰俘為奴，這就不好解釋。

　　《史記》確實記有幾次秦「出其人」、「歸其人」的記載，如：

　　(1) 惠文王八年，「樗里子伐曲沃，盡出其人，取其城。」

　　(2) 十三年，「使張儀伐，取陝，出其人，與魏。」

　　(3) 昭襄王二十一年，「魏獻安邑，秦出其人，募徒河東，賜爵，赦罪人遷之。」

　　(4) 二十七年，「攻楚，赦罪人，遷之南陽。」

　　(5) 二十八年，「攻楚，取鄢、鄧，赦罪人遷之。」

---

　　❷　《墨子·天志下》。

(6) 三十四年,「秦以魏上庸地爲一郡,南陽免臣遷居之。」

但戰國戰爭殘酷,兵員重要。如果每戰之後都「歸其人,出其人」,不要,無異於增加敵方的軍隊實力與後備力量,是不符常理的。《商君書》說:「戰必覆人之軍,攻必凌人之城,盡城而有之,盡賓而致之。」賓者「賓萌」,即以其民爲氓,任農業耕作。這是商鞅與秦的旣定政策。所以「出其人,歸其人」似不宜理解爲驅逐、不要。

上面六條材料中,第(3)條可解爲秦將安邑的人口遷出,徙其於河東,另赦罪人遷入安邑。第(4)條亦是如此,而赦罪人遷入南陽。第(5)條可解爲攻下楚鄢、鄧後,俘獲其人,然後赦罪人遷入之。第(6)條亦是如此。第(1)條「盡出其人」可解爲盡俘獲其人以歸。第(2)條亦指將其人俘獲以歸,然後將地與魏。

秦刑法嚴酷,稍犯法即成爲罪人,以至全家從坐,故罪人極多。這些罪人遷入新地,即成爲自由身分的民。故說「赦罪人遷之」。第(六)條之「免臣」,指免除隸臣身分。因此荀子所謂「隸五家」,只能理解爲以五家爲「隸臣」。故睡虎地秦律說,「寇降以爲隸臣」。那麼,隸「五家」從何而來?當然不是將原來秦之自由民賜予,只可能是由戰爭俘獲而來的人。

〈境內篇〉又說:「故爵爲大夫爵,吏而爲縣尉,則賜虜六。」「虜六」從何而來?當然亦只能從戰俘而來。《周官》說,俘獲之「人民」大者給公家,剩下的給私人,這與秦的「賜虜六」、「隸五家」是很相呼應的。

「隸五家」與「除庶子」不能混爲一談。「除庶子」是指立軍功之家,可除家中之無爵者一人爲庶子,享有庶子身分。「隸五家」則是以五家爲立軍功者所有,從此失去了自由。這種旣無時間限制,又無人身自由的人,只能是奴隸或農奴。以情理度之,「隸五家」如果全部充當

家庭雜役,則非大軍功高爵之家不能養活。所以他們多半是要送去田間勞動,成為西歐奴隸社會剛解體時的那種隸農❸: 被束縛在土地上,可以連同土地一起被出賣或轉讓。不過仍有家室,亦有微弱的獨立經濟,從主人那裏得到耕種的一塊土地, 收穫物的大部分則以地租等形式交給主人, 而同時為主人服雜役, 對國家亦負擔兵役、勞役等義務。這種隸農, 介於農奴與奴隸之間, 亦可以奴隸視之。秦律之隸臣正是如此。

　　秦律之刑徒多有專稱,如城旦、鬼薪等等,「隸臣妾」則與庶人相對, 是失去了自由民身分的人。他們與人妾、人奴等的區別僅在於一者是私人奴婢,一者為官府奴婢而已❹。

　　秦簡〈軍爵律〉:「欲歸爵二級以免親父母為隸臣妾者一人, 及隸臣斬首為公士, 謁歸公士而免故妻隸臣妾一人者, 許之, 免以為庶人。工隸臣斬首及人為斬首以免者, 皆令為工。其不完者, 以為隱官工。」從律文看, 立功歸爵二級可以贖免親父母為庶人。隸臣斬首為公士(一級爵), 歸公士爵, 可贖免隸妾之妻子為庶人。如果隸臣妾只是一種輕微徒刑, 且有一定時限, 則贖免當不如此急迫, 等待刑滿恢復自由即可。

　　〈司空〉:「百姓有母及同姓 (生) 為隸妾, 非適 (謫) 罪殹 (也)而欲為冗邊五歲, 毋賞 (償) 與日, 以免一人為庶人,許之。」意思是, 百姓 (自由民) 有母親或親姐妹為隸妾, 本人沒有流放的罪而自願戍邊五年, 不算作服軍戍的時間, 用來贖免隸妾一人成為庶人,可以允許(《譯文》)。戍邊五年是很沉重的代價, 亦是為了免除親人的奴隸身分。

---

❸　參閱蘇聯科學院《世界通史》第2卷,頁1129,三聯書店版。
❹　《漢書·刑法志》:「男子為隸臣,女子為隸妾。」

〈倉律〉規定:「隸臣可以人丁粼者二人贖，許之……。贖者皆以男子。」這用來爲別人贖免隸臣身分的丁壯男子，當是買來或俘虜償賜而來。他們成了「隸臣」，要恢復自由，又得別人來贖才行。隸臣可贖，說明存在奴隸買賣。

〈均工〉:「隸臣有巧，可以爲工者，勿以爲人僕養。」無技巧的「隸臣」，則可以出讓爲私人僕養。既爲私人僕養，當然不是有期限的服輕微勞役的刑徒，而是失去自由的奴隸。有技巧的公家「隸臣」，自然是終身不自由的。

秦簡〈法律答問〉:「隸臣將城旦，亡之，完爲城旦，收其外妻、子（注釋: 收，指收孥）。子小未可別，令從母爲收。可（何）謂從母爲收? 人固買（賣）; 子小不可別，弗買（賣）子母謂（殹）也。」子母指孩子的母親。這段文字，《睡虎地秦墓竹簡》注釋小組譯爲:「隸臣監領城旦，城旦逃亡，應將隸臣完爲城旦，並沒收其在外面的妻子。如其子年小，不能分離，『可令從母爲收』。什麼叫『從母爲收? 』意思是人肯定要賣，但其子年小，不能分離，不要賣孩子的母親。」❺這種「沒收」與「賣」，是隸臣爲奴隸身分之證明。其被賣的妻子，當然也失去自由民的身分。

隸臣與隸臣妾及小城旦、小妾、舂作者,多爲公家服役，甚至田作。從每月糧食配給標準來看， 小妾與隸臣、隸妾是一類性質，待遇相同，沒有區別。〈倉律〉規定:「妾未使而衣食公，百姓有欲段（假）者段（假）之」。說明臣妾是可以轉讓的。

〈倉律〉還規定了「免隸臣妾」的口糧標準。他們當是年老而免

---

❺ 《睡虎地秦墓竹簡》，頁201，北京: 文物出版社，1978年版。

勞作的人。但免了勞作，隸臣身分卻未改，故仍然「食公」。如果要改變身分，則仍然要用人來贖。故秦律說：「其老當免老，小高五尺以下及隸妾欲以丁粼者一人贖，許之。」

隸臣生下的孩子仍爲隸臣：「女子爲隸臣妻，有子焉，今隸臣死，女子北其子，以爲非隸臣子也，問女子論何也？或黥顏頜爲隸妾，或曰完，完之當也。」意思是說，隸臣死了，其妻將其子自家中分出，隱瞞其隸臣子的身分，是不允許的，但也不必黥顏頜。隸臣如果僅是一有期限的輕微徒刑，這種身分世襲的現象是不可理解的。

從秦律可以看出，奴隸、隸臣妾在從事各種勞役，包括築城、田作、守宮（宮隸）、傳送公家文書（行書）、監工、司法雜務，女奴則從事女工、女紅等活動。

奴隸隸臣妾亦可以買賣，買賣奴隸有一定的價格，如〈封診式〉所云：「市正賈（價）。」所以《周官》與《秦簡》中的奴隸制是很相吻合的。

《管子》全書無隸臣妾、罪隸、人奴、人妾等名詞。1975 年山東臨沂銀雀山漢墓出土竹簡守法守令等十三篇，是齊地作品。它規定「卒歲少入百斗者，罰爲公人一歲。卒歲少入二百斗者，罰爲公人兩歲。出之之歲□□□□者，以爲公人終身。卒歲少入三百斗者，黥刑以爲公人。」這種有服役時間的「公人」，不是奴隸性質，即便「終身」，亦如判徒刑終身一樣，亦不能視爲奴隸，與秦之隸臣妾不同。 ❻由此對比，可見《周官》反映的不是齊文化的特點。

秦國享有軍功爵的人很多，未有爵位的普通平民身分則爲「士伍」。秦律〈封守〉說：「鄉某爰書：以某縣丞某書，封有鞫者某里士

---

❻ 孫仲奎，〈隸臣妾與公人〉，載《文史哲》第 6 期，1988年。但孫對公人性質的看法與本著恰好相反。

伍甲家室、妻、子、臣妾、衣服、畜產。甲室、人：一宇二內，各有戶。內室皆瓦蓋，木大具，門桑十木。妻曰某，亡，不會封。子大女子某，未有夫。子小男子某，高六尺五寸。臣某，妾小女子某，牡犬一。」這種庶民尚有臣、妾，可以想見秦人之有隸臣妾奴僕者是如何之多了。故呂不韋家僮萬人。卓氏役使的奴隸亦有數千人。

秦地奴隸來源充裕。除掠賣西南夷等少數民族為奴外，戰爭勝利，大量俘獲人口變為奴隸，加以刑罰重，許多人犯法為奴，不少人亦因欠公私債務而為奴，所以秦地奴隸制殘餘比六國遠為嚴重❼。《周官》正好從側面反映了這一情況。

二、國子與庶子

在〈周官著作時代考〉中，錢穆指出，國子與庶子「是自宗法社會過渡到軍國社會時之一種現象，不論非周初所有，即春秋時亦無其事。」❽《周官》之庶子與國子性質相近，但國子僅見於〈夏官・司馬〉，庶子則見於「宮伯」、「外饔」、「酒正」、「司士」、「象胥」、「太僕」、「掌客」諸職，地位較國子為低。杜正勝〈從爵制論商鞅變法所形成的社會〉一文說：「庶子地位在府史胥與徒之間，居士之下」❾，但《周官》中，庶子占有特殊的地位。

---

❼ 中國學術界一般認為，秦國由於商鞅實行變法，比較徹底地廢除了奴隸制，奴隸制殘餘遠較山東六國為輕。事實恰好相反。1986年甘肅天水放馬灘出土秦簡，亦反映秦奴隸制的嚴重存在。其《日書》甲乙種有「閉日，可以決池，入人奴、妾(甲20)」。「臣妾作，逋出財租、口舌者，□非為頭，……(乙158)」。「亥朔己亥，是謂反支，……人臣、妾乃田(乙247)」。可以想見，人奴、妾被廣泛使用於田間及商業等活動，一般貴族、有爵及平民家庭，都有數量不等的奴隸。

❽ 錢穆，《兩漢經學今古文平議》，頁418,臺北：東大圖書公司,1983年版。

❾ 載臺灣《中央研究院歷史語言研究所集刊》第56本第3分，1985年。

〈秋官‧象胥〉說:「凡作事,王之大事諸侯,次事卿,次事大夫,次事上(衍文,參王引之《經義述聞》第九)士,下事庶子。」鄭玄:「作,使也。王之大事諸侯……」以次類推,「下事」則「使庶子」。

〈秋官‧掌客〉:「王巡守殷國,則國君膳以牲犢,令百官百牲皆具。從者三公祇上公之禮,卿祇侯伯之禮,大夫祇子男之禮,士祇諸侯之卿禮,庶子壹祇其大夫之禮。」因為庶子是王的侍衛、親兵、親信、隨從,故受到諸侯的優厚待遇。

〈天官‧宮伯〉:「掌王宮之士庶子凡在版者,掌其政令,行其秩敍,作其徒役之事,授八次八舍之職事。若邦有大事,作宮衆則令之,月終則均秩,歲終則均敍。以時頒其衣裘,掌其誅賞。」故庶子有正式的名籍,有食祿與衣裘,有正式的「秩敍」,是有特殊身分的服役人員。

因其擔任王宮重要的服役,庶子亦受到王的享宴。這見於〈天官〉之〈外饔〉〈酒正〉,〈地官〉之〈稾人〉。戰爭死傷,王則吊勞。〈夏官‧大司馬〉說:「王弔勞士庶子則相,……大會同則帥士庶子而掌其政令。」

故孫詒讓《周禮正義》云:「綜校全經,士庶子內備宿衛,外從巡守,且歲時有饗,死傷有弔勞,職任既親,恩禮尤備,其為貴游子弟殆無疑義。」❿

戰國時期,不少國家都有「庶子」,如商鞅曾為衛之「中庶子」⓫。秦甘羅曾為「少庶子」⓬。《史記‧扁鵲倉公列傳》說,扁鵲過虢,值虢太子死,扁鵲乃問中庶子關於太子的病情。這些庶子無一例外是太子、君侯的親信、隨從、私臣。但庶子之大量存在,成為一社會上

❿　《周禮正義》卷七〈宮伯〉。
⓫　《史記‧商君列傳》。
⓬　《史記‧甘茂列傳》。

享有特殊身分地位的人物，則可能唯有秦國才是如此。

《商君書·境內》說：「能得爵首一者，賞爵一級，益田一頃，益宅九畝，一除庶子一人，乃得人（入）兵官之吏。」「四境之內，丈夫女子，皆有名於上者著，死者削；其有爵者乞無爵者以爲庶子，級乞一人，其無役事也，其庶子役其大夫，月六日，其役事也，隨而養之。」

睡虎地秦簡〈除弟子律〉規定：「當除弟子之籍，不得，置任不審，皆耐爲侯（候）。使其弟子贏律，及治（笞）之，貲一甲。決革，二甲。」「故大夫斬首者遷，分甲以爲二甲蒐者，耐。縣毋敢包卒爲弟子。尉貲二甲，免，令二甲。」什麼叫「除弟子之籍」，一些著作解釋爲自簿籍上除名，這是不妥的。「除」，應爲除官之除，卽《商君書·境內》「除庶子一人」之除。「除弟子律」，是指任用弟子，使某人具有弟子身分的律令。律文的大意是說，如果不適當地使子弟除名於弟子之籍，或任用、保舉弟子不當，或對弟子不適當地處罰，使之受笞打，都要對尉、令等進行處分。

邢義田〈秦漢的律令學〉對先秦之弟子身分及弟子籍有詳細的研究。他指出：「古來師有弟子，弟子有名籍曰弟子籍。《淮南子·道應篇》：『公孫龍曰：「與之弟子之籍」』。《史記·仲尼弟子列傳》太史公曰：『學者多稱七十子之徒……。弟子籍出孔氏古文，近是』。秦律之弟子籍應是同類的東西。弟子不但隨師學習，也要供師使役，服侍業師。……其詳細的記載見於《管子·弟子職》。」入弟子籍，可得學習吏事法律而有爲吏的資格，並可能享有免徭役、兵役的特權。故秦法特規定不可任意『除弟子籍』，不可將兵卒包藏爲弟子以逃避打伏，否則要受處罰。[13]

---

[13] 漢武帝「置博士弟子五十人，復其身」(《史記·儒林傳》)文翁於蜀置學官，學官弟子爲除更繇(《漢書·循吏傳》)此雖漢時情況，其淵源實出於先秦。〈秦漢律令學〉，載《中央研究院歷史語言研究所集刊》第54本第4分。

　　按照《商君書》與秦律的規定，除庶子或除弟子，是秦人立軍功後的獎勵，與益田宅、賞爵是並列的。秦簡〈法律答問〉：「內公孫毋（無）爵者，當贖刑得比公士贖耐不得？得比焉。」這裏特別突出「公孫毋爵者」，可見有爵者家族中之毋爵者，其應享何種權利，是當時很重視的問題。這可爲我們的解釋提供參考。因此《商君書·境內》的上述條文，正確的解釋是：凡立了戰功得敵首一，有爵位的人可以請求將本家無爵位者一人爲庶子，使其得充王宮近衞與服役，或到大夫家服役，每月六日，由此而可免除國家的兵役徭役等負擔。

　　秦人重耕戰，立二十等爵以獎勵軍功，故由軍功而得獲爵位的人一定很多，而獲有爵位者得乞除一人爲庶子，故國家之有庶子地位與身分者亦不少。《周官》中關於庶子的職事特多，當係秦國這種社會情況的反映。也就是說，錢穆關於《周官》之庶子是戰國時社會情況之反映這一意見，是極有見地的，可補充的是：它更是戰國時秦國的社會情況的反映。

三、《周官》之理財與《秦律》之財經管理

　　前人謂《周官》爲「理財之書」。「一部《周官》半理財」，故張心澂曾謂：「《周官》將全天下經濟皆以諸業爲根源，諸業皆受國家之支配，則全天下經濟之權皆操之政府矣。非戰國時不能有此思想也。」❶但張對《周官》之理財之特點無貼切之分析。對照秦律，《周官》理財的特點才可得到理解。

　　《周官》之理財可分爲生產與賦稅兩大方面。賦稅之田賦、商稅

---

❶　張心澂，《僞書通考》上册〈周禮〉，頁322，商務印書館，1954年版。

是和齊魯等各國相同的，但山林川澤之稅中，齊主要爲海鹽之稅，《周官》則爲漆稅等，這是《周官》不反映齊國情況而與秦比較切近的表現。

《周官》財政工作不同於後世的主要特點，是政府直接經營多種生產事業，用大批徒隸、罪隸、奚等爲王室從事各項手工業等生產。見之於〈天官・玉府〉的，有金玉、兵器、文織、良貨賄之物的生產。見之〈天官〉的，有包括膳食、酒品、醫藥及衣服縫製、皮革製造（掌皮）等。見之於「夏官」的有兵甲弓弩的製造**⑮**。

國家亦直接經營農田、場圃及牧畜業，如〈天官・甸師〉：「掌帥其屬而耕耨王藉」。〈地官・場人〉：「掌國之場圃，而樹之果蓏珍異之物」。〈地官・牧人〉：「掌牧六牲，而阜蕃其物」。〈牛人〉：「掌養國之公牛，以待國之政令」。〈囿人〉：「牧百獸」。〈夏官・服不氏〉：「掌養猛獸」。〈掌畜〉：「掌養鳥，而阜蕃教擾之」。〈牧師〉：「掌牧地皆有厲禁而頒之」。〈圉人〉：「掌養馬芻牧之事」。〈秋官・蠻隸〉：「掌役校人養馬」等。

國家亦直接經營山林川澤之生產與厲禁。故地官大司徒系統下有「山虞」、「林衡」、「川衡」、「澤虞」、「卝人」等職事。

國家還直接經營商業。如〈地官・泉府〉：「掌以市之徵布，斂市之不售、貨之滯於民用者，以其賈買之」。〈司市〉：「以泉府同貨而歛賖」。

債務的處理也是《周官》財經工作的重要內容。

〈地官・泉府〉：「凡賖者，祭祀無過旬日」，「凡民之貸者，與其有司辨而授之，以國服爲之息，凡國之財用取具焉」。

〈地官・旅師〉：「凡用粟，春頒而秋斂之」。

---

⑮ 〈夏官・槀人〉：「掌受財于職金，以齎其工。……乘其事，試其弓弩，以下上其食而誅賞。」

如此等等。

從戰國時期的情況看，《秦律》所反映的秦的財經工作，恰好具有《周官》上述的內容與特點。在《秦律》中，政府直接負責農業生產的指導並且有自己的農田，而由奴隸進行生產。

〈倉律〉：「隸臣妾其從事公，隸臣月禾二石，隸妾一石半；其不從事，勿稟。小城旦隸臣作者，月禾一石半石……。隸臣田者，以二月月稟二石半石，到九月盡而止其半石。」

〈田律〉：「乘馬服牛稟，過二月弗稟弗致者，皆止，勿稟、致。稟大田而毋（無）恒籍者，以其致到日稟之，勿深致。」

〈廐苑律〉：「以四月、七月、十月、正月膚田牛。……其以牛田，牛減絜，治（笞）主者，寸十。」

奴隸們由政府發給口糧，在農忙季節月食二石半，農閑時減少半石。田牛，也是指國家農地上的耕牛，由奴隸牧養使用。耕牛的肥瘦有一定的標準，牧養管理不好，減膘，要受到處罰。

政府亦直接管理畜牧業。

〈廐苑律〉：「將牧公馬牛，馬（牛）死者，亟謁死所縣，縣亟診而入之，其入之弗亟而令敗者，令以其未敗直（值）賞（償）之。……其大廐、中廐、官廐馬牛殹（也），以其筋革角及其賈（價）錢效，其人詣其官。」

〈倉律〉：「畜雞离倉，用犬者，畜犬期足。豬雞之息字不用者，買（賣）之，別計其錢。」

〈金布律〉：「隸臣妾有亡公器、畜生者，以其日月減其衣食，毋過三分取一。」「牧將公畜生而殺，亡之未賞（償），及居之未備而死，皆出之，毋（勿）責妻、同居。」

手工業、兵工、衣服、車輛等等的製造，政府更有大規模的經

營，故有〈工律〉作種種專門的規定。如：

〈工律〉：「為器同物者，其小大、短長、廣亦必等。」

〈均工〉：「隸臣有巧可以為工者，勿以為人僕養。」

「新工初工事，一歲半紅（功），其後歲賦紅（功）與故等。工師善教之，故工一歲而成，新工兩歲而成。能先期成學者謁上，上且有以賞之。盈期不成學者，籍書而上內史。」

政府亦直接經營商業。

〈關市〉：「為作務及官府市，受錢必輒入其錢缿中，令市者見其入，不從令者，貲一甲。」

政府與官吏及庶民、隸臣妾之間有大量的債務關係，以錢財為內容的賞罰亦很多。

《秦律》中的女奴，也從事縫製衣服等各種女工。

〈工人程〉：「冗隸妾二人當工一人，更隸妾四人當工一人。小隸臣妾可使者五人當工一人。」

「隸妾及女子用箴（針）為緇繡它物，女子一人當男子一人。」

《秦律》有〈田律〉、〈廄苑律〉、〈倉律〉、〈金布律〉、〈關市〉、〈工律〉、〈工人程〉、〈均工〉、〈效〉、〈徭律〉、〈司空〉、〈軍爵律〉等等，反映秦政府對工商等經濟財政活動的全面管理。《周官》亦是如此，故《周官》與《秦律》所描述的財經工作是十分相符合的。

四、《周官》之「官法」與秦之「官法」

比較《秦律》和《周官》在官吏考核、會計上報、公佈法律律令等方面的論述，兩者幾如出一轍。

1.論公佈法律

《秦律》

〈南郡守騰文書〉：「凡法律令者，以教道民，去其淫避（僻），除其惡俗，而使之之于為善殹（也）。……故騰為是而脩法律令、田令及為間私方而下之，令吏明布，令吏民皆明智（知）之，毋巨（歫）于罪。」

〈內史雜〉：「縣各告都官在其縣者，寫其官之用律。」

〈尉雜〉：「歲讎辟律于御史」。

《周官》

〈天官·大宰〉：「乃縣治象之法于象魏，使萬民觀治象，挾日而斂之。」

〈地官·小司徒〉：「令羣吏正要會而致事。正歲，則帥其屬而觀教法之象，徇以木鐸曰：『不用法者，國有常刑。』令羣吏憲禁令，修法糾職，以待邦治。」

〈地官·鄉大夫〉：「正月之吉，受教法於司徒，退而頒之於其鄉吏，使各以教其所治。」「正歲，令羣吏攷法於司徒以退，各憲之於其所治國。」

〈秋官·小司寇〉：「正歲，帥其屬而觀刑象……。乃宣布於四方，憲刑禁。」

〈秋官·士師〉：「正歲，帥其屬而憲禁令于國及郊野。」

2.核查巡視與評比大課制度

《秦律》

〈南郡守騰文書〉：「今且令人索行之，舉劾不從令者，致以律，論及令、丞。有（又）且課縣官，獨多犯令，而令、丞弗得者，以令、丞聞。以次傳，別書江陵，

《周官》

〈天官·大宰〉：「歲終，則令百官府各正其治，受其會，聽其致事，而詔王廢置，三歲則大計羣吏之治而誅賞之。」

〈天官·小宰〉：「月終，則以

布以郵行。」

〈秦律雜抄〉：「省殿，貲工師一甲，丞及曹長一盾。省三歲比殿，貲工師二甲，丞、曹長一甲。」「縣工新獻，殿，貲嗇夫一甲。……城旦為工殿者，治(笞)人百。大車殿，貲司空嗇夫一盾，徒治(笞)五十。」

「漆園殿，貲嗇夫一甲。……漆園三歲比殿，貲嗇夫二甲……。」

「采山重殿，貲嗇夫一甲，佐一盾。三歲比殿，貲嗇夫二甲而灋(廢)……。」

〈廄苑律〉：「以四月、七月、十月、正月膚田牛。卒歲，以正月大課之。殿者，諪田嗇夫，罰冗皂者二月。」

「今課縣、都官公服牛各一課，卒歲，十牛以上而三分一死，不(盈)十牛以下，及受服牛者卒歲死牛三以上，吏主者，徒食牛者及令、丞皆有辠(罪)。內史課縣，大倉課都官及受服者。」

官府之敍，受羣吏之要，贊冢宰受歲會，歲終，則令羣吏致事。」

〈天官・宰夫〉：「歲終，則令羣吏正歲會，月終，則令正月要，旬終，則令正日成，而以考其治，治不以時舉者，以告而誅之。」

〈地官・大司徒〉：「歲終，則令教官正治而致事。」

〈地官・小司徒〉：「三年則大比，大比則受邦國之比要。」「歲終，則考其屬官之治成而誅賞。」

〈地官・鄉師〉：「歲終，則考六鄉之治以詔廢置。」「若國大比，則考教、察辭、稽器、展事，以詔誅賞。」

〈地官・州長〉：「三年大比，則大考州里，以贊鄉大夫廢興。」

〈地官・黨正〉：「以歲時涖校比，及大比亦如之。」

〈春官・內史〉：「掌王之八枋(柄)之法以詔王治。……執國法及國令之貳，以考政事，以逆會計。」……

3.會計上報制度

《秦律》	《周官》
〈倉律〉：「稻□禾孰(熟)，計稻后年。已獲上數，別粲、穤粘稻，別粲，穤之襄(穰)，歲異積	〈天官・大宰〉：「八曰官計，以弊邦治。」 〈天官・宰夫〉：「掌治法以

致百官之……。到十月牒書數，上內(史)。」……

「縣上食者籍及它費大倉，與計偕，都官以計時儲食者籍。」

〈金布律〉：「官相輸者，以書告其出計之年，受者以入計之，八月九月中，其有輸，計其輸所遠近，不能逮其輸所之計……。移計其后年，計毋相繆。工獻輸官者皆深以其年計之。」

〈司空〉：「官相紵(近)者，盡九月而告其計所官，計之其作年。」

《內史雜》：「都官歲上出器求補者數，上會九月內史。」

〈效〉：全部內容係糧食、財物、器具之入庫登記與接交核查制度。「至計而上僭籍內史」。

府羣都縣鄙之治，乘其財用之出入。凡失財用物，辟名者，以官刑詔冢宰而誅之，其足用長財善物者賞之。」

〈天官・司會〉：「掌國之官府郊野縣都之百物財用，凡在書契版圖者之貳，以逆羣吏之治，而聽其會計。以參互攷日成，以月要攷月成，以歲會攷歲成。」

同樣的內容見于「司書」、「職內」、「職歲」、「職幣」。

〈地官・舍人〉：「掌米粟之出入，辨其物，歲終，則會計其政。」

4.事皆有「主」，實行獎懲

《秦律》

〈倉律〉：「日食城旦，盡月而以其餘益為后九月稟所。城旦為安事而益其食，以犯令律論吏主者。」

〈司空〉：損壞公家車牛，「其主車牛者及吏官長皆有皁(罪)。」倉庫所儲藏禾粟有朽敗者，百石以下官嗇夫受到訓斥，

《周官》

〈天官・大宰〉：「刑典，以詰邦國，以刑百官，以糾萬民」，「官刑，以糾邦治」。「以八柄詔王馭群臣。……七曰廢，以馭其罪；八曰誅，以馭其過」。

〈夏官・槀人〉：「掌受財于職金，以齎其工，弓六物為三等，弩四物亦如之……。書其等以饗

百石至千石，罰一甲，超過千石，罰二甲。廐苑所畜牛馬，「牛大牝十，其六母毋(無)子，賞嗇夫，佐各一盾。」

「衡石不正，十六兩以上，貲官嗇夫一甲，不盈十六兩到八兩，貲一盾。」

總之，凡失職不忠於職守，以及違背法令，不執行法令者都要受處罰。

工，乘其事，試其弓弩，以下上其食而誅賞。……凡齎財與其出入皆在稾人，以待會而攷之，亡者闕之。」

戰國末期，齊楚等國在官職建設與官法建設上，亦可能有不少進展。但從已有的資料看，只有秦國才與《周官》如此合拍。《管子》雖然篇幅龐大，關於法的論述很多，但關於官職建設及「官法」的論述則十分薄弱。

第 八 章

周官與秦文化雜考

本章將通過墓地樹數、錢幣、量器、歲時、尚黑統、十日說、「六書」與〈尉律〉以及樂器等具體項目，探討《周官》與秦文化之密切關係。顧頡剛等以爲《周官》爲齊地學者著作，故本章在論述時，將以齊文化作爲對照，目的是在說明《周官》之上述項目，皆非戰國末期齊文化所具有之特徵。

一、墓地之樹數

突出墓地之樹數，是因爲在論喪葬禮制的著作中都沒有樹數的規定，唯《周官》有這種論述。

〈春官・冢人〉：「以爵等爲丘封之度與其樹數」。這裏，「丘封」指墳墓封土的大小，「樹數」指墓前植樹的數量。鄭玄注：「別尊卑也，王公曰丘，諸臣曰封。《漢律》曰：列侯墳高四丈，關內侯以下至庶人各有差」。所謂關內侯以下至庶人各有差是指爵等。漢承秦法，漢爵是基本上沿襲秦制的，故鄭玄對爵等的解釋，原則上亦適用於秦。

但〈冢人〉關於墓制的文字，不僅指出丘封之度隨爵等而別，樹數亦隨爵等而別。這一點，鄭玄卻恰恰忽略了。這種忽略並不是偶然

的疏漏，或無需加以說明，而是因為鄭玄的時代，墓前樹數隨爵等而別早就不存在了。鄭玄並不明白這一制度。漢代喪葬禮制無此規定，現實中亦無此禮制。故鄭玄無法說明，只好撇開不提了。杜子春、先鄭父子、馬融等對此亦無說明。漢代典籍中，《白虎通義》曾提到封樹之制，〈崩薨〉篇說：「封樹者，所以為識，故〈檀弓〉曰：『古也墓而不墳，今丘也，東西南北之人也，不可以不識也』。於是封之，崇四尺。《春秋‧含文嘉》曰：『……大夫八尺，樹以欒，士四尺，樹以槐，庶人無墳，樹以楊柳』」。但〈檀弓〉只談到封，未說樹。〈含文嘉〉較為具體，對天子、諸侯、大夫、士、庶人之墳封尺度作了具體論述。然而關於樹，只說到種類的不同，沒有數的區別。《易‧繫辭傳》：「葬之中野，不封不樹。」《李氏集解》引虞翻云：「穿土稱封，封，古窆字也。聚土為樹。」以樹為聚土，其說與《春秋緯》大異，故《賈疏》云：「鄭不引之（指《春秋‧含文嘉》）者，以《春秋緯》或說異代，多與《周禮》乖，故不引或鄭所不見也。」孫詒讓說：「周天子以下封樹之等數，經無正文。……眾說差牾，今亦無以定之也」（《周禮正義‧冢人》）。

　　實際上《周官‧冢人》所說是有根據的，不過根據不在禮制，也不在經典，如〈王制〉、《儀禮》等，而在《商君書》。這是商鞅在秦變法所欲採取的新法之一。《商君書‧境內》說：「爵自一級……以上至大夫，其官級一等，其墓樹級一樹。」所以由《周官‧冢人》的這條引文，可以確證，《周官》絕不是周代禮制，也不是春秋時的著作，而是商鞅變法後秦人的著作❶。

---

❶　《管子》、《國語》、《左傳》及先秦其他文獻，皆無此種規定，可見這確是商鞅變法而欲採取的新措施。

二、《周官》之錢布

　　春秋戰國時期，各國主要貨幣的名稱有兩種，一是周秦趙等所採用的布幣，一是齊所特有的刀幣❷。故齊有「金刀之法」，秦則有「金布律」。

　　春秋時，姜齊之刀幣有各種形式，如「齊之法化」、「卽墨之法化」、「譚邦之法化」，刀面鑄陽文城名加「之法化」字樣。戰國齊威宣時，又用統一的「齊法化」來統一幣制。「齊法化」的共同特徵是面文無之字❸。

　　秦國的貨幣卻與《周官》一致，爲布錢，取象於錢、鎛（鏟狀農具），是春秋時期周王室及晉、衞、鄭、宋等國的鑄幣。戰國時，隨著秦的兼併，許多布錢都與秦人有關。如平首布幣，大多鑄有城邑名稱，其中鑄爲安陽者是趙幣，然魏亦有安陽。秦在公元前二五七年，取魏的寧新，更名爲安陽，故安陽布很可能亦爲秦的鑄幣。又如應邑布，應邑在今河南寶豐縣西南，《史記》載魏襄王曾與秦王會於應，應在戰國時屬魏所有，後來亦被秦攻佔，一度爲范睢的封地。應邑布亦可能爲秦幣。虞陽布，虞陽卽《史記》的吳城，在今山西平陸北，屬魏，以後也爲秦所攻佔。箕陽布或北箕布，箕陽在今山西太谷境內，戰國時是三晉之地。平陶布在山西文水南，戰國時爲趙地。《史

---

❷　蕭淸，《中國古代貨幣史》(北京：人民出版社，1984)指出「齊國採取刀（劍）的形式鑄幣，可能與原山東半島古東夷國家的習俗有關。」「由於齊在東方一直是一個強大的經濟先進國家，影響所及，使刀貨流通的區域也日益擴大，遂使刀貨體系與周晉鄭上地區的布幣體系並行，成爲我國北方——當時經濟、文化中心地區的兩大貨幣體系。」(頁49～50)「齊國一直是保持獨立刀幣體系的東方大國。」(頁60)

❸　參考朱活，〈古錢〉，《文物》第2期，1982年。

記·魏世家》襄王十三年，「秦取我曲沃、平州」，戰國的尖足布中有平州布❹。所以已出錢布，由於秦國的兼併與擴張，可能是秦國鑄布的一部分。

三竅布錢則為秦占領布錢地區而出現的鑄幣（背文有「一兩」或「十二朱」字樣）。按睡虎地〈金布律〉，秦之貨幣有錢布，有布。布亦兼為布帛之布，如「錢十一當一布，其出入錢以當金、布，以律。」故〈金布律〉常錢、布並提。「賈市居列者及官府之吏，毋敢擇行錢、布，擇行錢、布者，列伍長弗告，吏循之不謹，皆有罪。」

《周官》中之布字亦具此兩種意義。如〈夏官·巫馬〉：「馬死則使其賈粥之，入其布於校人。」〈夏官·羊人〉：「若牧人無牲，則受布於司馬，使其買牲而共之。」這裏的「布」即指錢幣。但也有一些布字，不能直接作錢幣解，如〈地官·廛人〉：「掌斂市之絘布、總布、質布、罰布、廛布，而入於泉府。」〈地官·肆長〉：「斂其總布。」〈地官·泉府〉：「掌以市之征布。」〈地官·閭師〉：「以時徵其賦……凡無職者，出夫布。」〈地官·司市〉：「國凶荒札喪，則市無征而作布。」這些布大多是「稅名」。但「夫布」、「征布」之布，則可能指布疋、布帛之布。

為什麼《周官》許多稅都取名為布？《秦律》可以幫助我們理解。〈金布律〉說：「錢十一當一布。」所以秦人徵稅、罰款、計贓，往往以布為單位❺。罰款一布，或徵稅一布，既可指十一錢，又可以一定長寬的布帛充之。按〈金布律〉的規定，「布袤八尺，福（幅）廣二尺五寸」當一布。也就是說，這樣長寬的布是十一錢，或十一錢

❹　參閱曾庸，〈若干戰國布錢地名之辨釋〉，《考古》第 1 期，1980年；朱活，〈古錢〉。

❺　參見黃展岳，〈雲夢秦律簡論〉，《考古學報》第 1 期，1980年。

等於一疋這樣長寬的布❻。

十一錢當一布，是當時政府規定的價格。

〈法律答問〉說：「邦客與主人鬥，以兵刃、投（殳）梃、拳指傷人，擊以布。何謂擊？擊布入公，如貲布，入齎錢如律。」貲布是罰款性質。不過它可以交布，也可以齎錢。如果齎錢，則以十一錢當一布。准此，《周官》的絻布、質布、罰布、征布、塵布，也可能是同樣的情況。

《周官》無刀幣。反映齊文化之《管子》一書，講到「邦布之籍，終歲十錢」，「民富君無與貧，民貧君無與富，故賦無錢布，府無藏財。」但「邦布之籍」可能指布帛之賦稅。「富無錢布」，錢布當指錢與布。其錢的名稱則為「刀」，故說「今刀布藏於官府，巧幣萬物輕重皆在賈之。」（《管子・山至數》）兩相比較，《周官》之幣制無疑是周秦文化之反映❼。

三、《周官》之量器

《周官》之量器名稱為「鬴」。《周官》有兩處提到「鬴」，一是〈考工記〉，一是〈地官・廩人〉。

---

❻ 〈效〉：「計脫實及出實多於律程，及不當出而出之，直（值）其賈（價），不盈廿二錢，除，曰廿二錢以到六百六十錢，貲官嗇夫一盾，過六百六十錢以上，貲官嗇夫一盾，而夏其出也。」廿二錢卽二疋布，六百六十錢是六十疋布。「計校相繆也，自二百廿錢以下，諄官嗇夫，過二百廿錢以到二千二百錢，貲一盾，過二千二百錢以上，貲一甲。」皆為「十一」之倍數。

❼ 戰國末年，燕趙等布錢流行地區，亦鑄造刀幣，成爲刀布並行區域。《荀子》書中屢言「刀布之斂」，並有「余刀布、有囷窌」的說法（見《荀子》〈富國〉篇與《王霸》、〈榮辱〉篇）與《管子・山至數》說法相似。然秦、周無刀幣，齊無布幣，《周官》只言布不言刀，可見它與齊地幣制無關。附帶指出，王莽也是刀布並用的，其貨幣思想與《周官》不同。

〈考工記〉，學術界多認為是戰國初或春秋末年齊國的官書，郭沫若等對此的研究，已成為定論式的結論❽。〈考工記・㮚氏〉：「量之以為鬴，深尺，內方尺而圜其外，其實一鬴。其臋一寸，其實一豆。其耳三寸，其實一升，重一鈞。」這裏升、豆、鬴（釜），正是齊國量器之名。〈考工記〉中的長度單位「尋」、「常」等採四進制，亦為齊制。

齊國的「鬴」，正式名稱應為「釜」，其大小有新舊之別。姜齊舊「釜」與周斛之比為11968比19975，約相當於周斛的五分之三。姜齊舊釜與田齊新釜的比，也為五分之三。因此，姜齊釜小、田齊釜大，田齊的釜已大致與周斛相等。

《管子・輕重甲》：「粟賈（價）平四十，則金賈（價）四千；粟賈（價）釜四十，則鍾四百也，十鍾四千也，二十鍾者為八千也。金賈四千，則二金中八千也。然則一農之事，終歲耕百畝，百畝之收不過二十鍾。一農之事，乃中二金之財耳。」《管子・海王》說：「鹽百升而釜」。這裏的升、釜、鍾，似是十進位制，應是田齊的量制。

《左傳》昭三年，齊晏嬰說：「齊舊四量，豆、區、釜、鍾。四升為豆，各自其四，以登於釜，釜十則鍾。陳氏三量皆登一焉，鍾乃大矣。」姜齊舊制，由升到豆到釜是四進制，由釜到鍾是十進制。陳氏在與姜齊進行鬥爭時，「大斗出，小斗進」，將姜齊的舊制，各加一個單位，五升為豆，五豆為區，五區為釜，十釜為鍾，以加大了的鍾向平民貸糧食，而以小鍾收進，結果受到人民支持，奪取了齊國的政權。

---

❽ 參閱王忠全，〈秦漢時代「鍾」「斛」「石」新考〉，《中國史研究》第1期，1988年；閆人君〈考工記齊尺考辨〉，《考古》第1期，1983年；〈考工記成書年代新考〉，《文史》第23輯。

現在上海博物館收有田齊的三件量器：

(1) 左關鋪，實測20700毫升。

(2) 子禾子釜，實測20460毫升。

(3) 陳純釜，實測20580毫升。

量器的容量皆與周斛大致相當。

〈考工記〉之鬴重三十斤（一鈞），這比「子午禾釜」十三公斤輕，學者們由此推知當爲舊姜齊之鬴。那麼《周官·地官》中之鬴，是否也是姜齊舊鬴呢？這可由〈地官·廩人〉所定的上食、中食、下食的標準推知。〈地官·廩人〉：

> 凡萬民之食，食者，人四鬴，上也；人三鬴，中也；人二鬴，下也。若食不能人二鬴，則令邦移民就穀。

這些量是多少呢？比較《墨子·雜守篇》可以得知。

〈雜守篇〉是戰國末年秦地墨子學派的作品，它談到城市人民守城時的糧食標準說：

> 斗食（每日食一斗，月食三石）終歲三十六石，參食（每日食三分之二斗）終歲二十四石，四食（每日食四分之二斗）終歲十八石，五食（每日食五分之二斗）終歲十四石四斗，六食（每日食六分之二斗）終歲十二石。斗食食五升，參食食三升小半，四食食二升半，五食食二升，六食食一升大半。

月食三石（三十斗，三大斛），相當於姜齊舊量的五鬴，合現在的六市斗，六十市升。月食三十斗，每天二升，折米一升半。故〈地

官‧廩人〉之上食四鬴，如果係姜齊舊量，就僅爲〈雜守篇〉守城者月食的五分之四，如何能稱爲上食？故必是周斛或秦斛。秦斛與周斛相等。月四斛合四十斗，日食 1.3 斗，比〈雜守篇〉日食一斗多 0.3斗，故稱爲上食。三鬴爲三十斗，每日食一斗，「中也」，正是〈雜守篇〉守城者的標準食量。二鬴，二十斗，每日食三分之二斗，故爲下食。

〈地官‧廩人〉所規定的糧食標準量，不僅其量的大小與秦斛一致，其上食中食下食的數量，參照〈雜守篇〉，也與秦地情況相符合。

睡虎地秦簡也有糧食標準的數字，〈倉律〉：

> 隸臣妾其從事公，隸臣月禾二石，隸妾一石半。小城旦、隸臣作者，月禾一石半石。未能作者，月禾一石。……隸臣田者，以二月月稟二石半石，到九月盡而止其半石。春，月一石半石。

奴隸從事田間操作，二月到九月農忙季節，每月二石半糧食，比月食一斗的標準低，比月食四鬴的標準更低，這是奴隸的標準。

《居延漢簡》55／17 簡：「五月食三石三斗三升少，四月甲午卒徐壽取。」

203／4 簡：「妻大女佳年十八，用穀二石一斗六升大。」

這些數字都是一月食用數，月食的標準也在二石至三石。故《墨子‧雜守篇》「食一斗」，確爲標準的說法。《周官》「四鬴」月食三石三斗，與徐壽所取標準相當，以之作爲民食上的標準是合適的。

田齊的新釜與周斛相當，故《管子‧國蓄》講到每人月食標準

時，說：「中歲之穀，糶石十錢。大男月食四石，月有四十之籍；大女月食三石，月有三十之籍」，亦與〈地官・廩人〉民上食標準一致。

戰國時鬴釜二字似已通用，但鬴與釜其來源與形制實是有區別的。

釜原為烹飪器具，係無腳之鍋。《詩・召南・采蘋》：「於以湘之，維錡及釜」。《毛傳》：「有足曰錡，無足曰釜」。《孟子・滕文公上》：「許子以釜甑爨，以鐵耕乎?!」釜是用於炊事的。齊人以釜為量器，其形制皆有雙耳。「子禾子釜」，「陳純釜」，「左關鍴」皆圓口，鼓腹，旁有雙耳，與〈考工記〉之鬴一致。山東鄒縣廩字陶量，亦有提耳在中腰，為釜雙耳之變形。漢代齊王墓出之釜及海南島之釜亦皆如此。

鬴由鬲發展而來，為金屬炊器。《爾雅・釋器》：「欵足謂之鬲」。但陶器瓦瓶，亦稱鬲。鬴作為容器當由陶鬲而來，其特點是無足無耳。

葉小燕分析五、六百座秦墓，將其劃分為春秋、春秋晚期至戰國早期、戰國中晚期、秦統一後至秦亡及西漢初年五個階段。他指出：春秋晚期和戰國早期，秦陶器墓中，「鼎、甗、簋、方壺逐漸少見，鬲卻增多，並出現了鬴。」同期中原地區，則陶器多為陶鼎、豆、壺。戰國中晚期秦墓，「隨葬器物除少數墓出陶鼎、豆、壺外，大多數墓以陶鬲、盆、罐、壺為主。簋、甗、盤、匜已不再見。一般說中期多鬲，晚期墓以鬴代鬲，兩者也有同時出現於一墓的。」這些隨葬品大都是實用器物，歷年來在鳳翔、臨潼、咸陽等地的秦故城遺址上都有發現，和當時三晉地區墓葬流行的陶鼎、豆（盆）、壺、盤、匜、小壺、鳥柱盆等葬品，是迥然不同的兩種風格❾。

---

❾　葉小燕，〈秦墓初探〉，《考古》第1期，1982年。

　　鄭州杜崗戰國秦漢墓，本地人之隨葬品，多爲陶鼎等，無鬴，秦墓則爲秦式陶罐、盆、壺，並有鬴❿。由此可見鬴確爲秦人之日常生活用品。

　　鳳翔秦公陵園墓 ⅩⅢ 號有陶鬴一件❶。鳳南Ⅲ號陵亦有陶鬴一件。報告說：「從Ⅲ號陵園出土的遺物看，除了相當於春秋晚期或戰國早期的陶豆外，其餘各類出土物均爲戰國早中期的，尤以大廂點的鬲與鬴最爲典型。因此推知Ⅲ號陵園的構築時間,當在戰國早期。」❷

　　鬴，《說文解字》：「秦名土鬴曰鬴」。「今俗作鍋,土斧者出於匋也。」這秦人常用之容器與量器，與齊人多用銅釜者有別,當是事實。

　　由此可以設想，〈考工記〉之鬴字，原來可能是釜字。當漢人把它編入《周官》時，爲與〈地官·廩人〉一致，而將釜字改爲鬴字了。

四、《周官》之歲時

　　《周官》記歲時常有「正月吉日」、「正歲」、「歲終」等詞。如：

　　〈天官·大宰〉：「正月之吉，始和，布治於邦國都鄙。」鄭玄注：「正月，周之正月。吉，謂朔日。」

　　〈小宰〉：「正歲，帥治官之屬而觀治象之法。」鄭玄注：「正歲，謂夏之正月，得四時之正。」

　　錢穆先生由此認爲《周官》同時用「周正」與「夏正」兩個正朔，說「這正和祭天了還祭五帝，是同樣的滑稽。」❸

---

❿　〈鄭州崗社戰國晚期至漢初墓〉，《文物資料》第10期，1955年。
❶　〈鳳翔秦公陵園第二次鑽探簡報〉，《文物》第 5 期，1987年。
❷　〈鳳翔秦公陵園鑽探與試掘簡報〉，《文物》第 7 期，1983年。
❸　錢穆，〈周官著作時代考〉，載《兩漢經學今古文平議》，頁302，臺北：東大圖書公司，1983年。

　　實際上，《周官》是爲未來新王朝設計的政府職官書，這個新王朝究竟採用「何正」，並未予預定。所以《周官》「正月之吉」是假定的套語，正如「五月吉日」、「丙午吉日」是套語一樣❹。如果未來的新王朝採「周正」，則其正月吉日爲建子的十一月，如採「殷正」，則爲建丑的十二月，如採「夏正」則爲建寅的正月。《周官》並未預定新王朝採用何正，故其「正月吉日」是未定的。

　　「夏正」與實際的客觀的歲時或天文歲時一致，故任何一個以「天人感應」爲基礎而安排政事時令秩序的書，必然採用「夏正」。《周官》亦是如此。故孫詒讓云：「凡經言春夏秋冬者並據夏時。」（《周禮正義·內宰》）《周官》中涉及歲時的材料如下：

　　〈天官·內宰〉：「中春(仲春)詔后帥外內命婦始蠶於北郊，以爲祭服」。「始蠶」即澆蠶種，爲養蠶之始，時爲夏曆二月。賈公彥《周禮疏》引馬質古《蠶書》云：「蠶爲龍精，月值大火則浴其種。」「月值大火」即指夏曆二月。十二次之一的大火配地支卯，與夏建寅，卯爲二月相應❺。夏曆二月「大火」在二十八宿上，含氐房心尾，是東方蒼龍的主幹，值大火浴蠶種，亦與龍精相應。

　　〈地官·媒氏〉：「中春之月，令會男女。」鄭玄注：「中春陰陽交，以成昏禮，順天時也。」〈夏小正〉二月：「綏多女士，綏，安也，冠子取婦之時也。」《呂氏春秋·仲春紀》：「是月也，玄鳥至，至之日，以太牢祀於高禖。」《詩·大雅·生民·毛傳》：「去無子，求有子，古者必立郊禖焉。玄鳥至之日，以太牢祀於郊禖。」《詩經·商頌·玄鳥·毛傳》云：「玄鳥，鳦也，春分玄鳥降。湯之先祖有娀氏簡狄

<hr />

❹　參閱龐朴，〈「五月丙午」與「正月丁亥」〉，《文物》第6期，1979年。

❺　參閱殷崇浩，〈七月之曆探〉，《文史》第15輯。

配高辛氏帝，帝率與之祈於郊禖而生契。」盧植《月令》云：「玄鳥至時，陰陽中（即春分），萬物生，故於是月以三牲請子於高禖之神。居明顯之處，故謂之高，因其求子，故謀之媒。」《左傳》昭公十七年：「玄鳥氏，司分者也，青鳥氏，司啓者也。」杜注：「玄鳥燕也，以春分來，秋分去。」故《周官》之「中春」爲夏曆二月。

〈秋官・司烜氏〉：「中春以木鐸修火禁於國中。」鄭注云：「季春將出火也。」按五行「木生火」，季春出火，故於仲春修火禁。《呂氏春秋・仲春紀》：「是月也，無竭川澤，無焚山林。」「修火禁」與「無焚山林」皆在仲春，兩者是一致的。

〈天官・凌人〉：「掌冰，正歲，十有二月，令斬冰，三其凌。」鄭玄注：「正歲，季冬，火星中，大寒，冰方盛之時。」爲什麼特別提出「正歲，十有二月」，正是要表明《周官》之月次非「周正」或「殷正」等之十二月，而是天文實際歲時的十二月，也即「夏正」的十二月。

以上《周官》論歲時的材料，包括一年的二月與十二月。這兩個月都與夏正相合，因此，它的實際政事與農事活動的安排是用夏正的。

所可注意者，秦人之實際政事與農事活動，亦用「夏正」。睡虎地秦簡《日書》甲種，論各月晝夜長短說：

> 正月，日七夕九。二月，日八夕八。三月，日九夕七。四月，日十夕六。五月，日十一夕五。六月，日十夕六。七月，日九夕七。八月，日八夕八。九月，日七夕九。十月，日六夕十。十一月，日五夕十一。十二月，日六夕十。

　　1986年3月，甘肅天水放馬灘一號秦墓出土《日書》與《呂氏春秋》同時，亦有相同的文字。其中五月日最長，爲夏至，十一月日最短，爲冬至。二月、八月日夜長短相等，爲春分、秋分。這是陰陽合曆的「夏正」。

　　放馬灘秦墓《日書》有〈月建〉，每月建除十二辰與十二地支對應。建除十二辰順序爲：建、除、盈、平、定、執、彼、危、成、收、開、閉。其對應地支爲：

　　　　正月建寅、除卯、盈辰、平巳、定午、執未、彼申、危酉、成戌、收亥、開子、閉丑。(甲1)
　　　　二月建卯、除辰、盈巳、平午、定未……。(甲2)
　　　　三月建辰、除巳、盈午、平未……。❻

以此類推。其月建首建寅，正是夏正。

　　《日書》是民間迷信禁忌所用之書，睡虎地《秦律》則爲官書。然其政事安排亦用「夏正」。

　　秦簡〈田律〉：「春二月，毋敢伐材木山林及雍（壅）隄水。不夏月，毋敢夜草爲灰。」其春二月之農事禁令與《呂氏春秋》及《周官》一致。

　　〈倉律〉：「隸臣田者，以二月稟二石半石，到九月盡而止半石。」

　　〈金布律〉：「受衣者，夏衣以四月盡六月稟之。冬衣以九月盡十一月稟之。」

　　農忙季節爲二月至九月，此只能是夏正。故稟夏衣正當夏季，冬

<hr>

❻　何雙全，〈天水放馬灘秦簡綜述〉，《文物》第2期，1989年。

衣則於九月盡十一月，冬季來臨前一月稟之。

〈廄苑律〉：「以四月、七月、十月、正月膚田牛。卒歲，以正月大課之。」「卒歲」多次見於秦簡及銀雀山漢墓竹簡〈田法〉，當爲先秦習用語。卒歲之後，又以「正月大課之」，與《周官》歲終之後，又以正月大課，完全一致。

「正歲」之歲指歲星運行所定的客觀時歲，卽鄭玄所謂「日月星宿之位。」屬於「天行有常」的「天位」、「天期」、「天時」（《周禮·馮相氏》）。「年」則爲人爲的行政曆法之計時系統，它可以與歲時一致，也可以與實際歲時出入很大。

夏正也是人爲的行政計時制，如同「周正」「都正」一樣，故採用夏正的國家，計時亦以年爲單位❶，但因爲「夏正」的年歲與客觀實際歲時一致，故兩者並不存在實際差別。

春秋時，晉國用「夏正」，但晉國史官記時仍以年爲順序。杜預〈春秋後序〉曰：「晉太康中，汲縣人發其界內舊冢，得古書簡，皆編科斗文字，記晉國起自殤叔，次文侯、昭侯，以至曲沃莊伯之十一年十一月，魯隱公之元年正月也。」《國語·晉語·一》：「十六年，公作二軍。」韋注：「獻公十六年，魯閔之元年也」。〈晉語·三〉，記惠公卽位，出共世子而改葬，民謠曰：「歲之二七，其靡有徵兮。」郭偃曰：「十四年，君之冢嗣其替乎，其數告於民矣。」〈晉語·四〉，記晉文公在狄十二年，狐偃曰：「遠人入服，不爲郵矣，今其季年，可也」。子犯曰：「天事必象，十有二年，必獲此土，二三子志之：歲在壽星及

---

❶ 傳統的說法認爲「夏曰歲，商曰祀，周曰年，唐虞曰載」(《爾雅·釋天》)，許多學者對此並不相信。邵晉涵《爾雅正義》說「〈堯典〉言成歲，是唐虞亦稱歲」。〈商頌·殷武〉云：歲事來辟，是商亦稱歲也」。胡厚宣〈殷代稱「年」說補證〉證明殷代年歲的稱謂，除了稱歲、祀，「也有稱年的」(《文物》第8期，1987年)，所以傳統的說法不能成立。

鵜尾，其有此土乎。」證明歲、年的用法在〈晉語〉中是有區別的。

〈春官・大史〉：「正歲年以序事，頒之於官府及都鄙。」「頒告朔於邦國。」

〈春官・馮相氏〉：「掌十有二歲，十有二月，十有二辰，十日，二十有八星之位，辨其敍事，以會天位。」

「大史」所掌是實際的政府官定的年曆，「馮相氏」所掌則是客觀的天時天位，是天文歲時；「大史」屬於史官性質，「馮相氏」則是天文星象家，其任務是測定一年四季的歲時所在，不致發生時令物候的差錯。兩者既有聯繫，又有區別。一些著作將歲、年混為一談，或認為反映了夏、殷、周在紀年上的區別，都是不正確的。

五、《周官》之「十日」說

《周官》有「十日」之說。

〈春官・馮相氏〉：「馮相氏掌十有二歲，十有二月，十有二辰，十日，二十有八星之位，辨其敍事，以會天位。」鄭玄注：「會天位者，合此歲日月辰星宿五者，以為時事之候。」

〈春官・保章氏〉：「掌天星以志星辰日月之變動……，以星土辨九州之地所封，封域皆有分星，以觀妖祥。以十有二歲之相，觀天下之妖祥。」鄭玄注：「辰，日月所會。」

〈秋官・萯蔟氏〉：「掌覆夭鳥之巢，以方書十日之號，十有二辰之號，十有二月之號，十有二歲之號，二十有八星之號，懸其巢上則去之。」鄭玄注：「日謂從甲至癸，辰謂從子至亥，月謂從娵至荼，歲謂從攝提格至赤奮若，星謂從角至軫，夭鳥見此五者而去，其詳未聞。」

《周官》所謂十二歲、十二月、二十八星之號，是戰國後期廣泛流行的說法。湖北隨縣曾侯墓有二十八宿星圖及名稱，時間是戰國早期。

十二歲及十二月之名，見於屈原〈離騷〉：「攝提貞於孟陬兮，惟庚寅吾以降。」王逸注：「太歲在寅，正月始春，庚寅之日，下母之體而生，得陽陰之正也。」顧炎武說：「攝提歲也，孟陬月也，庚寅日也。屈子以寅年寅月寅日生。」「或謂（指朱熹）攝提星名，〈天官書〉所謂直斗杓所指以建時節者，非也。豈有自述其世系生辰，乃不言年，而止言月日者哉。」(《日知錄》卷二十)

浦江清據《史記·天官書》認為，歲星亦名攝提，因此攝提乃是兼指紀年作用之歲星攝提，及隨斗柄運轉方位以定月令之大角左右之攝提星。貞字的意義是正也，當也；格字的意義是正也，來也，至也，故「攝提格」就是「攝提正」。歲星正於正月，是第一攝提格，年名就叫攝提格。歲星正於二月，是第二攝提格，年名叫做單閼。「孟陬是夏曆正月。孟的意義是始，正月始春，同時也是一年的始月。陬字的來歷不明，或是指正月裏太陽在娵訾而得名的。」史景成〈周禮成書年代考〉同意浦氏的意見[18]。

屈原生於紀元前三三九年。〈離騷〉寫作在其晚年，約前二九○年，屬戰國晚期。《呂氏春秋·序意篇》說：「維秦八年，歲在君灘。」這是戰國文獻中歲名紀年最明確的紀錄。

十二月名則見於楚帛書（短銘、長銘）及《爾雅》等。列表如下[19]：

---

[18] 史景成，〈周禮成書年代考〉，《續偽書通考》上冊，臺北：臺灣學生書局。

[19] 陳夢家，〈戰國楚帛書考〉，《考古學報》第2期，1984年。

	《爾雅》	楚帛書 （短銘）	楚帛書 （長銘）	文 獻 及 器 銘
正　月	陬	取	取	〈離騷〉、《史記·曆書》、《漢書·律曆志》均作孟陬
二　月	如	女	女	
三　月	寎	秉、司春	秉	鄂君啓節：「夏杘之月。」
四　月	余	余	汩	
五　月	皋	如	如	
六　月	且	虘、司夏	虘	
七　月	相	倉	倉	
八　月	壯	戕		
九　月	玄	玄、司秋	玄	
十　月	陽	汩		
十一月	辜	（姑）	（姑）	
十二月	涂	荼、司冬	瞢	

　　十二辰，鄭玄有兩種解釋，一爲一天十二時。《愼子》：「晝夜百刻而辰周十二，故以八刻二十一（八）分爲一時。」不過顧炎武謂古無以一日分爲十二時之說（《日知錄》卷二十）。另一種解釋爲「日月所會。」「月，斗所建之辰。」《漢書·律曆志》：「斗建下爲十二辰，視其建而知其次。」又「辰者，日月之會而建所指也。」這是戰國

時未已流行的，秦簡《日書》更證明了這一點。

值得討論的是「十日」。

在殷人曆法中，十日爲一旬，故郭沫若以爲《周官》之十日，《左傳》之「天有十日」皆指一旬（〈釋干支〉）。但以「一旬」與十有二歲及二十八星等並列，並以之定天位，顯然是不恰當的。

《左傳》昭公七年:「天有十日」，《左傳》昭公五年:「日之數十，故有十時。」《日知錄》云:「古無所謂時，凡言時，若〈堯典〉之四時，《左氏傳》之三時，皆謂春夏秋冬也。」（《日知錄》卷二十）故十日不指一天之十時，亦不指一旬之十日。在甲骨文中，干支聯用以紀日，十天干並不單獨用以紀日[20]。所以《周官》所謂「十日」，當如鄭玄所云，爲「甲乙至壬癸」，其確切意義是指五行學說中之「日甲乙」、「日丙丁」等。

《墨子・貴義》說:「帝以甲乙日殺青龍於東方，以丙丁日殺赤龍於南方，庚辛日殺白龍於西方，以壬癸日殺黑龍於北方。」

《管子・四時》說:「春三月，以甲乙之日發五政……夏三月，以丙丁之日發五政……。秋三月，以庚辛之日發五政……冬三月，以壬癸之日發五政。」

《呂氏春秋》十二紀有「其日甲乙」（春），「其日丙丁」（夏），「其日戊己」(季夏)，「其日庚辛」（秋），「其日壬癸」(冬)之說。〈四

---

[20] 卜辭有「月甲從斗」、「月庚從斗」、「月庚從斗，延雨」、「癸不其啓」、「今日辛，至昏雨」、「已啓」等，似乎是以十干紀日，但實際上這是簡稱。癸日指干支表上含癸之日，辛日指含辛之日。《春秋左傳》昭公九年:「辰在子卯，謂之疾日。」《禮記・檀弓》:「子卯不樂。」所謂子日、卯日亦是干支甲子、乙卯的省稱。鄭玄注曰:「紂以甲子死，桀以乙卯亡，王者謂之疾日。」陸德明《音義》引賈逵曰:「桀以乙卯日死，紂以甲子日亡，故以爲戒。」小屯南地甲骨有「甲辰卜，翊日乙，王其省盂田。」「辛酉卜，今日辛。」「辛酉卜，翌日壬。」乙、辛、壬都是乙巳、辛酉、壬戌的省寫（《小屯南地甲骨考釋》，頁96，中華書局版）。

時〉與十二紀都根據陰陽五行學說。其所謂「日甲乙」等，一般注釋爲木日、火日、土日、金日、水日。但〈四時〉無戊己日。故《周官》之「十日」說，可說直接源於或同於《呂氏春秋》。五行系統中所謂「日甲乙」或「甲乙日」等，形式上是五日，爲何鄭玄以爲是十日？因爲它實包含有十個日。此十日的最早來源，據我的看法正是在周秦地區民間流行的古老的十月曆制❷，亦卽夏時制。

十月曆制將一太陽年分爲均等的十段，每段三十六天，十段共三百六十天，餘下的數天過年。這種十段或後人所稱的「十月」（嚴格地說，月是陰陽合曆的觀念，十段制無月的觀念）太陽曆制，在中國雲貴彝族文化中仍有遺留。《詩・豳風》則有十月曆制的史影。故流行於豳地及晉國的「夏時」（〈夏小正〉），其原本正是十月曆制❷。

按十月制，一年三百六十天，一月爲三十六天，分爲三組，每組爲十二天，以地支表之爲子、丑、寅等等，以後每一日又配以動物，所以十二支最早恰恰是與計「日」相聯繫的。

現存雲南彝族地區的許多集市，以十二獸屬相命名，如虎街、牛街。每一街名，也就是集市貿易的日期，十二天輪流集市一次，一月共輪流三次。這正是十二支爲紀日之證❷。

《管子・幼官圖》說：「十二，地氣發，戒春事。十二小卯，出

❷　詳見本書附錄：〈論五行象數思想的起源與發展過程〉。
❷　參見陳久金〈夏小正是十月太陽曆〉，《自然科學史研究》1 卷 4 期，1982年。陳文的主要論點是〈夏小正〉與〈月令〉星象，三月初基本一致，四月初差半月以上，六月初相差一個月，至下年正月又完全一樣，這只有用〈夏小正〉爲十月曆方能解釋。〈夏小正〉正月初昏斗柄在下，六月初昏斗柄在上，時間相差五個月，故繞行一周爲十個月。〈夏小正〉「五月時有養日」，「十月時有養夜」。說明夏至多至在五月與十月。〈夏小正〉十一與十二月沒有星象，說明它是後人加上的。
❷　劉漢堯等，《彝族文化研究論文集》，雲南人民出版社，1985年。

耕。十二，天氣下，賜與。十二，義氣至，修門閭。十二，清明發禁。十二，始卯，合男女。十二，中卯，十二，下卯，三卯同事……。十二，小郢，至德。十二，絕氣下，下爵賞……。」皆以十二爲一單元。一年分爲三十個十二，共三百六十天。春季爲八舉時節，九十六天；夏季爲七舉時節，八十四天；秋季爲九舉時節，一百零八天；冬季爲六舉時節，七十二天。

《管子‧五行》說：「睹甲子木行御，……七十二日而畢……。丙子火行御，……七十二日而畢……。」

《淮南子‧天文訓》說：「壬午冬至，甲子受制，木用事，火煙青，七十二日。」「丙子受制，火用事，火煙赤，七十二日。」木、火、土、金、水共五節，每節七十二天，一年三百六十日，「歲遷六日」，共三百六十六天。這些都是十月曆制的變形。

當這種十等分太陽曆制被陰陽合曆取代時，其一年分十段五節，每段兩月(日)，兩月（日）又分雌雄，就只能以日甲乙、日丙丁、及剛日、柔日、男人日、女人日等形式，保留下來了（參見《文物》第1期，「天水放馬灘秦簡綜述」1989：2。《周官》亦保留了這一史影，這可以說是其深受巴地文化及《日書》等秦之民俗文化影響的表現。

六、《周官》之尚黑統

黑統是「三統說」的名詞。所謂「三統」是以夏爲黑統，殷爲白統，周爲赤統。董仲舒《春秋繁露‧三代改制質文》說：

> 三正以黑統。初正，日月朔於營室，斗建寅，天統氣，始通化物，物見萌達，其色黑，故朝正服黑……。正白統者，曆正，

> 日月朔於虛，斗建丑，天統氣，始蛻化物，物始芽，其色白，
> 故朝正服白，……。

又說：

> （正黑統）覩赤統，故日分平明，平明朝正……。（正白統）覩
> 黑統，故日分鳴晨，鳴晨朝正……。（正赤統）覩白統，故日
> 分夜半，夜半朝正。

《尚書大傳》說：「夏以平旦爲朔，殷以雞鳴爲朔，周以夜半
爲朔。」但戰國已流行「三統」說。《逸周書》說：「惟一月，既南
至，昏，昴畢見，日短極，基踐長，微陽動於黃泉，陰降慘於萬物。
是月，斗柄建子，始昏北指，陽氣虧，草木萌蕩……。越我周王，致
伐於商，改正異械，以垂三統。」（〈周月解〉）

《周官》之時曆爲夏曆，亦尊尚黑統。〈春官·雞人〉：「掌共
雞牲辨其物。大祭祀，夜呼旦以嘂百官。」鄭注：「夜，夜漏未盡，
雞鳴時也。呼旦以警起百官，使夙興。」意思是說雞鳴呼百官，以明
旦朝正，與《春秋繁露》及《大傳》所謂正黑統，夏以「平旦爲朔」，
「平明朝正」正相符合。

〈夏官·弁師〉：「掌王之五冕，皆玄冕、朱裡、延紐。」「玄
冕」即黑冕。與正黑統之「其色黑，故朝服黑」相合。

〈天官·追師〉：「掌王后之首服，爲副編次追衡笄。」鄭司農
云：「追，冠名」。〈士冠禮記〉曰：「委貌，周道也；章甫，殷道也；
牟追，夏后氏之道也。追師掌冠冕之官，故并主王后之首服。」王后
之首服亦爲夏服。

《尚書·禹貢》說：「禹錫玄圭，告厥成功。」《史記·夏本紀》說：「帝乃錫禹玄圭，告成功於天下。」《墨子·非攻下》說：「高陽乃命禹玄宮，禹親把天之瑞命。」《禮緯稽命征》說：「天命以黑，故夏有玄圭。」所謂玄圭、玄宮與天命以黑統相應，玄晃等亦屬此類。

七、《周官》「豳風」與秦之樂器

〈春官·籥章〉：「掌土鼓、豳籥。中春晝擊土鼓、龡豳詩以逆暑。中秋夜迎寒亦如之。凡國祈年於田祖，龡豳雅、擊土鼓以樂田畯，國祭蠟則龡豳頌、擊土鼓以息老物。」

這是《周官》極具特色的一段記載與文字，反映出濃厚的生活氣息與歷史悠久深遠的民俗。

徐中舒1936年作〈豳風說〉指出：「土鼓卽瓦缶之別名。」**㉔**〈秋官·壺涿氏〉：「掌除水蟲，以炮土之鼓毆之。」鄭玄注：「炮土之鼓，瓦鼓也。」《易·離》之九三云：「不鼓缶而歌。」《詩·陳風·宛丘》之詩擊缶與擊鼓并舉，故土鼓之爲瓦缶，確如鄭玄所言。《說文》云：「瓦器所以盛酒醬，秦人鼓之以節歌。」

《史記·廉頗藺相如列傳》載秦趙會於澠池，藺相如請秦王擊缶。李斯〈諫逐客書〉云：「夫擊甕叩缶，彈箏搏髀，而歌呼嗚嗚快耳目者，眞秦之聲也。」又云：「今棄擊甕叩缶而就鄭衞。」意謂鄭衞無此聲。《漢書·楊惲傳》楊報孫會宗書云：「家本秦也，能爲秦聲，婦趙女也，雅善鼓瑟，奴婢歌者數人，酒酣耳熱，仰天拊缶而呼嗚嗚。」故擊缶爲秦樂所特有。《易》稱擊缶，實反映兩周關中之舊俗

㉔ 徐中舒，〈豳風說——兼論《詩經》爲魯詩國師工歌詩之底本〉，《中央研究院歷史語言研究所集刊》第6本第4分。

（用徐中舒説）。

「豳詩」爲著名的農事詩。徐氏以「七月流火」非周初之星象；秦地穴居，不應有茅屋；蠶桑非豳地所有；〈豳風・破斧〉有「周公東征」等語，斷定其爲魯詩，以豳爲魯地，與周秦無關。

然此說實多誤解。實際上，〈豳風〉及〈夏小正〉所載時曆皆爲遠古夏時之十月曆制。故〈夏小正〉「五月初昏火星中」，與「七月流火」正是周初天象❷⑤。

關中之氣候，古代相當溫暖。漢時「渭川猶有千畝竹。」在周初公劉時代，氣候當更暖和，有桑蠶並不奇怪❷⑥。稻，在今北京亦有種植。「豳詩」之稻爲作春酒用，當是糯米之類，爲小量物產，故與〈禹貢〉所講大量種植之「宜黍稷」，不相矛盾。

關中之房屋，固然多穴居者，但早在史前之半坡遺址，其先民卽築房屋居住。且〈豳風〉之「晝爾於茅，宵爾索綯。」晝夜對舉，皆指農事活動。「晝採茅，夜作索，以亟其乘屋。」此「乘屋」可能爲祈來年百穀於公社之社屋祭祀場所，非民間普遍居住之茅屋。

更需注意者，《周官》稱「豳詩」、「豳頌」、「豳雅」，故此之「風」、「雅」、「頌」確爲樂的曲調之名❷⑦，與《詩經》之「風」、「雅」、「頌」爲詩體分類者不同。故《周官》「豳風」等之內容不能完全以《詩》之〈豳風〉各篇爲解，它也許僅指流行於豳地的由來已久之民歌或關中之三種曲調而已。

---

❷⑤　參見❷②。

❷⑥　參閱拙著，《漢代思想史・緒論》，頁5，北京：中國社會科學出版社。東周至西漢，是我國歷史上第二溫暖期，當時的物候比淸初要早三個星期。柳又春、陸正華，《漫話氣候變遷》，江蘇科學技術出版社，1981，對此有詳細論述。

❷⑦　參閱章必功，〈六詩探故〉，《文史》第22輯。

《左傳》襄公二十九年：吳公子季札至魯觀周樂，使工爲之歌〈周南〉、〈召南〉，歌〈邶〉、〈齊〉，及爲之歌〈豳〉，曰：「美哉，蕩乎！樂而不淫，其周公之東乎？！」此處〈豳〉與〈周南〉、〈召南〉、〈邶〉並列，是《詩經》之〈豳風〉無疑。季札肯定其爲「周公之東。」又〈豳風·破斧〉有「周公東征」，〈東山〉有「我徂東山」之語，故而〈詩序〉說：「周公遭變，故陳后稷先公風化之所由，致王業之艱難。」杜注：「周公遭管、蔡之變，東征三年，爲成王陳后稷先公不敢荒淫，以成王業，故言其周公之東乎。」但杜預已覺沒有把握，所以以疑問口氣言之。「周公之東」究作何解，已不可知，也許是周公東征，周人子弟回憶豳地鄉情而作之詩。

所以，不論內容或《周官》所言之「豳風」、「豳雅」、「豳頌」之曲調及其歌舞時所用之樂器，都可以看作是關中舊俗與秦文化之反映。

八、《周官》之「六書」與〈尉律〉

《周官》十分重視「六書」的教育與學習。

〈地官·保氏〉：「保氏掌諫王惡，而養國子以道，乃教之六藝。」六書是六藝的重要內容之一。

徐復觀說：「書卽是寫字，先秦政府與民間的教育工作，必然從學寫字開始，但在教育歷程中，沒有給以特別重要的地位，到漢始特爲重視，並見之於律令。」[28]

張政烺則認爲六書是指「六甲、九九、急就、三蒼之屬。」[29]「六

---

[28] 徐復觀，《周官成立之時代及其思想性格》，頁168。
[29] 張政烺，〈六書古義〉，《中央研究院歷史語言研究所集刊》第10本。

甲與陰陽五行相表裡，爲一切迷信禁忌之基本，在古人爲一極重要之知識，自日常生活之吉凶趨避，以至學習九流兵書術數方技之學，莫不需此。是以小學首學習之。其淵源甚古，歷漢至唐，猶未衰竭。」故認爲以「六書」爲「象形、象事、象意、象聲、轉注、假借」，是劉歆的僞造。

張氏的論證建立在「六書」象形、會意，意義艱深，非小學學僮所能學懂。但張氏忽略了陰陽五行之迷忌同樣艱深、複雜，非小學僮所宜學。如果六甲九九，只限於以六甲練寫字、背口訣，則何需大學以前七八年時間反覆爲此？「六書」象形、會意、形聲之內容有深淺的不同。作爲文字形成與發展之理論的探討，至今學者尙多爭論。許愼固然未全弄清，今人亦何嘗不是如此？正如漢語語法之理論，專家輩出，衆說紛紜，至今沒有定論，非中小學所宜深學一樣，但此與中小學教習簡單語法、拼音等並不矛盾。因此，張氏所謂「白首矻矻，終身未能通其義」，顯然是混淆了文字之理論研究與認字之基本知識兩者的界限的。

先秦時無大學，故「學僮」時間極長。〈說文敍〉引〈尉律〉說：「學僮十七已上，始試，諷籀書九千字乃得爲史。又以八體試之，郡移太史並課，最者以爲尙書史。書或不正，輒舉劾之。今雖有〈尉律〉，不課，小學不修，莫達其說久矣。」據此，學僮之年齡爲八至十七歲，共九年時間。《周官》以「六書」等教國子，國子之年齡亦在八歲至成年。所以「六書」之學習是少年至青年的整段時間，非如王充所謂充爲小兒，「六歲教書」，「八歲出於書館」（《論衡·自紀篇》）之幼童。張氏以王充幼童學於書館之年齡理解《周官》之國子及古之學僮之年齡，這是其發生錯誤推論的原因。

更重要的是張氏忽略了〈尉律〉強調「學書」之特定時代背景。

從〈說文敍〉可知，東漢時「六書」的學習久已廢置不行，故感嘆「今雖有〈尉律〉，不課，小學不修，莫達其說久矣。」何以如此？原因是漢代文字已隸書化、規範化，故識字、寫字的任務大為簡化。通行的字體已無「八體」或「六體」之分，又何得以「八體」「六體」試學僮？識字寫字既較先秦簡易，會者很多，又何需特別考試以作為任吏的標準？所以〈尉律〉之頒行，「通八體」，「諷籀書九千字以上乃得為史」，所反映的正是漢隸通行以前的情況，也就是說正是先秦或秦漢之際的情況。

班固《漢書‧藝文志》小學家說：「漢興，蕭何草律，亦著其法，曰：『太史試學童，能諷書九千字以上，乃得為史，又以六體試之，課最者以為尚書御史史書令史。吏民上書，字或不正，輒舉劾。』六體者，古文、奇字、篆書、隸書、繆篆、蟲書，皆所以通知古今文字，摹印章，書幡信也。」蕭何是秦時的縣吏，熟知秦法，他自己就是據〈尉律〉考課而得以為吏的，所以他草律時把〈尉律〉照抄過來，成為漢律❸⓿。所以〈尉律〉的制訂、頒佈及嚴格執行，是在蕭何以前，這是完全可以肯定的。漢初，秦之八體已有變化，故蕭何據漢時情況而加以修正，改為六體❸①。這種修正，既反映出由〈尉律〉到漢初，社會情況與文字的變化；亦反映出兩者情況的相同，即古今文字各形體交叉

❸⓿ 徐復觀認為〈尉律〉是蕭何始創的，故說「六書」的學習漢時才特別重視。其實，〈尉律〉是蕭何繼承秦法而為的。段玉裁《說文注》說：「〈尉律〉謂漢廷尉所守律令也。〈百官公卿表〉曰：『廷尉秦官，掌刑辟。』」〈尉律〉的取名即源於秦之廷尉。《漢書‧刑法志》：「蕭何捃撫秦法，取其宜於時者，作律九章。」〈尉律〉當亦包括在內。故《漢書‧藝文志》小學家直說：「蕭何草律，亦著其法。」其法即指秦〈尉律〉之內容。

❸① 段玉裁《說文解字注》等認為〈尉律〉為蕭何所造。其實，〈說文敍〉引〈尉律〉，並未說是蕭何所造。班固《漢書‧藝文志》小學家只說「蕭何草律，亦著其法」。蕭何草律是摘抄秦法，故所謂「亦著其法」之「其」是指秦，「其法」指參照秦法而成〈尉律〉。

並存；篆書、刻符、蟲書、隸書等字體並存，不識古今文字與各種字體，就不可能爲印章，爲書幡信，完成爲吏、爲書史的任務。所以〈尉律〉的時代十分清楚地表明必是在漢以前。當時六書與六體或八體的學習，具有十分重要的社會地位。

秦漢之際，文字混亂與各種字體並存的情況，由馬王堆帛書及秦簡可清楚說明。以馬王堆帛書《老子》甲本與乙本而言，甲本在前，爲小篆，乙本爲隸書。甲本妨作方，惚作忽，動作重，徐作余，侮作毋，混作昆，苙作立，爵作時……乙本亦多如此。如果不熟悉形聲的一般規律，是無法識讀的。

兩書又多通假字，如眇通妙，刑通形，上通尚，聲通聖，芬通紛，使通令，橐通託，命通名，搏通博，與通豫，國通域，……如果不知道假借、形聲的初步知識，也無法識讀。

兩書還有許多極不規範的字，類如《周官》之奇字，如爬（亂）、搝（搗）、墭（埏）、耶（聖）、（絀混）、婴（鄭）、粽（餘）、覘（窺）、唰（爽）、筮（逝）、荍（策）、捄（救）等等❸，更需通形聲、會意、諧聲，才能識讀。

唐賈公彥疏《說文》云：

> 云象形者，日月之類是也，象日月形體而爲之。云會意者，武信之類是也，人言爲信，止戈爲武，會合人意，故云會意也。云轉注者，玫老之類是也，建類一首，文意相授，左右相注，故名轉注。云處事者，上下之類是也。人在一上爲上，人在一下爲下，各有其處，事得其宜，故名處事也。名假借者，令長

---

❸　參閱嚴靈峰，《馬王堆帛書老子試探》，臺北：成文出版社，1982。

之類是也。一字兩用，故名假借也。六云諧聲者，即形聲一也，江河之類是也。皆以水為形，以工可為聲，但書有六體，形聲實多。

在先秦與秦漢之際，文字由於普遍存在六體並用情況，文字亦極不規範，故一方面學僮不學六書、六體或八體，就無法識讀，更不能為吏；另一方面，由於學習的範本與教材所在皆是，耳濡目染，教師加以指點，歸納，講述幾個讀書識字的要法竅門（即六書六體），學僮們是並不難懂的。比之現代人來學習六書六體，反而要容易些。正如現代人學射箭、習珠算比古代人要難得多一樣。

明瞭了以上的時代背景，徐復觀的說法要倒過來才正確，即將學書法提高到與禮樂同等的地位，並見之於律令，恰恰是先秦與秦漢之際的特點。晚於這個時代，文字規範化了，這種「律令」的成立與對六書學習的嚴格要求就不需要了，也不可能出現了。

張政烺先生以「六甲」解「六書」，故將〈尉律〉所說「六體」解為「六曹」❸，這是矛盾的。〈尉律〉明明是說諷籀書九千字及試八體之事。「郡移太史並課」亦是指對十七歲學僮之諷書與寫字的考試，文字至簡至明，不可能另作他解。張氏另起爐灶，插入漢代對官吏的考計等等內容，是以愈解離題愈遠。

太史為秦官，〈尉律〉當為秦律，故蕭何「亦著其法」，即是依照秦法而著其法。「尉」指「縣尉」、「國尉」等，秦之「縣尉」實負責全縣的吏事與軍事。《續漢書‧百官制》：「尉主盜賊」。于豪亮〈雲

---

❸ 張政烺，〈說文敍引尉律解〉，《中央研究院歷史語言研究所集刊》第17本。

夢秦簡所見職官述略〉說，縣尉僅負責一縣的治安，是不確的❸。

　　〈秦律雜抄〉說：「除士吏、發弩嗇夫不如律，及發弩射不中，尉貲二甲。」「縣毋敢包卒爲弟子，尉貲二甲，免令，二甲。」〈戍律〉：「同居毋並行，縣嗇夫、尉、士、吏行戍不以律，貲二甲。」「令戍者勉補繕城，罷勿令爲它事；已補，乃令增塞埤塞。縣尉時循視其攻（功）及所爲，敢令爲它事，使者貲二甲。」《商君書・境內》：「國尉分地，以徒、校分積尺而攻之，爲期曰：『先已者當爲再啓，後已者訾爲最殿、再訾則廢。』」證明除士吏、除弟子，實行獎罰是尉的責任。所以〈尉律〉規定課試年十七之學僮之諷書及掌握「八體」之能力，並以其優秀合格者送郡課試，是尉的責任，是有根據的。

　　戰國時，趙有「中尉」，其職責是「選練舉賢，任官使能」（《史記・趙世家》）。《呂氏春秋》十二紀中有「太尉」，其職責是「贊桀（杰）俊，遂賢良，舉長大。」〈尉律〉正反映「尉」的這種責任。

　　由此可見，《周官》之「六書」，正好是秦與秦漢之際的產物。

---

❸　《于豪亮學術文存》，頁88～116，北京：中華書局，1985。

第 九 章

漢人周官注與周官成書之時代

本章通過漢人對《周官》的注釋及漢代文獻關於《周官》記載的分析，以證明《周官》非王莽、劉歆所能偽作。下面分兩節來討論這一問題。

一、《周官》與漢制

徐復觀說：「在三鄭的注釋中，我曾約略加以統計，以『若今』的官、事、物為解釋的，共一百二十有餘，以王莽時作解釋的有四。他們的所謂『若今』的今，卽指漢代而言。其中有的僅為漢代所有，而鄭氏無法推向前代的……。明王應麟根據《周官》鄭注，成《漢制考》一書，蓋欲以『漢制證遺經』，實則應反轉過來，以漢制證《周官》之所自出。蓋有許多情形，只有漢代才有，不可能推到漢代以前去。」❶其實徐所指的幾條證據都是不能成立的。相反，本文將要指出，漢人以漢制注《周官》，存在不少錯誤。這些錯誤證明，《周官》作者確是生活在漢代以前，所以對先秦的制度、情況十分熟悉，信手拈來而絲絲入扣。故《周官》不僅非王莽所杜撰，鄭玄等亦不可能憑藉其淵博的文獻書本知識而作出全部正確的注釋。

---

❶　徐復觀，《周官成立之時代及其思想性格》，頁58、59。

　　《周官》中以今況古，注解得對的地方，不是本文研究的目的所在，無須多講。這些注證明了漢承秦制，漢時的許多制度、風習與秦一脈承傳，仍是沒有多少變化的。如〈天官・小宰〉：「聽政役以比居」。鄭司農云：「比居，謂伍籍也。比地為伍，因內政寄軍令，以伍籍發軍起役者，平而無遺脫也。」這是以漢制況《周官》，但這種制度是秦漢一直相繼沿續的。又如：「聽稱責以傅別。」鄭司農說，「稱責謂貸予。傅別，謂券書也。聽訟責者，以券書決之。傅，傅著約束於文書。別，別為兩，兩家各得一也。」「傅別，故書作傅辨，鄭大夫（與）讀為符別，杜子春讀為傅別。」鄭玄：「傅別，謂為大手書一札，中字別之。」這種債券制度，也是先秦至兩漢相繼沿用的，僅形式有所變化。又如「聽買賣以質劑。」鄭司農云：「劑謂市中平賈，今時月平是也。」鄭玄說，「質劑，謂兩書一札，同而別之，長曰質，短曰劑。傅別、質劑，皆今之券書也。」這種質劑、傅別、券書以至市中平賈、月平，也是由秦到漢一直沿續的。至唐代，傅別、質劑之形式演變為「畫指券」，但性質仍是一樣的。

　　〈地官・掌節〉說，「掌守邦節而辨其用，以輔王命。守邦國者用玉節，守都鄙者用角節。凡邦國之使節，山國用虎節，土國用人節，澤國用龍節，皆金也，以英蕩輔之。門關用符節，貨賄用璽節，道路用旌節。皆有期以反節。」鄭玄注：「符節者，如今宮中諸官詔符也。璽節者，今之印章也。旌節，今使者所擁節是也。將送者，執此節以送行者，皆以道里日時課，如今郵行有程矣。」又說「商或取貨於民間，無璽節者，至關，關為之璽節及傳出之。……如今移過所文書。」這裏鄭玄的注也是對的。因為這種符傳璽節制度由秦至漢承傳未變，僅名稱有點變化，如璽節，「今之印章也」。先秦，公私印章都稱璽節，秦始皇規定皇帝的印稱璽，璽與印就分開了，但璽節是印章這一

本質並沒有改變。

　　先秦，凡上市之貨物，必須蓋官府的印記，所以《周官》說「貨賄用璽節」。未經過「司市」的貨物，經過關門時，由「司關」加蓋印章。因為這種印是官府的，所以秦簡〈法律答問〉稱之為「公璽」。特標出「公璽」，說明當時民間有私人印章稱私璽。貨物須用璽節，是為了徵稅。

　　關卡徵稅用的璽印，山東五蓮盤古城出土銅璽最為典型。銅璽璽面形製為方欄突起，陽文四字為：「左桁（橫）正（徵）木（璽）。」這種璽印，見於著錄者一件，載於黃濬所輯《尊古齋集林初二集》，羅福頤將其收入《古璽滙編》，編號為0298，釋文為：「左桁正木」。將另兩方釋為「右桁正木」、「左桁稟木」，分別編號為0299、0300號。石志廉在其〈戰國古璽考釋十種〉❷ 中，將璽文分別釋為「右正（征）桁（橫）木」、「左稟桁（橫）木」。認為此類官璽既非稱杆所用，也不是用來鈐打糧食口袋上的封泥，應是在公用衡木中間部位打印用的火烙印。據其文字特徵及其部分出土於齊都臨淄，他推斷是齊國的官璽。孫敬明等認為，「左」，意即「東」，桁為橫。《聞一多全集・古典新義・周易義證類纂》：「行讀為桁，貫鼎耳橫木也……。凡橫木皆可謂之桁。」故桁（橫）與門、關相類。置橫木於道，即設立關卡之意。正者征也。征稅也。故「左桁（橫）正（征）木（璽）」即左橫關卡征稅所用的璽印。戰國古璽文之璽，有作「氺」、「木」形者，或加金旁，或加土旁。八方璽印最後一字，基本作「氺」形，與戰國之璽字相近，故可釋讀為「左橫征璽」❸。

---

❷　石志廉，〈戰國古璽考釋十種〉，《中國歷史博物館館刊》第2期，1980年。

❸　孫敬明、高關和、王學良，〈山東五蓮盤古城發現戰國齊兵器印和璽印〉，載《文物》第3期，1986年，北京出版。

我認爲孫敬明等釋㸚爲璽是正確的，因爲關卡征稅的印是官印，代表一種權力，其上必有官名或官府機構的名稱。故羅福頤、石志廉讀爲「左橫征木」、「右行稟木」，就變成了沒有權力意義的「標記」，是不符合官府璽印的本質的。不過「衍」應讀爲「行」，正卽正，不必讀爲征。「左衍正」、「右衍正」卽「左行正」、「右行正」，是官職之名，如同《周官》中之「宮正」、「酒正」、「黨正」、「縣正」，《周書》之「農正」、「樂正」等一樣。官分左右在先秦是普遍情況，「行正」分左右是自然的，其任務爲征稅。

「符」作爲個人出關所用的證件，有個人身分、年齡及特徵的記載，如居延漢簡中的材料：永光元年正月己酉，橐佗延壽隧長孫時符。符上記載：「妻大女，昭武萬歲里孫弟卿，年廿一。子小女玉女，年三歲。弟小女耳，年九歲。皆黑色。」這種符傳，秦時已是如此。《墨子•號令》：「吏卒民無符節，而擅入里巷、官府，吏、三老守閭者失苛止，皆斷。」睡虎地秦簡〈法律答問〉：「亡久書、符卷、公璽、衡累，已坐以論，後自得所亡，論當除不？當。」說明秦時符傳制度已極爲嚴格，漢代的符璽等與秦是一脈相承的。

徐復觀所謂「僅僅漢代有而不可能推到先秦」的「案比」、「舉賢良」等，亦屬此種情況。

巡案、大課、大比，在秦簡中有大量論述，《管子》亦有不少類似的提法，如「案之以法」、「案其罪」、「三老、里有司、伍長案行之」、「案法式而驗得失」、「案法式課成功」等等。這些究其實質都是「案比」。到漢代，案比有多種形式，「八月案比」僅是其中常用的一種而已，它固定在八月舉行。但《周官》中並無「八月案比」的說法。鄭玄以漢代之「八月案比」況《周官》，並不表明《周官》有「八月案比」的制度。所以徐氏認爲《周官》的大比、課比，原自漢代的

「八月案比」，是把事情弄顛倒了。

〈地官・鄉大夫〉：「三年則大比，考其德行、道藝而興賢者、能者。」鄭司農將此況之爲漢代的「舉孝廉」、「舉茂才」。鄭司農這樣說，目的是讓人對「大比」的性質有所了解。實際上，《周官》的「三年大比、考德行道藝」與漢代之舉茂才、孝廉性質並不相同。可以說，漢代的舉孝廉、茂才是《周官》、《管子》舉賢能的進一步發展，徐認爲這是《周官》將漢代舉孝廉等選舉制理想化，也是把歷史顛倒了。

以上是以漢制注《周官》的第一種情況。類似的注在《周官》中還有一些，如書契版圖制、簿書會計制、司法方面的八辟（先請制）等等，不必一一例舉。

但三鄭等以漢制注《周官》，不少是注錯了。

例如以「爵等爲丘封之度與其樹數」。由於漢代樹數無爵級貴卑的限制，所以三鄭作注時，就完全忽略了。然而這種制度在商鞅的著作中是明確規定了的，在秦國也可能是眞正實行了的。

又如關於戰俘爲奴的制度，《周官》寫得很清楚，因爲秦國確實在實行這種制度。「五甲首而隸五家」、「賜虜六」及「寇降以爲隸臣」的規定就是鐵證。但鄭玄的時代，這種制度也不存在了。所以鄭玄雖然說「獲」是「師之所取」，具體解釋時，卻曲解成是「奴隸、刑人、盜賊爲奴者」，而不講戰俘爲奴了。

這類性質的錯誤，在三鄭《周官》注中涉及各個方面，如經濟、政治、文化禮儀、官職設置等等方面。兹舉例如下：

（一）〈秋官・朝士〉：「凡屬責（債）者，以其地傅而聽其辭。」鄭司農說，「謂訟地畔界者，田地町畔相比屬，故謂之屬責。以地傅而聽其辭，以其比畔爲證也。」鄭司農將「屬責」解釋爲田地訴訟，這很

明顯不符合《周官》的原意。田地糾紛之訴訟，在《周官》中稱爲
「地訟」，不稱爲「屬責」。所以鄭玄加以糾正，指出「屬責，轉責，使
人歸之而本主死亡，歸受之數相抵冒者也。」也就是將債務轉屬他人，
或由他人還債。訴訟就是處理這種債務糾紛。鄭玄對「屬責」的解
釋，較符合《周官》的原意。但鄭玄的解釋，仍停留於紙面上的抽象
了解，並不懂得它的眞實社會內容，所以對「地傳」的解釋很空泛。
他說：「以其地之人相比近，能爲證者來，乃受其辭爲治之。」但是那
有一個訴訟是先要相比近的人能爲證，才能受理呢？而且本主已經死
亡，債務關係比近的人又如何能了解爲證呢？因此，鄭玄的解釋仍然
只能令人糊塗，不清楚。

　　這條經文的社會內容，只有聯繫睡虎地秦簡提供的社會情況才能
了解。

　　從睡虎地秦簡看，秦人債務關係的範圍十分廣泛，並且主要是國
家、政府與官吏、庶民、奴隸之間的債務，而非私人之間的債務，故
經常有「屬責」問題。〈金布律〉說：

> 百姓叚（假）公器及有責（債）未賞（償），其日曉以收責之，
> 而弗收責，其人死、亡；及隸臣妾有亡公器、畜生者，以其日
> 月減其衣食，毋過三分取一。其所亡衆，計之，終歲衣食不曉
> 以稍賞（償），令居之。其弗令居之，其人死、亡，令其官嗇
> 夫及吏主者代賞（償）之。
>
> 縣都官坐效、計以負賞（償）者，已論，嗇夫卽以其直（值）錢分
> 負其長官及冗吏，與人與參辨券，以效少內，少內以收責之。
> 其入贏者，亦官與辨券，入之。其責毋敢逾歲，逾歲而弗入及
> 不如令者，皆以律令之。

官嗇夫免，復爲嗇夫，而坐其故官以負賞（償）及有它責（債），貧窶毋（無）以賞（償）者，稍減其秩、月食以賞（償）之，弗得居；其免也，令以律居之。官嗇夫免，效其官而有不備者，令其稗官分，如其事。吏坐官以負賞（償），未而死，及有罪以收，孰出其分。其已分而死，及恒作官府以負責（債），牧將公畜生而殺，亡之未賞（償），及居之未備而死，皆出之，毋（勿）責妻、同居。

《周官》所謂「凡屬責者」，正是指〈金布律〉所講國家與人民、與官吏、與隸臣妾等之間的債務之追償及轉移。鄭玄錯解爲一般的私人債務，這說明秦漢社會情況變化，鄭玄已不了解。

何謂「以其地傳而聽其辭？」鄭司農解釋爲「田地町畔相比」固然不得要領，鄭玄釋爲「附近地方的人」亦是空泛不得要旨的。

「地傳」應指地籍、伍籍、戶籍，即屬責者所屬之地域、縣、鄉、里之名籍。在睡虎地秦簡〈爰書〉中，凡訴訟必書明訴訟者及訴訟對象之姓名、地里、戶籍，這便是所謂「地傳」。〈爰書〉：「何謂匿戶及敖童弗傅？匿戶弗繇，使弗令出戶賦之謂也。」匿戶與弗傅是性質相同的事。「傅」，此處即指正式登入應賦的「名籍」。〈倉律〉說：「小隸臣妾以八月傅爲大隸臣妾，以十月益食。」〈傅律〉說：「百姓不當老，至老時不用請，敢爲酢（詐）僞者，貲二甲；典、老弗告，貲各一甲。」「匿敖童，及占癃不審，典老贖耐。」「百姓不當老，至老時不用請，敢爲酢（詐）僞者，伍人，戶一盾，皆罨（遷）之。」〈傅律〉的內容基本上爲戶口名籍之事。《漢書·景帝紀》：景帝二年，「令天下男子年二十始傅」。師古注曰：「傅，著也。言著名籍，給公家徭役也。」著名籍，謂之傅，這正是承秦之〈傅律〉而

來。睡虎地秦簡《編年紀》：「秦始皇元年，喜傅。」當時喜年十七。秦代男子年十七，卽登入應徵服役的名冊。景帝改十七爲二十，但傅的性質是一樣的。秦律〈內史雜〉說：「除佐必當壯以上，毋除士伍新傅。」因爲士伍新傅者的年齡尚小，身體不夠強壯。因此，「地傅」是一特定名詞，指居住者戶籍所在之地、里、縣、鄉。《說文》段注：「傅，古假爲敷字，如禹敷土，亦作禹傅土是也，亦爲今之附近字，如凡言附著是也。」「地傅」卽附著於地，義通戶籍。

〈金布律〉：「有責（債）於公及貲贖者居他縣，輒移居其縣責之。公有債，百姓未賞（償），亦移其縣，縣償。」所以查明當事者的地傅、戶籍是十分重要的。鄭玄的時代，「屬責」的性質與內容都發生了重大變化，對屬責、地傅的解釋自然就不能貼切了。

（二）何謂罰布？本書第六章已經指出，只有聯繫秦簡才能得到較眞切的了解。在秦簡中，「布」具有兩重意義，這兩重意義又是相互關聯的。但鄭玄的時代，十一錢當一布的情況不存在了，所以鄭玄解釋「布」就只有錢幣這一種意義而另一種意義則被忽略了❹。

（三）〈地官・小司徒〉：「凡建邦國，立其社稷，正其畿疆之封。凡民訟，以地比正之。地訟，以圖正之。」鄭司農注：民訟，「以田畔所與比正斷其訟。地訟，爭疆界者，圖，謂邦國本圖。」這裏鄭司農對「地訟」的注是正確的，但對民訟的解釋不清楚。因這裏的民訟，與「地訟」相應，指邦國之間由爭封地疆界而引起的爭民的訴訟，非指一般民間關於田地的訴訟。對這種訴訟，以「地比」正之。「地比」，卽〈天官・小宰〉之「聽政役以比居」之「比居」。鄭司農注「比居」說：「比居，謂伍籍也。比地爲伍，因內政寄軍令，以伍籍發

---

❹ 鄭玄，《周禮・地官・廛人》注：「罰布者，犯市令者之泉也」。又說：「布，泉也」，卽貨幣。

軍起役者，平而無遺脫也。」「地比」正是比地爲伍之意。天子封邦國
諸侯，不僅授之圖以正疆界，亦授以地比、伍籍、民戶數。「民訟」
卽指由這方面發生的訴訟，所以與「地訟」是一類性質，皆爲諸侯、
貴族之間的糾紛。 鄭司農將「民訟」理解爲民間關於田地的訴訟糾
紛，是因爲東漢時，關於封國之間的民戶爭執，已基本不存在了，田
地訴訟已成爲民間訴訟的重要內容，而處理此類訴訟時，地方官常以
田畔邊界正其斷，故這亦是時代變化有以使然。

　　(四)〈地官・大司徒〉：「諸公之地，封疆方五百里……。諸侯之
地，封疆方四百里……。諸伯之地，封疆方三百里……。諸男之地，
封疆方百里。」《禮記・王制》中亦有五等之爵，但「天子之田方千
里，公侯田方百里，伯七十里，子男五十里。」鄭玄解釋說：「周武王
初定天下，更立五等之爵，增以子男而猶因殷之地，以九州之界尚狹
也。周公攝政，致太平，斥大九州之界，制禮，成武王之意，封王者
之後爲公，及有功者之諸侯，大者地方五百里……。」❺實際上周公
與周代並無此種分封制。鄭玄這樣解釋，固然是歷史常識的錯誤，且
有《周官》爲周公所作的陳見作祟，但更重要的原因是因爲不了解戰
國末期，秦國的「封建」已達此規模。如本書第二章所論，呂不韋食
河南洛陽十萬戶，爲五個大縣，正是方五百里，故《周官》作者爲新
王朝設計時，參照此種情況提出了新的分封標準。鄭玄生活在東漢，
旣不能從漢代分封中得到此種分封規模的參考解釋資料，又不考慮秦
人的分封情況，故只能設想爲周公分封的規模，從而犯了錯誤。這亦
是時代的變化使然。

　　(五)〈天官・小宰〉：「掌建邦之宮刑，以治王宮之政令，凡

---

❺　鄭玄，《禮記・王制》注。

官之糾禁。」杜子春注:「宮皆當爲官」。鄭玄注:「宮刑,在王宮中者之刑,建明布告之。糾猶割也,察也,若今御史中丞。」杜子春解宮爲官,是因爲漢代朝廷分爲內朝、外朝。內朝爲王宮範圍,外朝爲宰相、百官,卽所謂王官。杜子春以爲「小宰」爲「冢宰」之副,是外朝性質,其糾察的對象應是王官,所以說「凡宮皆爲官」。《周官》的時代,朝廷無內朝外朝之分。冢宰及其副職小宰旣管外,又管內,故說「掌建邦之宮刑」。宮刑具有邦國之刑的性質,是國家政事的一部分。所以杜子春的注是犯了時代的錯誤。鄭玄雖指出宮應爲宮,不應爲官,但何謂「在王宮中者」,也很模糊不清。《周官》小宰相當於漢代之御史大夫。御史中丞爲御史大夫之主要屬員。韋昭《辨釋名》說,「御史大夫下丞有二,其一別居殿中,舉不法,故曰中丞。」管理宮禁,確爲中丞之事。但鄭玄以御史中丞喻爲小宰,則是不合適的。所以如此,仍然是因爲秦漢官職、政治之情況變化了的緣故。《周官》小宰兼御史大夫與御史中丞之職於一身,漢代則已有分化。

(六)〈天官・內宰〉:「以陰禮教六宮」。鄭司農注:「六宮,後五前一,王之妃百二十人,后一人,夫人三人,嬪九人,世婦二十七人,女御八十一人。」鄭玄說:「九御,女御也,九九而御於王,因以號焉,使之九九爲屬。」實際上,《周官》只有九嬪、九御。二十七世婦,八十一女御,這種由三而九而二十七而八十一的系統,是《禮記》與《春秋繁露》等漢代文獻的觀念。《禮記・王制》:「天子三公、九卿、二十七大夫、八十一元士。」《禮記・昏義》:「天子后立六宮、三夫人、九嬪、二十七世婦、八十一御妻,以聽天下之內治。」《春秋繁露・官制象天》更將此種三進位數系統歸之於天,認爲是「天人合一」的表現。因此,鄭司農與鄭玄以《禮記》解《周官》,實質上是以漢人之觀念解《周官》,於是解錯了。

（七）〈春官·司尊彝〉：「掌六尊六彝之位……。春祠、夏禴，祼用雞彝、鳥彝，皆有舟。其朝踐用兩獻尊，其再獻，用兩象尊……。」鄭司農：「獻讀爲犧。犧尊，飾以翡翠。象尊，以象鳳皇，或曰以象骨飾尊。」《禮記·明堂位》：「尊用犧、象」，鄭玄注：「尊，酒器也。犧尊，以沙羽爲畫飾，（象尊）象骨飾之。」又據孔《疏》引《鄭志》鄭玄答張逸問曰：「犧讀如沙。沙，鳳皇也。……刻畫鳳皇之象於尊，其形婆娑。」後儒對此亦聚訟紛紜。孫詒讓《周禮正義·春官·司尊彝》疏引王肅《禮器注》云：「爲犧牛及象之形，鑿背以爲尊，故謂之犧象。」

王肅說，「大和中（按『大和』爲三國時魏明帝年號），魯郡於地中得齊大夫子尾送女器有犧尊，以犧牛爲尊。然則象尊，尊爲象形也。」阮諶《禮圖》則謂「犧尊，飾以牛；象尊，飾以象。於尊腹上畫爲牛、象之形。」現在地下出土的大量實物，證明了王肅的解釋確是正確的。容庚、張維持《殷周青銅器通論》（科學出版社，1958年）所載之尊，凡以鳥獸名者，皆作鳥獸形。犧尊、象尊亦不例外。如圖141—143之象尊（殷時器）皆作象形；圖151之犧尊（春秋時器）作犧形；而圖152之犧尊（春秋晚期晉國器）則作牛形，這可能因爲犧爲牛屬之故。又1963年陝西興平豆馬村出土的西漢「錯金銀雲紋犀（犧）尊」，亦作犧形❻。鄭玄對《周官》中的禮器不完全熟悉，所以亦注錯了。

（八）〈天官·冢宰〉：「大府，下大夫二人，上士四人，下士八人。」「司會，中大夫二人，下大夫四人，上士八人，中士十有六人。」鄭玄注：「大府，爲王治藏之長，若今司農矣。」「司會，主天

---

❻　楊天宇，〈論鄭玄三禮注〉，《文史》第二十一輯，中華書局出版。

下之大計，計官之長，若今尚書。」

徐復觀說：「鄭注『若今司農』、『若今尚書』，這實際是由當時的司農、尚書，以制定大府及司會的官職。而鄭所說的『今尚書』，乃由漢武起，職權不斷擴大的尚書，非漢初的尚書。漢初不僅『尚書僅治文書而已』，且更無可以與司會職權相當的其他官職。換言之，若無漢武以後的尚書作背景，即很難想像出司會的職權。」❼

實際上，在《周官》中，大府的任務是收藏保管貨賄。「大府掌九貢、九賦、九功之貳，以受其貨賄之入，頒其貨於受藏之府，頒其賄於受用之府。凡官府都鄙之吏及執事者受財用焉……。歲終，則以貨賄之出入會之。」與「大府」相似而更為專門的是「玉府」、「內府」與「外府」。玉府：「掌王之金玉玩好兵器，凡良貨賄之藏。」內府：「掌受九貢、九賦、九功之貨賄，良兵、良器，以待邦之大用。」外府：「掌邦布之入出，以共百物，而待邦之用。」「大府」這一官職與秦之「大內」相當。睡虎地秦簡〈金布律〉：「縣都官以七月糞公器不可繕者，有久職者靡（磨）蚩之。其金及鐵器入以為銅。都官輸大內，內受買之，盡七月而臞（畢），都官遠大內者輸縣，縣受買之。」「受衣者，夏衣以四月盡六月稟之。冬衣以九月盡十一月稟之，過時者勿稟。後計冬衣來年。囚有寒者為褐衣……。已稟衣，有餘褐十以上，輸大內，與計偕。都官有用……。其官，妻臣妾、舂城旦勿用。在咸陽者致其衣大內，在它縣者致衣從事之縣。縣、大內皆聽其官致，以律稟衣。」秦之「大內」負責保管金屬銅鐵金及公用器具、衣服、帳簿等等，也可以說是掌保管全國貨賄的。《周官》之「大府」當由秦之「大內」而來。

---

❼ 徐復觀，《周官成立之時代及其思想性格》，頁59。

　　秦亦有「少府」。傳世有「秦少府矛」，其一面銘作「武庫□屬邦」，一面銘作「三十年少府工擔」（曾藏於中國歷史博物館），可能是秦昭王三十年的。1966年5月燕下都北沈村發現秦少府銅矛，一面銘作「少府」，另一面有「武庫夋屬邦」字樣 ❽，證明秦「少府」的主要任務是掌管武器的製作與收藏，與《周官》內府「掌受良兵良器，以待邦之大用」一致。《周官》之「外府」則與秦之「少內」相當。〈金布律〉：「縣、都官坐效計從負賞（償）者，已論，嗇夫卽其（值）錢分負其長官及冗吏，而人與參辨券，以效少內，少內以收責之。」「少內」的職務與金錢的收付有關，與《周官》「外府掌邦布之出入」一致，所以「外府」亦是以秦制作背景的。

　　《周官》之「司會」，主要任務是財會統計與審核，「以九貢之法，致邦國之財用。以九賦之法，令田野之財用，以九功之法，令民職之財用，以九式之法，均節邦之財用。掌國之官府郊野縣都之百物財用。凡在書契版圖者之貳，以逆羣吏之治，而聽其會計……。以歲會考歲成。」與「司會」這一職務相當的是秦之「內史」。睡虎地秦簡〈厩苑律〉講到官用牛馬放牧致死的處理，說「內史課縣，大（太）倉課都官及受服者。」〈倉律〉規定，「入禾稼、芻稾，輒為廥籍，上內史。」稻穀成熟後，「到十月牒書數，上內史。」〈效律〉則講到，每年上報賬目及倉庫的賬本也要上報內史。〈金布律〉講物資的處理，「以書時謁其狀內史」，等等。所以「司會」這一職務與秦之「內史」職相當。

　　鄭玄以漢之「司農」注「大府」，以漢時之「尚書」注「司會」，是不對的。漢代之司農相當於秦之治粟內史，掌穀貨，武帝改名大司

❽　參見彭邦炯，〈從出土秦簡再探秦內史與大內、少內和少府的關係與職掌〉，載《考古與文物》第5期，1987年，陝西西安出版。

農以後，屬官有太倉、均輸、平準、都內、籍田五令丞、斡官、鐵市兩長丞，遠較《周官》之大府複雜；其職務內容廣泛，包括有領導農業生產的責任。漢時之尚書，據《漢書・百官公卿表》源於秦「少府」之六丞，但漢武以後，尚書掌管「國家機樞」❾。與《周官》之「司會」之財會審核性質完全不同。所以由鄭玄的注不僅不能說明《周官》以漢時之官職情況爲背景，恰恰相反，說明了鄭玄已不甚了解《周官》官職設置的背景。由於秦漢以來，官職演變迅速，許多官職名實不符，面目全非，鄭玄以漢制爲喻而錯解是不足爲怪的。

下面討論司隸問題。

《周官・秋官》有「司隸」：「掌五隸之法，辨其物而掌其政令。」「秋官」所以有「司隸」之設，反映了《周官》的時代，奴隸制殘餘嚴重存在，王宮之大量服役人員皆爲罪隸、奴隸及由俘虜而來的隸臣。所以它在先秦出現是十分自然的。但廢除奴隸制殘餘是王莽改制、收買人心的一項政策，如果《周官》爲王莽所作，這樣公然主張大量地使用奴隸並設專門官職以管理奴隸，是不可想像的。但徐復觀卻認爲如此。他說：

> 〈秋官〉中的司隸，鄭注：「隸給勞辱之役者。漢武始制司隸，亦使將徒治道溝渠之役。後稍尊之，使主宮府及近郡。」這可說是他們在隱瞞時代上所露出的最顯明的漏洞。《漢書》十九上〈百官公卿表〉上：「司隸，周官，武帝征和四年初置，成帝元延四年省。綏和二年哀帝復置，但爲司隸。」❿

---

❾　《漢書・蕭望之傳》。
❿　徐復觀，《周官成立之時代及其思想性格》，頁58。

　　所謂「漢始置」是說漢代首先設立「司隸」這一實際的官職，並非說漢代以前文獻上無此名稱。前已指出，《周官》中的許多官職名稱是作者根據情況虛擬的，並不表示它在政治制度中已經存在。武帝由《周官》的啓發而設立「司隸校尉」一職是很自然的事。《漢書・百官公卿表》指出：「司隸校尉（師古曰：以掌徒隸而巡察，故云司隸）出《周官》」，是正確的。

　　《周官》之「司隸」，反映先秦情況，故其主要任務是「搏盜賊」，「役國中之辱事」；「邦有祭祀賓客喪紀之事，則役其煩辱之事」，「守王宮與野舍之厲禁」。與之相近的罪隸、蠻隸等，主要任務都是爲王室從事生產。漢代之司隸校尉，始設時亦如此，以後則「內察京師百官，督大奸滑」[11]。無組織、監管生產之任務，這是社會情況的變化有以使然，不是人爲地可以杜撰的。徐復觀說：「哀帝時的司隸，不再率管罪人，所以作《周官》的人便另外想出一個罪隸；有越騎校尉、長水（長水胡）校尉，胡騎校尉等，便由此而想出蠻隸、閩隸、夷隸、貉隸等。」[12]殊不知，這些名稱卽使可以聯想，而職務內容是無法憑空聯想的。職務內容旣使可以聯想空撰，但何以這些職務符合秦國統一前的社會情況而與西漢末年的王宮政治情況不相干，這也是無法解釋的。

　　總之，漢人以漢制注《周官》，不論注對的或注錯的，都證明《周官》確是反映先秦情況，非王莽、劉歆所能僞撰。

二、《周官》與《大戴禮記》

　　《禮記》、《儀禮》、《周官》被稱爲三禮。《禮記》是對《儀

---

[11]　《漢書・百官公卿表》。
[12]　徐復觀，《周官成立之時代及其思想性格》，頁59。

禮》的傳注，其時代晚於《儀禮》。《儀禮》為戰國時期文獻。《禮
記》一般認為是戰國至漢代陸續匯集之講禮的著作。《禮記》有《大
戴禮記》與《小戴禮記》。《大戴禮記》編成於漢宣帝時期，出於
戴德；《小戴禮記》出於戴聖。現在所稱《禮記》，即指《小戴禮
記》。

《大戴禮記》原本有八十五篇，現存四十篇，其中與《周官》有
關係的是〈盛德〉篇與〈朝事〉篇。〈盛德〉有兩段話與《周官》
類似。〈朝事〉內容與〈秋官・大行人〉、〈小行人〉、〈司儀〉、
〈掌客〉等相同。徐復觀認為這是《周官》抄《大戴禮記》，以此作
為《周官》為王莽所作的論據。

〈盛德〉的兩段話如下：

> 古之御政以治天下者，冢宰之官以成道，司徒之官以成德，宗
> 伯之官以成仁，司馬之官以成聖，司寇之官以成義，司空之官
> 以成禮。故六官以為轡，司會均入以為軜（驂，內轡也），故御四
> 馬，執六轡，御天地與人與事者，亦有六政。
>
> 是故官屬不理，分職不明，法政不一，百事失紀，曰亂也，亂
> 則飾冢宰。地宜不殖，財物不蕃，萬民飢寒；教訓失道，風俗
> 淫僻，百姓流亡，人民散敗，曰危也，危則飾司徒。父子不
> 親，長幼無序，君臣上下相乖，曰不和也，不和則飾宗伯。賢
> 能失官爵，功勞失賞祿，爵祿失則士卒疾怨，兵弱不用，曰不
> 平也，不平則飾司馬。刑罰不中，暴亂姦邪不勝，曰不成也，
> 不成則飾司寇。百度不審，立事失理，財物失量，曰貧也，貧
> 則飾司空。

〈盛德〉在這裏提出的六官、六政與《周官》密切相關，但不能據此即認爲是《周官》抄〈盛德〉。相反，〈盛德〉這兩段話倒是抄自《周官》的。

（一）〈盛德〉中關於冢宰、宗伯、司徒、司馬、司寇、司空的職責，是從失職方面提出的，它必有一種正面論述作爲根據；作爲原發性的論著，是不能僅從反面去規定一個職官的職守的。如果《周官》不規定冢宰之職是「總統百官，掌邦治」，〈盛德〉就不可能將官屬不理的責任歸之於冢宰。如果《周官》僅以司徒管教化，像〈堯典〉一樣，〈盛德〉就不可能將「地殖不宜」與教訓失道兩方面的責任，歸之於司徒。春官宗伯、夏官司馬、秋官司寇等亦是如此。

（二）〈盛德〉說：「凡不孝生於不仁愛也，不仁愛生於喪祭之禮不明。喪祭之禮，所以敎仁愛也……。故有不孝之獄，則飾喪祭之禮也。」「父子不親，長幼無序，君臣上下相乖，曰不和也，不和則飾宗伯。」爲什麼父子不親等等要歸咎於宗伯？不讀《周官》是不能明白的。《周官》宗伯的職守是掌天地四時及天神、地祇、人祖的祭祀與喪祭之禮。喪祭之禮出於骨肉之親與孝子愼終追遠的孝心與仁愛之情。喪祭之禮明，則親情篤，孝弟生。所以〈盛德〉才說父子不親則飾宗伯。沒有《周官》在先，〈盛德〉的這兩段話就不會讓人明白。

《大戴禮記》是滙編性的著作，許多論著都是摘抄並發揮其他著作。比較起來，〈盛德〉的摘抄性更爲明顯，更加散亂無序。它不僅抄《周官》，也摘抄與發揮其他論禮的著作。如「凡鬬辨生於相侵陵也，相侵陵生於長幼無序，而教以敬讓也；故有鬬辨之獄，則飭鄉飲酒之禮也。」這是摘抄與發揮《儀禮》之鄉飲酒禮。鄉飲酒禮的宗

旨是培養長幼有序之敬讓精神，《儀禮》有這方面的論述，所以〈盛德〉才作這種發揮。如果說是《儀禮》抄〈盛德〉，豈不是把事情顛倒了。

〈盛德〉說：「凡淫亂生於男女無別，夫婦無義。昏禮享聘者，所以別男女、明夫婦之義也。故有淫亂之獄，則飭昏禮享聘也。」這是據《儀禮·士昏禮》及《禮記·昏義》、《禮記·聘義》所作的發揮，沒有《儀禮》在先，〈盛德〉就不能寫出這段文字。難道能反過來說《儀禮》抄〈盛德〉？

(三)〈盛德〉說：「司馬之官以成聖」，「以之聖則國平」。這裏，「聖」是智的屬性，由司馬任賢能、均賞罰、平爵祿、善用兵而來，這與漢人的五行五德觀念一致。《春秋繁露·五行相生》說：

> 東方，木，司農，尚仁。
> 南方，火，司馬，尚智。
> 中央，土，司營，尚信。
> 西方，金，司徒，尚義。
> 北方，水，司寇，尚禮。

〈盛德〉說：「宗伯之官以成仁」，正與東方木尚仁一致。「司馬之官以成聖」，與南方火，司馬尚智一致。聖係聰明睿知之意。「司寇之官以成義，司空之官以成禮」，雖與《春秋繁露》不同，但以五行時令方位與道德相配合這一點是一致的。這種時令方位與道德相配的觀念是在漢代才流行的。《周官》與《呂氏春秋》，雖然反映五行學說的影響，但並無以仁義禮智信配方位時令的觀念。所以《周官》與《呂氏春秋》一樣，是漢代以前的作品，〈盛德〉則只能說是漢人

的作品。

〈朝事〉論述朝聘的儀式與意義，原標題應是〈朝事儀〉，故鄭玄注《周官‧大行人》引此篇為〈朝事儀〉。注《儀禮‧聘禮》引此篇亦曰〈朝事儀〉。

〈朝事〉摘抄《周官》，可舉出三條證據：

（一）〈朝事〉說：「是故古者天子之官有典命官，掌諸侯之儀。大行人掌諸侯之儀，以等其爵，故貴賤有別，尊卑有序，上下有差也。典命諸侯之五儀，諸臣之五等，以定其爵，故貴賤有別，尊卑有序，上下有差也。」〈朝事〉這段話係將《周官》之「典命」與「大行人」兩條職文合抄一起而成。因為是合抄，而且對《周官》原文沒有理解，結果不僅文字錯誤扡沓，而且把事情講錯了。孔廣森早已指出，按理〈朝事〉當云：「有典命官掌諸侯之五儀，諸臣之五等，以定其爵；大行人掌諸侯之儀，以等其爵，故貴賤有別、尊卑有序、上下有差也。」由於摘抄有誤，結果二十多字並衍。

〈春官‧典命〉的原文是：「掌諸侯之五儀，諸臣之五等之命。」意思是掌天子對諸侯與諸臣的冊命之禮儀與冊命之事，所以「命」字十分重要，沒有「命」字，就不能稱為「典命」。〈朝事〉抄寫時，以「典命」兩字連用，當動詞，變成了「典命諸侯之五儀，諸臣之五等」。使其職守成了「掌諸侯之儀」，冊命之意完全被閹割了，結果天子的「典命」就變成為諸侯國的一個司儀了。

徐復觀說，〈春官‧典命〉抄〈朝事〉抄錯了，寫了「之命」兩字，這二字應該刪掉，這是把事情完全弄錯了。「諸侯五儀之命」，鄭玄講得很清楚，指天子冊命公侯諸伯子男等侯國時的冊命之儀，省掉命字，文意就改變了。

〈朝事〉說：「凡諸侯之適子省於天子，攝君，則下其君之禮一等；

未省，則以皮帛繼子男。」徐復觀說：「省是朝省之省。《周官》『典命』易省爲誓，這就很怪異了。」⑬實際上，三鄭、賈公彥、孫詒讓皆對誓有正確疏解，不僅不存在怪異之處，而且誓字恰恰顯示出它是先秦時代的作品。鄭玄說：「誓，猶命也，言誓者，明天子既命以爲之嗣，樹子不易也。」賈公彥說：「諸侯世子皆往朝天子，天子命之爲世子，故以誓爲命也。」孫詒讓說：「《說文》：『誓，約束也』，約言爲誓，引申之，凡策命有誥戒之辭，亦得謂之誓也。」春秋時期，天子尚有策命諸侯子爲世子之事。《國語·周語》：「魯武公以括與戲見王，王立戲。」杜預《春秋釋例》云：「誓有告於天子，正以爲世子，受天子報名者也。未誓，謂在國正之，而告天子者也。」《周官》說：「凡諸侯之適子，誓於天子」，仍是春秋之制，這當是《周官》的理想。漢代諸侯對天子有朝省之禮，天子無策命諸侯世子之事，故〈朝事〉改誓爲省，正是不自覺地反映了漢代典禮制度的影響。

（二）〈朝事〉說：「《禮》：大行人以九儀別諸侯之命，等諸臣之爵，以同域國之禮而待其賓客。」此處之《禮》，即《周官》大行人職文。這是《周官》先於〈朝事〉，且爲其所引用的鐵證。

汪容甫《周官徵文》指出：《禮記·燕義》係《周官·夏官·諸子》職文，〈內則〉食齊眂春時以下係〈食醫〉職文；「春宜膏豚膳膏香」以下係〈庖人〉職文；「牛夜鳴則庮」以下係〈內饔〉職文。這些都不能解釋爲《周官》抄《禮記》，而只能相反。

（三）高明《大戴禮記今注今譯·自序》對《大戴禮記》的性質、內容分類及源流有總結性的論述。他指出：「《大戴禮記》現存的四十篇，約可分爲八類。」⑭關於治曆明時的，有古代的〈夏小正〉。

---

⑬　徐復觀，《周官成立之時代及其思想性格》，頁83。
⑭　高明，《大戴禮記今註今譯》，頁6～13，臺灣商務印書館發行，1975年。

關於古禮逸文的，有〈諸侯遷廟〉、〈諸侯釁廟〉、〈朝事〉、〈投壺〉、〈公符〉；關於古史舊聞的，有〈五帝德〉、〈帝繫〉、〈文王官人〉、〈武王踐阼〉；關於收錄《孔子三朝記》的，有〈千乘〉、〈四代〉、〈虞戴德〉、〈誥志〉、〈小辨〉、〈用兵〉、〈少閒〉。劉向《七略》說：「孔子三見哀公，作三朝記七篇，今在《大戴禮》。」⓯關於孔門語錄的，有〈主言〉、〈哀公問五義〉、〈哀公問於孔子〉、〈子張問入官〉、〈衞將軍文子〉；關於曾子言行的，有〈曾子立事〉、〈曾子立孝〉、〈曾子大孝〉、〈曾子事父母〉、〈曾子制言上〉、〈曾子制言中〉、〈曾子制言下〉、〈曾子疾病〉、〈曾子天圓〉；關於荀、賈論禮的，有〈禮三本〉、〈禮察〉、〈保傅〉、〈勸學〉。〈禮三本〉全文本於荀子的〈禮論〉。〈勸學〉的前半段在《荀子‧勸學篇》，末段在《荀子‧宥坐篇》。〈禮察〉前段同於《小戴禮記‧經解》，後段與《漢書‧賈誼傳》相同，抄自賈誼著述。最後第八類是關於明堂陰陽的，有〈盛德〉、〈明堂〉、〈本命〉、〈易本命〉。可見《大戴禮記》內容極為龐雜，摘抄收錄的性質極強，並且取材不精，連漢人的著作議論也收摘其中，這自然使它作為儒家經傳的權威性受到嚴重影響。因此《大戴禮記》流傳不久，就被逐漸淘汰，不能進入儒家經典之林了。它的〈朝事〉與〈盛德〉，從整篇內容看，不僅抄了《周官》，也抄了其他著作的材料。可以說離開《周官》與《禮記》，〈朝事〉的許多論述都不可理解，並會失去意義。而有了《周官》、《禮記》，〈朝事〉又變得沒有存在的重要性與價值，這也是它被社會逐漸冷置的原因。如〈朝事〉說：

⓯　《三國志》裴松之註引。

天子之所以明章著此義者，以朝聘之禮也。是故千里之內，歲
一見；千里之外，千五百里之內，二歲一見；千五百里之外，
二千里之內，三歲一見；二千里之外，二千五百里之內，四歲
一見；二千五百里之外，三千里之內，五歲一見；三千里之
外，三千五百里之內，六歲一見。

這段話，如果不聯繫〈秋官・大行人〉，就會令人莫名其妙，爲什麼
以五百里爲一個界限？五百里是什麼意思？什麼叫歲一見、歲二見？
都不得其解。原來〈秋官・大行人〉有如下文字：

邦畿方千里，其外方五百里，謂之侯服，歲壹見，其貢祀物；
又其外方五百里，謂之甸服，二歲壹見，其貢嬪物……。又其
外方五百里，謂之要服，六歲一見，其貢貨物。

《周官》有如此清楚的論述，〈朝事〉才得以摘抄簡述而成文。
又如〈朝事〉說：

古者天子為諸侯不行禮義，不脩法度，不附於德，不服於義，故
使射人以射禮選其德行，職方氏、大行人以其治國，選其能
功。諸侯之得失治亂定，然後明九命之賞以勸之，明九伐之法
以震威之。尚猶有不附於德，不服於義者，則使掌交說之，故
諸侯莫不附於德，服於義者。此天子之所以養諸侯，兵不用，
而諸侯自為正之法也。

這段話所講「射人」、「大行人」、「職方氏」、「掌交」諸官皆出於《周

官》，其職守皆由《周官》所規定。九法之法、九命之賞，則為《周官》大司馬、大宗伯的職文內容。離開《周官》，〈朝事〉就不能寫出這段文字，寫出了，人們也不可能理解。也就是說，在邏輯與實際可能上，可以據《周官》而寫〈朝事〉，不可能據〈朝事〉而寫《周官》。

　　王國維〈書毛詩故訓傳後〉 **⓰** 早就指出，「《毛詩故訓》多本《爾雅》」，《傳》「專言典制義理者，則多用《周官》」，如〈召南·行露〉：「昏禮純帛不過五兩。」〈摽有梅〉：「三十之男，二十之女，禮未備，則不待禮會而行之者，所以蕃育人民也」，係用〈地官·媒氏〉職文與職義。〈鄘風·干旄〉曰：「鳥隼為旟」，又曰：「析羽為旌」，〈小雅·出車〉曰：「龜蛇為旐」，又曰：「鳥隼為旟」。〈六月〉曰：「日月為常」。〈大雅·桑柔〉曰：「鳥隼為旟，龜蛇曰旐」。〈韓奕〉曰：「交龍為旂」，則〈春官·司常〉職文也。〈王風·大車〉曰：「天子大夫四命，其出封五命，如子男之服，服毳冕以決訟。」〈唐風·無衣〉曰：「侯佰之禮七命，冕服七章。」又曰：「天子之卿六命，車旂衣服以六為節」，則〈春官·典命〉及〈司服〉職文也。〈駟鐵〉曰：「冬獻狼，夏獻麋，秋冬獻鹿豕羣獸」，則〈天官·獸人〉職文也。〈豳風·七月〉：「大獸公之，小獸私之」，則〈夏官·大司馬〉職文也。〈生民〉曰：「嘗之日，涖卜來歲之芟，獮之日，涖卜來歲之戒，社之日，涖卜來歲之稼」，則〈春官·肆師〉職文也。〈行葦〉曰：「天子之弓合九而成規」，則〈夏官·司弓矢〉，〈考工記·弓人〉職文也。〈雲漢〉曰：「國有凶荒則索鬼神而祭之」，則〈地官·大司徒〉職文也。……凡出《周官》者蓋二十七條。按鄭玄《詩譜》

⓰　《王觀堂先生全集》第四冊，文華出版公司，1968年。

的說法,《毛詩故訓傳》為魯人大毛公（毛亨）所作,「魯人大毛公為
訓詁傳於其家，河間獻王得而獻之,以小毛公（趙人毛萇）為博士。」
《漢書·藝文志》載《毛詩》二十九卷，《毛詩故訓傳》三十卷，
謂:「毛公之學自謂子夏所傳，而河間獻王好之，未得立。」《漢書·
儒林傳》說:「毛公趙人也，治詩為河間獻王博士，授同國貫長卿,
長卿授解延年,延年為阿武令……。」《毛詩故訓傳》為王莽劉歆以前
之著作，是無可爭辯的事實。按徐復觀的說法，豈不《毛詩故訓傳》
也當在王莽劉歆合著《周官》以後，這如何能夠成立?

第 十 章

王莽、劉歆合著周官說考辨

關於《周官》的成書，徐復觀在《周官成立之時代及其思想性格》中，提出一個新的說法，本章將分析這個新說能否成立，它的困難與矛盾何在？在王莽篡權與改制中，《周官》是否真正起了徐復觀等所認為的那種重大作用．以致為了篡權，非編撰這樣一本著作不可？

一、王劉合著《周官》說的困難與矛盾

徐復觀的新說，其要點如下：

(一)《周官》不是（如康有為等所斷言）劉歆個人偽撰的，而係王莽、劉歆兩人合著。王莽在哀帝罷政時創作於前，重新執政後，移交劉歆繼續完成於後❶；

(二)由於篡權的急迫需要，《周官》第六部分──〈冬官〉來不

---

❶ 康有為斷言《周官》為劉歆個人偽撰，在時間方面有極多矛盾與困難。錢穆1929年著〈劉向歆父子年譜〉，對此進行了有力的批駁，說「平帝二月置羲和官，秩二千石，外史、閭師，秩六百石，據《周禮》設官始見此。自歆召為太中大夫，至此不出半載，憑空偽撰《周官》，即已布用，疑不如此速。謂歆早已為之，則歆出中秘已久，無籍而為此。又歆非能先見，必知莽之當漢政，又何緣為此？」為了彌縫劉歆個人偽撰的這種困難，徐改為王莽、劉歆兩人合著說。

及完成，卽匆忙公之於衆，這是《周官》缺＜冬官＞的原因；

（三）爲了篡權的需要，王莽無限加重《周官》中大司馬之職權，使「王」成爲大司馬的傀儡。但以後形勢變化，又匆忙加以修改，致使《周官》這一部分出現殘缺；

（四）通過劉歆等人的上書，頌莽「發得《周禮》，以明因監」，將王莽撰寫《周官》之事公之於衆，作爲王莽的大功德，以後《周官》卽改名爲《周禮》；

（五）王莽篡權後，按《周官》改制，故由王莽的新政，可反證《周官》係王莽爲實現自己的政治野心而預謀撰寫的。

徐復觀說：

> 我推測，制定《周官》，莽在哀帝罷政時已先事草創。及劉歆「典文章」，除完成《三統曆》外，並將莽所已草創者整理成今日的所謂《周官》，至次年而開始援引。又越四年爲初始元年（公元八年），爲適應政治的要求，乃將《周官》改名爲《周禮》。❷
>
> 劉歆的思想，具見於《漢書・藝文志》所刪錄的《七略》及《漢書・律曆志》所根據的《三統曆》。他在《周官》中的作用，是把他在《三統曆》中所表現的天道思想，應用到《周官》中的序官上面，構成《周官》的格套。格套裏面的內容，則多出於王莽。因爲《漢書・王莽傳》中所表現的王莽的性格與《周官》思想的性格較合。❸

---

❷ 徐復觀，《周官成立之時代及其思想性格》，頁51。
❸ 徐復觀，《周官成立之時代及其思想性格・引言》，頁3。

按照徐的說法，王莽草創《周官》於先，是個人於哀帝被罷第時單獨進行的；但這時只有職官內容而無格套。格套指《周官》全書的架構，即中央為六官，每官設六十職官。但在根本沒有這套職官架構的前提下，如何能按六官、三百六十屬的格套，填寫每一職官的分工及其職守的內容呢？《周官》是一個整體，必須先有關於全部職官格套、架構的設計，才能確定各官的職守及其相互關係。沒有大致的格套、架構，是根本無法進入設官分職這個層次的。如果不先確定中央分為六官，王莽如何將冢宰、司徒、宗伯、司馬、司寇、司空的大的職守加以劃定？不將每官大致分為六十屬官，王莽又如何能將六官下屬職官的具體職守加以確定？而一旦確定了各官的分工及相應的職守，也就無法對其格套作另外全新的設計；也就是說，兩者絕不能分先後，更不可能由兩人在事先沒有商量的情況下，湊合而成。所以徐的說法是無法成立的。

從時間上看，照徐的說法，王莽在罷第時草創了《周官》的初稿，到元壽二年（公元前一年）六月，哀帝崩，莽拜大司馬時，劉歆被委任為右曹太中大夫，遷中壘校尉，開始接手王莽草創的《周官》，予以完成。到元始五年，莽按《周官》改定祭禮，《周官》已經成為如《儀禮》等一樣的權威經典了。《漢書·郊祀志》說：「平帝元始五年，大司馬王莽奏言……臣謹與太師孔光、長樂少府平晏、大司農左咸、中壘校尉劉歆……等六十七人議，皆曰宜如建始時丞相衡等議，復長安南北郊如故。」在這分建議中，王莽以《周官》「天地之祀，樂有別有合」為根據，定「孟春正月上辛若丁，天子親合祀天地於南郊，以高帝高后配。」又根據《周官》「兆五帝於四郊，山川各因其方」，指斥「今五帝兆居在雍五畤，不合於古」，改「稱天神曰皇天上帝，泰一兆曰泰畤，……地祇稱皇地后祇，兆曰廣畤。」

到這年五月，公卿大夫博士議郎列侯等九百二人上書，「謹以六藝通義，經文所見，《周官》、《禮記》宜於今者」，爲莽請加九錫之命。又「徵天下通一藝教授十一人以上，及有《逸禮》、《古書》、《毛詩》、《周官》、《爾雅》、天文、圖讖、鐘律、月令、兵法、史篇文字，通知其意者，皆詣公車。」又令揚雄作《訓纂》、劉歆作《鐘曆書》❹。可見元始五年，《周官》已在朝廷大臣中被普遍重視了。然而劉歆的《三統曆》與《鐘曆書》卻是在元始中以後才着手撰寫的，成書在元始五年，由於計署精密，它確實需要很長的時間才能完成。那麼劉歆何得於元壽二年或元始初即引《三統曆》之數字與天道思想，以爲《周官》之格套與架構？

更令人不解的是，元始元年正月，王莽已根據《周官》設立官爵。此時距王莽將《周官》移交於劉歆的時間僅僅半年，半年的時間，劉歆怎麼可能將《周官》改寫定稿❺？如果沒有定稿，又何必匆忙援引，作爲設立新的官爵的根據？《周官》明明缺〈冬官〉，是根本沒有完成的著作，爲何要匆忙拋出呢？

徐復觀說：「元始四年，莽徵天下通一藝……」此事是「王莽著意安排的」，目的是「讓《周官》在《逸禮》、《毛詩》、《爾雅》等的陪襯中露面」❻。但徐無法說明，《周官》何以必須在陪襯中才能露面？爲什麼需要讓《周官》在此時匆匆陪襯露面？如果《周官》眞是王莽、劉歆新作，根本不爲民間知曉，又如何能通過民間上書詣公車而讓其陪襯露面？而且在此之前，公卿大夫博士議郎等已經援引《周官》經文以爲王莽請「九錫之命」，又何需通過民間獻書的辦法讓其

❹ 《漢書·王莽傳》。
❺ 參見❶。
❻ 徐復觀，《周官成立之時代及其思想性格》，頁41。

露面？顯然，《周官》是早已成書的，王莽、劉歆不過在此時大加推崇，使其與《禮記》、《尚書》等並列，成爲權威的經書而已。

二、尚六與《三統曆》無關

《周官》在數字上本無「尚六」傾向，既便「尚六」也與秦統一前後，陰陽五行家在秦地宣傳五行學說有關。「尚六」之說，正可說明《周官》是秦人的作品，徐復觀卻認爲這是《三統曆》的思想，只有借助《三統曆》才能解釋。他說：

> 孟喜、京房，承《淮南・天文訓》以音樂合天地之道之流，發展爲「卦氣說」，從六十四卦中抽出四卦爲辟卦，把其餘的六十卦的三百六十爻，以與日曆的三百六十日相配合，由此以言陰陽消息的天道，較前面兩說❼發生了更大的影響，成爲漢《易》的主流。……於是劉歆們除了機械地把各官的屬官定爲六十之外，由六爻而來的六，便取代了五行之五，三公九卿之三，而成爲體現天道的最有力的數字。

事實是，《三統曆》崇尚的數字是九、三，其次是八，所謂六是最不重要的。

漢代《易》學「以曆限《易》」，以《易》體曆，《易》曆結合，以體現《易》與天道（陰陽五行）爲一體的思想。所以漢代易學既是天文學，又是律曆學。劉歆的《三統曆》亦是如此。它既是劉歆的易學，又是他的律曆學。以「三統」命名，則是體現天地人相一統，兼

---

❼　指董仲舒《春秋繁露》與《淮南子・天文訓》以樂律配年曆及官制配天數之說。

「三才而兩之」的思想。「三統」，就是天統、地統與人統。《漢書‧律曆志》說：

> 三統者，天施、地化、人事之紀也。十一月，乾之初九，陽氣伏於地下，始著為一，萬物萌動，鐘於太陰，故黃鐘為天統，律長九寸。九者，所以究極中和，為萬物元也。……六月，坤之初六，陰氣受任於太陽，繼養化柔，萬物生長……故林鐘為地統，律長六寸。六者，所以含陽之施，楙之於六合之內，令剛柔有體也。……正月，乾之九三，萬物棣通，族出於寅，人奉而成之，仁以養之，義以行之，令事物各得其理。……故太族為人統，律長八寸，象八卦，宓戲氏之所以順天地，通神明，類萬物之情也。……此三律之謂矣，是謂三統。

在「三統」中，「九」為萬物之原——元；「八」則象八卦，「類萬物之情」，「六」為「地統」，居於次要地位。《漢書‧律曆志》論黃鐘天統說：

> 黃鐘子為天正……。及黃鐘為宮，則太族、姑洗、林鐘、南呂皆以正聲應……非黃鐘而它律，雖當其月自宮者，則其和應之律有空積忽微，不得其正。此黃鐘至尊，亡與並也。

黃鐘最尊，代表黃鐘之九，在《三統曆》中當然亦居於最尊的地位。徐復觀卻說，根據《三統曆》，六取代了「五行之五，三公九卿之三（九）」，真是不知從何談起了。

《漢書‧律曆志》有一段話，論述天、地、人與九、八、六三組數字的地位與意義，也把問題講得很清楚。它說：

天之數始於一，終於二十有五。其義紀之以三，故置一得三，又二十五分之六，凡二十五置，終天之數，得八十一。以天地五位之合終於十者乘之，為八百一十分，應曆一統，千五百三十九歲之章數，黃鐘之實也。由此之義，起十二律之周徑。地之數始於二，終於三十，其義紀之以兩，故置一得二，凡三十置，終地之數，得六十，以地中數六乘之，為三百六十分，當期之日，林鐘之實。

人者，繼天順地，序氣成物，統八卦，調八風，理八政，正八節，諧八音，舞八佾，監八方，被八荒，以終天地之功，故八八六十四。其義極天地之變，以天地五位之合終於十者乘之，為六百四十分，以應六十四卦，大族之實也。

所以徐復觀的說法實有雙重的落空。（1）在《三統曆》中，六及三百六十，根本不代表天道。相反，它是地之數，是與地道相聯繫的。（2）所謂三百六十是「由六十卦及六爻相乘而得」的說法，在《三統曆》中，也毫無根據。六與卦的六爻也是無關的。

在《三統曆》中六十不指六十卦，六也不指卦之六爻，而是居於二與十之中。故《漢書·律曆志》說「地中數六」。地之數六十乘以地中數六，得三百六十，恰與一年三百六十日相當，故說「為三百六十分，當期之日」。所以，徐氏的說法，恰恰是把事情弄錯了。

三、《周官》之大司馬與西漢王氏專政之大司馬之比較

徐復觀說，「王莽草創《周官》時，他的野心，可能僅止於仿霍光的

以大司馬專政，所以在《周官》中把王的地位架空，把大司馬的職權加實加大。但等到要把《周官》加以公開時，他的地位已高出於大司馬，則又需將大司馬的權職削弱而重新加以安排。但重新安排，則牽一髮而動全身，於是大司馬之職，不能不以殘缺的形貌出現。」❽

照徐的說法，王草創《周官》，是其罷政之時，這時的王莽，何以知道他尚能復出❾？又有什麼根據斷定他的野心「止於仿霍光的以大司馬專政？」

實際上，《周官》中之大司馬，根本不具有如徐氏所謂「加大加實了」的職權，與王氏專政時期之大司馬，根本無法相比。

《周官》之大司馬，沒有直轄的地方行政系統。在《周官》中，鄉、州及野外之遂、縣，直屬於地官司徒。一個不能直接掌握地方州縣系統的「大司馬」，與王氏專政時期實際掌握全部行政權力，因而成爲地方行政系統的事實上的首腦這一顯赫地位，豈能相提並論？！

《周官》中，大司馬沒有對地方行政系統的官員頒「教法」的權力與職責，也沒有「考教法於司徒」的權力與職責，因此，也沒有對地方行政系統的官員實行薦舉、提拔與處罰、罷黜的權力。這樣的權力屬於大司徒。這樣的大司馬與王氏專政時期，在任用官員上「順我者昌，逆我者亡」，權勢炙手可熱的顯赫情況，又豈可相比？！

《周官》之大司馬也沒有設立專門官職，對王進行教育與司諫，對朝廷大員與地方州縣之政治得失，亦無由乘間向王進言。在《周官》中，這樣的職位屬於大司徒。王氏專政時期之大司馬則不僅握有對朝廷大臣監察彈劾的權力與機會，而且確實是把皇帝架空了。

---

❽ 徐復觀，《周官成立之時代及其思想性格》，頁64。

❾ 參見❶。

在《周官》中，「以八法治官府」，從立法上對行政官員進行處罰、監督的權力屬於天官冢宰，大司馬沒有這樣的權力。《周官》中「以八柄詔王馭羣臣」，對臣下握有巨大的生殺予奪權力的是天官冢宰，不是大司馬。這樣的大司馬，與王氏專政時之大司馬，又豈可相比？

《周官》大司馬屬下有「諸子」一職，負責統帥王宮的衞隊，保衞王室的安全，但是這一重要職權，僅形式上屬於大司馬，眞正發生大事時，「諸子」卻直接由太子掌握。這樣的大司馬與王氏專政時期實際握有這種權力的大司馬，也是根本不能相比的。

在王莽篡權以前，西漢皇朝的政權早已掌握在王氏一家手中，其職權已遠遠超出《周官》大司馬的職權之上。眞如徐復觀所說：《周官》爲王莽篡權的目的而作，則其大司馬之職權必按照王氏專政之實際情況設計與撰寫。實際情況卻完全不是如此。這一點亦恰恰證明，《周官》非由王莽所僞作。

在現存《周官》本中，「小司馬之職掌」下無文字。鄭玄說，「此下字脫滅，札爛文闕，漢興求之不得，遂無識其數者。」徐復觀說「由『漢興求之不得』之語推之，可見由杜子春所傳下來的卽是如此。杜子春先鄭們未曾對此解釋，到鄭玄才提出，卽可知鄭玄的解釋不能成立。」但如果確如徐氏所說，小司馬職文是王莽故意刪削，那爲什麼不照「軍司馬」、「輿司馬」、「行司馬」一樣，乾脆寫上「文闕」，而要留下後面一段文字呢?!照徐的邏輯，軍司馬、輿司馬、行司馬是王莽爲了削減大司馬的職權，才將其殘缺。但這三個官職根本不掌握重要權力。「司馬」而冠以軍、輿、行字，表示他們是一些專門領域的職官。軍司馬與軍事組織有關；輿司馬與車輿有關；行司馬與行軍、出行等有關。其職權遠不如太僕、司勳、掌固、小臣等重要。《周官》中，

太僕「掌正王之服位，出入王之大命，掌諸侯之復逆。」小臣「掌王之小命，詔相王之小法儀，掌三公及孤卿之復逆。」照徐氏的說法，大司馬正是通過這兩個職守把「王與羣下的關係掌握在大司馬手上」[10]。王莽既然要削弱大司馬權力，爲什麼不首先將這兩個官職的職文刪掉，而偏偏刪掉軍司馬等幾個不那麼重要官職的職文呢？這些顯然都是無法說明的。

四、「發得周禮」新解

徐復觀對「發得周禮，以明因監」，作出了一整套解釋，以說明《周官》確爲王莽所作。這段話出自居攝三年九月，莽母卒，令太后詔議其服，少阿、羲和劉歆與博士諸儒七十八人上書。徐復觀分析說：

> 上引劉歆與博士諸儒七十八人所奏服制中，謂王莽「發得《周禮》，以明因監」。這分明是說《周禮》乃由王莽所發得。若河間獻王所得之《周官》卽此處之《周禮》，因獻王進之秘府，未流傳外間，則劉向、劉歆父子，校中秘書皆約二十年之久，豈不能發現此「文成數萬之鉅典」，而必待王莽發現？若謂特推功於莽，則劉氏父子從中秘中所發得者有逸《禮》、有《古文尚書》等，將《周官》推讓於莽，又何足以爲功德？細按上下文字，則表面謂《周禮》爲莽所發得，實際乃暗示係由莽所製作。在「發得周禮」一語之上，謂「攝皇帝遂開秘府，會羣儒，制禮作樂，辛定庶官，茂成天功，聖心周悉，卓爾獨見。」這是

---

❿ 徐復觀，《周官成立之時代及其思想性格》，頁67。

很奇特的一些話。開秘府而發得《周禮》，怎麼會扯得到「會
羣儒、制禮作樂、卒定庶官、茂成天功」上面去。若《周禮》
是周公所作或前人所作，更扯不到「制禮作樂，卒定庶官」這
些事上面去。而由「卒定庶官」這句話，可知莽所制之禮，係
以官制為主之禮，這不是暗指《周官》，還能作何解釋？若謂
此係泛說，則何以前面「遂開秘府」，而後面承之以「發得《周
禮》」，縱然王莽對《周禮》特別重視，又如何用得上「聖心
周悉，卓爾獨見」這兩句話？因此，前面這幾句話，實際説的
是王莽「會羣儒」以製作《周禮》的過程。假定劉歆不是暗示
《周禮》是由王莽會羣儒所製作，則在「發得《周禮》，以明因
監」下面的「則天稽古，而損益焉」的話，怎能安放得下去。
再接着是「猶仲尼之聞韶，日月之不可階，非聖哲之至，孰能
若茲」，從秘府中發現一部書，這部書再有價值，對於發現者怎
樣也不能用這些不倫不類的話去歌功頌德。何況「綱紀咸張，
成在一匱」，分明指〈冬官〉尚未製成的情形。因此，上面這些
話，是指王莽製造的《周禮》的價值而言的，故結之以「此其
所以保祐聖漢，安靖元元之效也。」《周禮》不是天上掉下來
的符瑞，只有因為是王莽所製作，才可以用得上這類的語言。⑪

照徐氏這樣的說法，王莽的最大功德，在於製作了《周官》這部
書。但這不是擡高而恰恰是貶低了王莽。一本書不論如何有價值，也
是不可能有「保祐聖漢，安靖元元」之大功效的。何況這還是「開秘
府，會羣儒」所製作？羣儒上書，說自己參與了製作《周禮》，以「則
天稽古」、「制禮作樂」，更無異於自我吹噓，也有失上書的「身分」，

⑪ 徐復觀，《周官成立之時代及其思想性格》，頁44、45。

是漢儒絕不敢作的。而且在上書的前幾年，《周官》已經爲羣儒公開
引用，如同《儀禮》、逸《禮》，古文《毛詩》等，並且徵求民間通
一藝以上者獻諸朝廷。在幾年以後，它怎麼可能又被暗示爲王莽會同
羣儒所製作？

其實，這篇上書的中心意思是要求太后允許王莽「不得服其私
親」，不必爲母服三年之喪。進言的對象是太后。所以全文的邏輯結
構是：第一段贊譽太后「則天明命」⓬，詔安漢公居攝踐祚。第二段
指出王莽攝政後的政績：「開祕府，會羣儒，制禮作樂，卒定庶官，茂
成天功。」第三段又回到贊譽太后，說太后「聖心周悉，卓爾獨見，發得
《周禮》，以明因監，則天稽古而損益焉，獨仲尼之聞韶，日月之不
可階，非聖哲之至，孰能若茲。」「則天」與前面的「則天明命」呼
應，指太后根據「天出丹書」而讓莽爲攝皇帝。「稽古」指太后按照周代
周公及殷代伊尹攝政故事，讓王莽攝政。所以「發得《周禮》，以明因
監」，是指太后照周公故事讓莽當攝皇帝這一決策。下文接着說，「綱
紀咸張，成在一匱。」正是贊揚太后此一決策的英明，最後一段引到
主題：希望太后對莽服母喪一事，亦根據《周禮》斟酌損益，使莽不
必爲母服三年之喪而如天子弔諸侯禮：「緦縗，弁而加麻環絰」。這樣
的解釋前後連貫，主題突出，應是符合原意的。

元始五年，平帝崩，王太后詔王莽居攝，說：

> 安漢公莽輔政三世，比遭際會，安光漢室，遂同殊風，至於制
> 作，與周公異世同符。今前輝光嚻，武功長通上言丹石之符，
> 朕深思厥意，云「爲皇帝者」，乃攝行皇帝之事也。夫有法成

⓬ 指元始五年十二月，武功浚井得白石，有丹書著石，文曰：「安漢公莽
爲皇帝」(《漢書・王莽傳上》)。

易，非聖人者亡法。其令安漢公居攝踐祚，如周公故事。⑬

羣臣奏言説：

> 太后聖德昭然，深見天意，詔令安漢公居攝。臣聞成王幼少，
> 周道未成，成王不能共事天地，修文武之烈。周公權而居攝，
> 則周道成，王室安，不居攝，則恐周墜失天命。⑭

這兩段話所講的「則天」、「稽古」指的正是王太后據周公事命王莽居攝踐祚這件事；亦是「發得周禮」之實際所指。

「成在一匱」，徐解爲「功虧一匱」，已是曲解，以此指「《周官》未成，缺〈冬官〉一篇」，更是牽強附會了。一本沒有完成的《周官》，如何能夠作爲王莽「聖心周悉、卓爾獨見」、「聖哲之至」的見證呢！「成在一匱」是成在一舉之意。平帝元始五年，王太后加王莽九錫之命，策文説：

> 是夜倉卒（指哀帝崩），國無儲主，姦臣充朝，危殆甚矣。朕惟定國
> 之計莫宜於公，引納於朝，即日罷退高安候董賢，轉漏之間，
> 忠策輒建，綱紀咸張。⑮

這口氣和王太后決策讓王莽「居攝踐祚」而「成在一匱、綱紀咸張」正是同一的口吻！其不同僅在於一者是王太后贊王莽「忠策輒

---

⑬　《漢書・王莽傳上》。
⑭　同上。
⑮　同⑬。

建、綱紀咸張」（實際也是在贊自己）；一者是羣儒通過贊王莽攝政後的政績而贊太后「成在一匱、綱紀咸張。」解爲「功虧一匱」，是完全錯了。

「攝皇帝遂開秘府、會羣儒、制禮作樂、卒定庶官」指王莽攝政後全部政績。其具體內容有：

(一)「使大司空甄豐等校六書之部,自以爲應制作,頗改定古文。」[16]

(二)「徵天下通一藝、教授十一人以上,及有逸《禮》、古《書》、《毛詩》、《周官》、《爾雅》、天文、圖讖、鐘律、月令、兵法、史篇文字……皆令記說廷中，將令正乖繆，壹異說云。」[17]（此事雖在元始五年，但此年平帝崩，莽卽位為攝皇帝，故亦可記為王莽攝政後的政績。）

(三)居攝元年，「祀上帝於南郊,迎春於東郊,行大射禮於明堂,養三老五更,成禮而去。」[18]

(四)居攝二年，「更造貨，錯刀，一直五千，契刀，一直五百，大錢，一直五十，與五銖錢並行。」[19]

(五)賞破翟義功，大封將帥凡數百人，皆按新定禮制。[20]

《漢書·王莽傳》記莽的上奏曰：

> 《禮記·王制》千七百餘國……秦為亡道，殘滅諸侯……高皇帝受命……建國數百。……今制禮作樂，實考周爵五等，地四等，有明文；殷爵三等，有其說，無其文。孔子曰：「周監於二

---

[16]　《漢書·平帝紀》。
[17]　《漢書·王莽傳上》。
[18]　同上。
[19]　同[17]。
[20]　同[17]。

代，郁郁乎文哉，吾從周。」臣請諸將帥當受爵邑者，爵五
等，地四等……於是封者高爲侯伯，次爲子男，當賜爵關內侯
者更名曰附城，凡數百人。

（六）居攝元年，「立宣帝玄孫嬰爲皇太子，號曰孺子，以王舜爲
太傅左輔，甄豐爲太阿右拂，甄邯爲太保後承，又置四少（少師、少
輔、少阿、少保），秩皆二千石。」㉑

《漢書・王莽傳》說：天鳳二年，「莽意以爲制定則天下自平，
故銳思於地里，制禮作樂，講合六經之說。」故「制禮作樂」是指其
政治措施及社會、經濟等禮制改革。改革的依據，則是「合於六經之
說」。《周官》亦是其依以爲據的經典之一。

西漢末年，讖緯泛濫，「六經」的地位已上升爲「神書」。揚雄模
仿《周易》作《太玄》，模仿《論語》作《法言》，被批評爲「非聖
人而作經，猶春秋吳楚之君僭號稱王，蓋誅絕之罪也。」㉒實際上，
揚雄並不稱自己的書是經，只是模仿。但即便如此，尚遭到嚴重非
難。在這樣嚴重的罪名下，有哪一位經學家會願意承認自己僞造經典
呢！依靠復古以獲取權勢的王莽、劉歆，當然更不可能冒天下之大不
韙，犯非聖之誅，而當衆宣布自己在僞造經書了。

元始五年，太后策王莽九錫之命時，贊譽王莽說：

宿衛孝成皇帝十有六年，納策盡忠，白誅故定陵侯淳于長……。
孝哀皇帝即位，驕妾窺欲，姦臣萌亂，公手劾高昌侯董宏，改
正故定陶共王母之僭坐。自是之後，朝臣議論，靡不據經。㉓

㉑　《漢書・王莽傳上》。
㉒　《漢書・揚雄傳》。
㉓　同㉑。

「靡不據經」是王莽起家的政治資本，也是西漢末年社會政治的普遍風氣，此時的王莽，更是絕不可能僞作經書並當衆宣揚的。

五、王莽改制與《周官》的關係考辨

學術界一般認爲，在王莽篡權與改制中，《周官》起了「因監」作用。以《周官》爲王莽、劉歆僞撰的學者如康有爲、徐復觀等，更認爲《周官》與王莽的篡權改制息息相關。徐復觀說：

> 《周官》乃王莽劉歆們用官制以表達他們政治理想之書……。
> 《漢書·王莽傳》中所表現的王莽的性格與《周官》思想性格
> 較合。❷❹

實際上，《周官》與王莽篡權、改制的關係，絕不如此。

在王莽篡權過程中，倣周公居攝踐祚，是最具決定意義，但《周官》無周公之事，更無周公居攝踐祚的說法可資依據。提供這種依據的是《尚書》、《周書》與《禮記》。故這一時期，羣儒爲莽請封安漢公，宰衡上公，頌莽功德，一概引用《尚書》與《禮記》，與《周官》無涉。

大司徒司直陳崇頌莽功德，比以「伯禹錫玄圭，周公受郊祀。」提出「莽當上與伯禹、周公等盛齊隆。」陳崇所講伯禹事，出於《尚書·禹貢》，周公典故出於《禮記·明堂位》。

元始四年，太保舜等上奏，並吏民上書者八千餘人，爲莽頌功

---

❷❹ 徐復觀，《周官成立之時代及其思想性格·引言》，頁3。

德。咸曰「伊尹爲阿衡，周公爲太宰，周公享七子之封，有過上公之賞，宜如陳崇言」，要求探伊尹周公稱號，加王莽爲宰衡，位上公。此依據《禮記》。

元始五年，公卿大夫、博士、議郎列侯張純等九百二八上書爲莽請九命之錫，説：「謹以六藝通義，經文所見，《周官》、《禮記》宜於今者，爲九命之錫。」《周官》在「九命之錫」的禮儀方面，與《禮記》並列。

此年，泉陵侯劉慶上書，言「周成王幼少，稱孺子，周公居攝。今帝富於春秋，宜令安漢公行天子事，如周公。」多，平帝疾，王莽仿周公金縢故事，作策，請命於泰畤，依據的是《尚書》之〈君奭〉、〈洛誥〉，《逸周書》之〈嘉禾篇〉及《禮記・明堂位》。」❷❺

居攝三年，王莽改年，稱初始元年。「奏言太皇太后，孝平皇后，皆稱假皇帝，其號令天下，天下奏言事，毋言攝。」這是王莽謀卽眞的決定性表示。但除僞造讖緯符命爲根據外，依據的是《尚書・康誥》與孔子《春秋》。

卽眞以後，王莽的改制涉及祭祀、官職設置、刑法、財經等領域，但其對《周官》「因監者」少而違逆、相異者多。

元始五年，王莽改制，突出對先妣的祭祀，規定「天地合祭，先祖配天，先妣配地。」「祭天地，以高帝高后配享，同牢共席」，説「此天地合祀，以祖妣配者也。」❷❻但《周官》不重祖妣母后之祭。〈春官・大宗伯〉：「以肆獻祼享先王，以饋食享先王，以祠春享先王，以禴夏享先王，以嘗秋享先王，以烝多享先王。」〈春官・司服〉：「祀五帝，享先王先公。」〈地官・大司徒〉：「奉牛牲，羞其肆，享先王

---

❷❺　以上皆引自《漢書・王莽傳上》。
❷❻　《漢書・平帝紀》。

亦如之」，僅祭祀先公先王而沒有先妣之祭。王莽這樣突出先妣之祭是企圖以此提高母后，從而提高王氏家族的地位，同時取得王太后的歡心。《漢書‧元后傳》：「初，莽爲安漢公時，又諂太后，奏元帝廟爲高宗，太后晏駕後當以禮配食云云。」

莽即眞後，「建郊宮，定祧廟，立社稷。……立祖廟五，親廟四，后夫人皆配食。郊祀黃帝以配天，黃后以配地，以新都侯東弟爲大祩，歲時以祀。」[27]仍是突出母后之祭，並以姚、嬀、陳、田、王氏凡五姓爲宗室，而援以爲據的是《尙書‧虞書‧皐陶謨》。

王莽即眞後，設太師、太傅、國師、國將、太保、大司馬、大司徒、大司空、太阿右拂等職，以爲中央政府的主要官職，此即所謂「四輔三公」，可以圖表示如下：

四 輔 圖

官名	星	方向	顏色	天候	物象
太師	歲星	東	青	雨	景
太傅	熒惑	南	赤	奥	律
國師	太白	西	白	陽	銓
國將	辰星	北	玄	寒	漏

當時王舜任太師，平晏任太傅，劉歆爲國師，哀章爲國將。王莽本人在圖中隱而不現，實居中，爲鎮星，黃色。其原本於《尙書‧洪範》，是漢代流行的五行圖式。

---

[27]　《漢書‧王莽傳中》。

三　公　圖

官名	星名	方向	規矩	任務
大司馬	月	左	方矩	天文 農事
大司徒	日	右	圓規	育道 教人
大司空	斗	中	度繩	地理 水土

　　當時，甄豐任司馬，王尋任司徒，王邑任司空。王莽本人亦隱而
不現，亦是以天自居，也是與《周官》無關的。

　　《尚書・堯典》說：舜即位後，覲四岳羣牧，命伯禹作司空，平治
水平，稷播百穀，契作司徒，敬敷五教。王莽的官職策文卽彷此而
作。故其司馬之職相當於稷，為敬授民時，力來農時。司徒同於契，
「主人道，五教是輔」。司空相當於伯禹，「主司地理，平治水土」。

　　王莽設置「大司馬司允，大司徒司直，大司空司若，位皆孤卿。
更名大司農曰羲和，後更為納言，大理曰作士，太常曰秩宗，大鴻臚
曰典樂，少府曰共工，水衡都尉曰予虞，與三公司卿凡九卿，分屬三
公。每一卿置大夫三人，一大夫置元士三人。凡二十七大夫，八十一
元士，分主中都官諸職」❷。這個三公、九卿、二十七大夫、八十一
元士系統根據《禮記・王制》與《春秋繁露・官制象天》，按傳統的
說法，屬今文經學。

　　為什麼王莽卽眞以後，設立官職完全不按《周官》呢？因為這時
模擬周公作攝皇帝的時代已經過去了，他成了新朝的開創者。按「五
德終始說」，他自認是以土德王，故「其改正朔，易服色，變犧牲，殊徽
幟，異器制，以十二月朔癸酉為建國元年正月之朔，以雞鳴為時，服

---

❷　《漢書・王莽傳中》。

色配德上黃，犧牲應正用白，使節之旄旛皆純黃。」❷等等，一一皆依
據土德。周及劉氏皇朝之火德，已成為他要厭壓的對象。莽「更漢家
黑貂，著黃貂」，自居四代古宗，宗祀於明堂，以配皇始祖考虞帝。
莽自比於舜，所以設官分職皆按〈堯典〉，而把《周官》棄之一旁
了。可以說，從王莽卽眞的一天起，《周官》就成了祭祀的芻狗了。

　　財經方面，王莽受《周官》一定影響，如關於井田及泉府的設立
等。但《周官》之授田制反映先秦土地國有情況，授田的數量很大，
以有大量土地、荒地、待墾地為前提。西漢後期，地少人衆，無開田
荒地可以分配，所以王莽等實行的是限田，「其男口不盈八，而田過
一井者，分餘田予九族鄰里鄉黨。」❸像《周官》那種授田及鼓勵新
岅開墾的政策，是西漢人不可能提出的，更是王莽不能實行也曾未想
到要實行的。事實上，王莽的井田主張，並不來自《周官》，匡衡、
師丹早已提出。

　　《周官》的泉府，目的是調劑市場餘缺，為王室收購與儲藏珍寶
玩好，與漢代鹽鐵國營，專為政府壟斷鹽鐵稅利者之性質不同。王莽
的財經政策，承漢代桑弘羊等人的財經政策而來，「設六筦之令，命
縣官酤酒，賣鹽鐵器，鑄錢，諸采取名山大澤衆物者稅之。」又令
「市官收賤賣貴，賒貨予民，收息百月三。羲和置酒士，郡一人，乘
傳督酒利。」❶形式上受《周官》影響，實際精神上，則並不如此。

　　王莽的改幣制，也並非因監《周官》，是基於五行相剋，廢劉而
興王。「夫劉之為字，卯、金、刀也，正月剛卯，金刀之利，皆不
得行……。其去剛卯莫以為佩，除刀錢勿以為利，承順天心，快百

---

❷　《漢書‧王莽傳上》。
❸　《漢書‧王莽傳中》。
❶　同上。

姓意。乃更作小錢，徑六分，重一銖，文曰小錢直一，與前大錢五十者爲二品，並行。」錢小、金輕，就可以厭壓無害。這是迷信的觀念在作怪。

「謹以經義，正十二州州名」，是據《尙書・堯典》。

至於奴隸制，《周官》視爲當然之事，王莽則指出：「秦爲無道，……置奴婢之市，與牛馬同欄，制於民臣，顓斷其命。姦虐之人因緣爲利，至略賣人妻子，逆天心，誖人倫，繆於天地之性人爲貴之義。」❸²所以王莽明令廢止奴隸買賣，與《周官》態度相反。

---

❸² 《漢書・王莽傳中》。

第十一章

周官故書之謎與漢今古文新探

學術界多信《周官》為古文，徐復觀《周官成立之時代及其思想性格》則從東漢經學家注《周官》僅稱為「故書」而不稱為「周官」古文，提出《周官》根本無古文。那麼《周官》「故書」與「今書」究竟是怎樣一回事呢？本章擬加以探討，並對漢代今古文及今古文的成書與今古文為對立學派之說，提出一些新的看法。

一、《周官》「故書」產生的時代與特點

《周官》版本在漢代有「故書」與「今書」。〈天官・大宰〉賈公彥疏云：「言故書者，鄭注《周禮》時有數本，劉向未校之前，或在山岩石室有古文，考校後為今文，與古文不同。」阮元《周禮注疏校勘記・序》謂：「其云故書者，謂初獻於秘府所藏之本也，其民間傳寫不同者則為今書。」杜子春、三鄭等為《周官》作注時，看到了《周官》的這兩種版本。如：

〈春官・小宗伯〉：「小宗伯之職，掌建國之神位。」鄭玄注：

「故書位作立……古文《春秋經》公即位為公即立。」

〈地官・載師〉：「以廛里任國中之地……。以宅田士田賈田
任近郊之地……。以家邑之田任稍地……。」鄭玄注：「故書廛
或作壇，郊或為蒿，稍或作削。鄭司農云：壇讀為廛……。杜
子春云蒿讀為郊。」

由「或作壇……」等可以推見，「故書」有不同版本。這種「故
書」，賈公彥、孫詒讓等認為即是《周官》古文，但杜子春、三鄭等
人僅稱「故書」而不稱為古文。由此，徐復觀推論《周官》根本無古
文❶。但問題並不如此簡單。在《周官》是古文還是今文的問題上，
之所以形成上述兩種完全對立的看法，原因在於學術界一向對今古文
的看法太過簡單了，在今古文之間劃了一道明確而簡單的區分界線：
凡用漢代隸書書寫的是今文，用先秦古文、六國古文或大篆書寫的是
古文，非此即彼，似乎不存在中間的過渡的形態。

以《尚書》而言，在先秦，它原為古文，「伏生求其書，亡數十
篇，獨得二十九篇，即以教於齊魯之間，學者由是頗能言《尚書》。
諸山東大師無不涉《尚書》以教矣。」❷伏生所傳授之《尚書》，在
漢代為今文經，據說是伏生用通行的漢隸改寫與講授的。

《史記・儒林列傳》說：「孔氏（安國）有古文《尚書》，而安
國以今文讀之，因以起其家。」《漢書・儒林傳》也說：「孔氏有古
文《尚書》，孔安國以今文讀之，因以起其家，逸《書》得十餘篇
……遭巫蠱，未立於學官。安國為諫大夫，授都尉朝，而司馬遷亦從安

---

❶　徐復觀，《周官成立之時代及其思想性格》，頁175、176。
❷　《史記・儒林列傳》。

國問故。遷書載〈堯典〉、〈禹貢〉、〈洪範〉、〈微子〉、〈金縢〉諸篇，多古文說。」這就是說，《尚書》有伏生的今文與孔安國的古文兩種版本，故《尚書》有今文學與古文學。金德建《經今古文字考》❸據《史記・五帝本紀》等各篇所引《尚書》，證實《尚書》既有今文，又有古文。以〈堯典〉爲例，兩種《尚書》的文字異同如下表：

《尚書》		《尚書》		《尚書》	
今文	古文	今文	古文	今文	古文
勛協中宇秎謀台	勳叶仲孶䌨貫嗣	嶽浚終率數維茂	岳濬衆帥布惟懋	信毋不方偏罪黜	僅無弗旁辯皋紃

《春秋經左氏傳》，漢代認爲爲古文，《公羊傳》爲今文。金德建統計兩傳文字異同如下表：

造成這種情況的原因不外兩種：一種是先秦的《尚書》版本，本來就有文字不同，故「今讀」以後仍然不同。如《毛詩》及三家詩，在漢初文字不同，這種不同是版本在流傳過程中逐漸形成的，不一定是漢人整理所致❹。不過如全用這種情況解釋漢代今古文的區別，無

❸ 金德建，《經今古文字考》，齊魯書社1986年出版。
❹ 參見胡平生、韓自強，〈阜陽漢簡詩經簡論〉，《文物》第 8 期，1984年。

左氏古文	公羊今文	左氏古文	公羊今文
父茶術捷祥青帥賜虢盦黃於	甫舍遂接詳省率錫淶蠌光于	享手鄩帛瞿相聲詹實肱臤	饗首微佰狄伯聖瞻定弓牽

異於取消問題。今古文之別，固有版本之不同，但今古文區別在文字上亦有某種規律性可尋，如古文位皆寫爲立等等。這種差別不能用版本不同解釋，而當用今本與古本之整理不同來加以解釋。這樣，第二種形成古今文經本的原因就成爲眞正值得研究的學術問題，這就是今古文的差別是由「今讀」的不同造成的。

學術界有一種看法，認爲「今讀」只有一種情況，即將古文改爲漢隸，隸定之前爲古文，隸定之後爲今文。但睡虎地秦簡出土使我們知道，秦昭襄王（前 306 年）時，隸書已成爲秦人採用的文字❺，這就使漢初所見的先秦經書版本有了複雜情況。(1)秦昭王以前書寫的經書。此時隸書未使用，當爲大篆字或東方六國古文字書寫，如孔壁之古文書；(2)昭王到秦始皇統一前後，由於秦隸已廣爲流行，而同時有大篆小篆並用，這時寫的經書就可能全部是隸書,或部分是隸書,

---

❺ 1979年四川青川縣出土秦更修田律木牘，爲秦昭王元年（前306年），其文字爲「秦隸」，屬古隸書，參見于豪亮，＜釋青川秦墓木牘＞，《文物》第1期，1982年。

部分是大小篆。所以僅僅用是否是隸書，無法把今古文區別開來。伏生爲秦博士，伏生的《尚書》在秦朝就已可能是全部用隸書書寫的，但使用的文字仍只能是秦時的文字與用語，所以在漢人看來，仍會是某種古文或今古文並存的過渡形態。只有到漢代，用漢人習用的文字、用語並全部隸寫了的書才可能是眞正的今文。

　　《周官》「故書」看來正是屬於第二種情況。因爲如果《周官》爲古文，爲秦昭襄王以前或六國文字書寫，則如徐復觀所言，杜子春與三鄭當明確指出其爲《周官》古文而不當稱之爲「故書」。現杜子春等稱其爲「故書」而不稱其爲《周官》古文，可見它不屬於第一種情況。然而它也不是全部用漢代隸書與習用語書寫的「今書」，因爲「故書」保留了一些秦簡一樣的文字與用語，這些文字與用語在《周官》「今書」中，按照漢代文字語言規範化與流通方便的要求加以改寫了，而「故書」則原封未動。由這些文字與用語，我們不僅可以知道《周官》「故書」不可能是王莽、劉歆僞造的，而且可以確切地指出它一定是與秦簡年代比較接近的作品。正如化石標本一樣，找到一些標本，可斷定古生物的年代，找到「故書」的一些特定文字用語，可把它確切年代指示出來。《周官》「故書」與秦簡相同的用語與某些文字如下：

　　（一）辨、辨書、辨卷。這是秦人用語，見於秦簡〈金布律〉。《周官》「故書」保留了「辨卷」之用語，「今書」則按漢人的習用語改爲判書、判卷、別書。如〈秋官・士師〉：「凡以財獄訟者，正之以傅別約劑。」鄭注：「傅別，中別手書也。約劑各所持券也。故書別爲辨。鄭司農云『辨讀爲風別之別。若今時市買，爲券書以別之，各得其一，訟則案券以正之』。」〈秋官・朝士〉：「凡有責者，有判書以治則聽。」鄭注：「判，半分而合者，故書判爲辨。鄭司農云……

『辨讀爲別，謂別劵也』。」「判書」、「別卷」爲漢代財貨買賣中契約之名詞，與秦律之「辨卷」一脈相承，但兩者名稱在文字與語言中已有變化。辨與別、判，後世視爲通假，如段玉裁所云：「古辨、判、別三字義同也。」❻但由辨書到別書、判書，包含有社會歷史的發展與古今語言的變遷，是不能忽略的。先秦金石資料中無判字，凡判之意皆由辨字表之。《周官》有判字，〈地官・媒氏〉：「掌萬民之判」、「凡娶判妻入子者皆書之」。鄭注未說故書此處判爲辨。這可能說明「辨卷」、「判書」是特定名詞，這特定名詞的使用，反映了時代的變化。

（二）「故書」買賣未區分，與秦簡同，「今書」則已區分爲買與賣。因爲秦簡與「故書」的時代無賣字，賣字是以後有的，這是文字的孳乳現象。秦簡〈金布律〉說：「買及買（賣）殹（也），各嬰其價，皆有辠（罪）。」秦簡〈倉律〉說：「豬鷄之息子不用者，買（賣）之，別計其錢。」「故書」亦如此。如〈地官・賈師〉：「凡國之賣儥，各帥其屬，而嗣掌其月。」鄭注：「儥，買也。故書賣爲買」。

（三）「故書」位寫爲立，與秦簡同。《儀禮》、《左傳》等古文經亦皆如此。以後孳乳了位字，位與立區分開來，不再通假了。這亦是文字分化與規範化的表現，也是文字語言進步的表現。

類似的字還有儀與義。《周官》「故書」、秦簡及其他古文經儀寫爲義。金石資料等亦無儀字。儀字是以後出現的。有了儀字，儀的意義就不再假義表達了。《周官》有儀字，但有些地方仍假義爲儀。如〈春官・小宗伯〉：「凡王之會同軍旅甸役之禱祠，肄儀爲位。」鄭注：「故書肄爲肆，儀爲義。杜子春讀肆當爲肄，義爲儀。」

---

❻ 《說文解字注》。

「故書」之殿與敦，今書改爲純或屯。殿、敦、屯、純都是先秦有的字，秦簡中常用殿與敦字，通屯與純。如〈效〉說：「徒食，敦（屯）長、仆射弗告，貲戍一歲。」「殿」在秦簡中爲「在後」之意，如〈廄苑律〉：「以四月，七月，十月，正月膚田牛，卒歲，以正月大課之。……殿者，謚田嗇夫……。」《周官》「故書」亦如此。如〈地官・鄉師〉：「巡其前後之屯。」鄭注：「故書屯或爲臀，鄭大夫讀屯爲課殿。杜子春讀在後曰殿。」今書則多爲屯。「故書」臀卽殿，顯與秦簡接近。

「故書」漆寫爲桼。〈地官・載師〉：「惟其漆林之征二十有五。」鄭注：「故書漆林爲桼林。杜子春云當爲桼林。」實際上，由桼到漆有文字規範化定型化的過程。

中國文字由甲骨文到籀書、大篆到小篆再到隸書，不僅字形與結構有變化，文字數量卽孳乳字，大爲增加❼，反映出文字的進步與規範化過程。從秦簡看，假借與省寫字甚多，如撤寫爲徹、皂寫爲旱、答寫爲治、呵寫爲河、又寫爲有、謫寫爲適、在寫爲才、幅寫爲福等等，這當是假借。誘寫爲秀、壅爲雍、酒爲酉、授爲受、假爲叚、價爲買、熟爲孰、償爲賞、債爲責、輛爲兩、藏爲臧、嬏爲姑、位寫爲立，此種情況，後世視爲省寫，實是文字尚不夠發展與不規範的表現。《周官》「故書」之文字亦如此，如漆寫爲桼、倡寫爲昌、羈爲寄、仍爲乃、拊爲付、納爲內、苹爲平、倅爲卒等，這也是它與秦簡約略同時的證明。

由上可見，《周官》「故書」當是秦漢之際的作品。非今文，亦非古文。

---

❼　甲骨文四千字，《說文解字》九千三百五十三字，梁顧野王《玉篇》收一萬六千九百一十七字。

有趣的是，《周官》「故書」雖經整理「漢化」，卻仍保留了不少古字，如䱷、灋、𢦏、齍、臯、貍、虣、眚、彊、飌等等。這些古字徐復觀稱之爲奇字，說是王莽、劉歆故意用上的。實際上，這些古字奇字亦可作爲《周官》形成時代之標本。

顧實《重考古今僞書考》曾指出：

《周官》最多有他書不同之古字，如虣、暴字；疈、副字；灋、法字；䱷、漁字；𢷎、拜字；簭、筮字；飌、風字；邍、原字；卝、礦字；畺、疆字等。求諸《說文》，疈、古文副；灋、古文法；邍、古文原；卝、古文礦；畺乃疆之本字；而虣、䱷、飌三字則無有也。更求諸鐘鼎文，虣用寅簋（博古圖），畺見沇兒鐘（古籀補）；邍見石鼓，䱷見季加匜（薛氏）伯角父敦（積古），灋見盂鼎，𢷎尤鐘鼎牛所習見。且殷契中有鷚即飌字（羅振玉《殷墟書契考釋》），此所發現，愈足令人狂喜不置……。自非《周官》一書，早作於西周之世，烏得有此乎❽。

徐復觀不同意顧實的說法。徐說：「若僅就此二字（虣邍）而論，當可爲顧氏之說作證。」但若與顧氏所舉其他各字關連考查，則上兩字只能算「西漢時代的僻字」。「以䱷爲魚，以飌爲風，是（王、劉）因好奇而認錯了字。」「《周官》不用法而用灋，許慎因以灋爲本字……而不知灋乃古廢字。……後人有的以灋爲法，這是因爲受到《說文》的影響，而《說文》則是許氏爲《周官》所欺。」❾

其實灋字，在秦簡及帛書中旣用爲法字，亦用爲廢字，許慎以灋爲法，正是言之有據。法者，去也，禁止之使之去掉也，與廢義通。秦簡〈效〉：「禾、芻、稾積廥，有贏，不備，而匿弗謁；及者

❽ 轉引自徐復觀，《周官成立之時代及其思想性格・自序》，頁3～4。
❾ 同上，頁4。

（諸）移贏以賞（償）不備，羣它物當負賞（償）而僞出之以彼賞（償），皆與盜同瀍（法）。」徐的說法是沒有看到秦簡的材料所致。

《周官》以畺爲疆，省弓，省蜀，也是秦簡與帛書這一時期常省偏旁的寫法。秦簡中，侯爲矦，藏爲臧，榮爲采等等，馬王堆《帛書》亦如此，故寫疆爲畺，正可作爲《周官》出於此種文字不規範時期之證。在文字不統一、不規範時期，魚寫爲鱻、鱻、漁、鱻等，是極正常的現象，後世人們以奇字、怪字論之是自然的，視其爲寫錯了字，則屬妄責古人了。

總之，《周官》故書在文字上與秦簡較近或一致，更證明其爲秦統一前夕的作品。

據金德建考證，《呂氏春秋》十二紀中，亦多有古文字，與〈月令〉、《淮南子‧時則篇》等漢代今文本有別。如十二紀〈孟春紀〉：「乘鸞輅」。〈月令〉爲「乘鸞路」。輅字爲古文，路字爲今文。〈孟春紀〉「以迎春於東郊」。〈時則篇〉「以迎春於東郊」。於字爲古文，于字爲今文。〈孟春紀〉「無有不當」，「無有壞隳」。〈月令〉爲「毋有不當」，「毋有壞隳」。無字爲古文，毋字爲今文。《呂氏春秋》寫於秦始皇八年，十二紀中出現部分古文字，說明它所據的底本可能是古文本〈月令〉，它在書寫時，一仍其舊。也可能當時的書寫狀況就是如此。這種兼有古文字的《呂氏春秋》十二紀，在漢人看來，也只能名之曰「故書」，這也可作爲《周官》「故書」成書時代之參證。

由《周官》「故書」到「今書」的文字整理與變化，我們對漢代今古文經可以得到幾點新的看法：

（一）今文經是把古文改成漢隸而產生的，對這一傳統說法應作修正。因爲變古文爲今文，固然必須隸書化，但僅僅隸書並不就是今

文。就是說隸書或漢隸是古文經變今文經的必要條件，但不是充分條件。無此條件，古文經不能成為今文經，但僅有此條件，卻不一定是今文經。古文經成為今文經，猶如《周官》「故書」之被整理成今書，不僅是把「故書」之古字加以漢隸的結果，也是用漢時通行的習用語與新增、孳乳或規範化之字加以改寫了的結果，因此它有用語的變化，有文字規範化與新發展的成果。《學林》「古文」條說：「明皇不好隸古，天寶三載，詔集賢學士衞包改《古文尚書》從今文，故有《今文尚書》。今世所傳《尚書》乃《今文尚書》也。《今文尚書》多用俗字，如改說為悅，改景為影之類，皆用後世俗書，良因明皇不好隸古，故有司亦隨俗鹵莽而改定也。」❿ 漢代古文經如《儀禮》、《春秋》、《尚書》改為今文經本，當亦如此。

(二)因此，「今讀」有三種情況，一種是完成上述第二項的要求，將古文經變成了今文，一種是僅僅將其古字隸書隸定而字不變，成為隸書之古文經。這種隸寫的古文經在敦煌抄本的古文《孝經》中仍然可見。日本足利本（足利學校藏古抄本）即是如此。孔安國對《尚書》的「今讀」一定也是如此。第三種則如同《周官》之「今書」，僅將「故書」的部分古文字、用語改為漢代通行的規範化文字與習用語，而仍保留了部分的古文字，僅僅將其隸書化。

(三)秦時用秦隸抄寫的經本，因為是過渡時期的情況，與古文經比，它的文字不僅隸寫了，而且也會有部分的改變，如將古文之無改為毋等，成了今文，但許多則仍是古文，如位寫為立，儀寫為義等等。因此，它既與古文經本有別，又與漢時定型了的今文經本有別。假設伏生的《尚書》是秦時的隸書本，則它必屬於這種過渡形態。由

---

❿ （宋）王觀國，《學林》。

此可以推斷：古文經之演變爲今文經，並非是一次完成的，它是一個不斷漢化的過程，也就是說是一不斷用漢時的習用語與規範化之文字加以改寫的過程。今天所見的所謂古文經從某字，今文作某字，或是據鄭玄、高誘所見東漢今古文經本，或是據《說文解字》、《漢石經》、魏《三體石經》，都是經過不斷整理的今古文書。究竟漢初的今文經本情況如何，恐怕已經不可考了。但可以肯定它必是與秦簡文字類似而和鄭玄所見今文經本有很大不同的。

　　(四)由以上可見，古文經本改編爲今文經本是可能的，也是自然的。但如果古文經已失，經學家是無法把一個今文本整理爲古文本的，因爲它雖可以參照其他經之古文本，把此經之某些字重新寫爲古文某字，但古代一些死滅了的用語、習慣語，已由今文的習用語、俗語取而代之，要重新改回，是十分困難的。古文經已失而重新把今文本改成古文本，純粹是好古，實際上無此必要，經學家一般是不會去作的，故金德建所謂西漢古文《尚書》已佚失，東漢古文本《尚書》爲杜林「改定」，漢代古文《孝經》佚失，古文本《孝經》出於許愼新撰，西漢無古文《易經》，東漢本古文《易經》出於馬融，馬融把通行的今文本《易經》改成古文本《易經》云云，是難於成立的❶。

二、漢代今古文學派學術觀點對立說的新考察

　　由《周官》「故書」與今書，我們對漢代今古文經學對立的種種傳統說法，亦覺有重新檢討的必要。

　　按傳統說法《周官》爲古文，《周官》「故書」爲古周禮、古文

---

❶　金德建，《經今古文字考》，頁264、374、382。

經，故論述漢代今古文之爲對立學派時，古文陣營常以《周官》、
《左傳》、《尙書》爲支柱。但事實上，《周官》根本不是古文，且
東漢諸多古文學家如杜子春、賈逵、馬融、鄭興、鄭衆亦曾未明言其
爲古文，則所謂東漢古文學派以《周官》爲支柱、並由此而概括的種
種今古文學派對立之說，就要受到動搖了。

關於漢代今古文學派對立的說法，可舉皮錫瑞與周予同的看法作
爲代表。皮錫瑞《經學歷史》說：「十四博士今文家說，遠有師承。
劉歆創通古文，衛宏、賈逵、馬融、許愼等推衍其說，已與今學分門
角立矣；然今學守今學門戶，古學守古學門戶，今學以古學爲變亂師
法，古學以今學爲黨同妒眞，相攻若讐，不相混合。杜鄭賈馬注《周
禮》、《左傳》不用今說，何休注《公羊傳》亦不引《周禮》一字。
許愼《五經異義》分今文說甚晰。若盡如此分別，則傳至後世，今古
文不雜厠，開卷可瞭然矣。」周予同《經今古文》說：「自從劉歆提出
抗議以後（指劉歆〈讓太常博士書〉），今古文的壁壘然後森嚴，今
古文的旗幟然後鮮明，而今古文的爭論也就從西漢末年一直延到東漢
末年，竟達二百多年之久，直到鄭玄遍注羣經，混亂今古文的家法，
這種熱烈的爭辨才暫時停止。」⓬按照這種說法，漢代今古文是門戶
森嚴的兩大對立學派，黨同伐異，相攻若仇，沒有調和的餘地，直至
鄭玄，才打破對立，使兩者混和、融合。這是學術界對今古文對立的
有代表性的看法。

但是，實際上杜子春等對《周官》的態度，已無今古文對立的門
戶之見。因爲他們並不把《周官》當古文。按理，《周官》「故書」如果
爲古文，則對「故書」進行整理，「今讀」，使之漢化與隸書的「今書」

當爲「今文」。但杜子春及先鄭父子對《周官》「故書」與「今書」所持的態度是中立的態度，並不黨同「故書」。至於皮錫瑞所謂劉歆、衞宏、賈逵、馬融、先鄭父子及許愼等皆堅守古學門戶，不用今說等等，實是不符事實的。

何耿鏞《經學概說》❸曾列一表，列舉今文學與古文學在一系列學術觀點上的對立。（見下表）

但是，實際上這些對立只能說是〈王制〉、《禮記》、《周官》、《左傳》等等諸說法的對立。如果像杜子春、賈逵、馬融、衞宏、先鄭父子等，根本不以《周官》爲古文，則在他們看來，或對他們而言，上述所謂今文說與古文說的對立，就要大爲改變了。以官制言，表上將今古文說概括爲兩點，其中第一點，今文說是《禮記・王制》的說法，古文說是《周官》的說法。兩「說」雖有不同，但鄭玄並不認爲是對周制的兩種對立的說法，而是夏禮，殷禮與周禮的區別。《禮記・王制》：「天子三公、九卿、二十七大夫、八十一元士。」鄭注：「此夏制也。〈明堂位〉曰『夏后氏之官百』，舉成數也。」孔疏：「〈王制〉之文，鄭皆以爲殷法，此獨云夏制者，以〈明堂〉『殷官二百』，與此百二十數不相當，故不得云殷制也。」然而鄭玄本人又曾以三公、九卿、二十七大夫等爲殷制。可見鄭玄自己的看法也是有矛盾的。

關於「三公」「五官」是否有今古文的對立，呂思勉有一段話講得很好。他說：「今文之三公曰司馬、司徒、司空，此亦卽五官，特僅舉其三耳。」

又說：「三官所職，視他官爲要，固考諸經文而可徵，亦古文家所不違也。〈立政〉、〈梓材〉皆以三官並舉。〈酒誥〉有圻父、農

---

❸　何耿鏞，《經學概說》，頁40，湖北人民出版社，1984年版。

制度	今　　文　　說	古　　文　　說
封建	(1)分五服，各五百里，合方五千里。 (2)分三等：公侯方百里，伯方七十里，子男方五十里。 (3)王畿內封國。 (4)天子五年一巡狩。	(1)地分九服，亦各五百里，並王畿千里，合方萬里。 (2)分五等：公方五百里，侯方四百里，伯方三百里，子方二百里，男方一百里。 (3)王畿內不封國。 (4)天子十二年一巡狩。
官制	(1)天子立三公：司徒、司馬、司空，以及九卿，二十七大夫，八十一元士，凡百二十。 (2)無世卿，有選舉。	(1)天子立三公：太師、太傅、太保，無官屬。又立三少爲之副，少師、少傅、少保，謂之三孤。又立六卿：冢宰、司徒、宗伯、司馬、司寇、司空。六卿之屬大夫士庶人在官者凡萬二千。 (2)有世卿，無選舉。
宗廟	(1)社稷所奉享皆天神。 (2)天子有太廟，無明堂。	(1)社稷所奉享皆人鬼。 (2)天子無太廟，有明堂。
祭祀	(1)七廟皆時祭。 (2)禘爲時祭，有祫祭。	(1)七廟祭有日月時之分。 (2)禘大於郊，無祫祭。
稅制	(1)遠近皆取十一。 (2)山澤無禁。 (3)十井出一車。	(1)以遠近分等差。 (2)山澤皆入宜。 (3)一甸出一車。

父、宏父，僞孔傳亦以司馬、司徒、司空釋之。」❶至於今文無四卿，有選舉，古文有四卿，無選舉，也是不確的。《周官》明確地提出於「射禮」中推薦賢者能者，出使「長之」，大司馬條明確指出：「凡邦國，大小相維，王設其牧制其職，各以其所能。」《周官》之三公六卿，不是世襲的。

以分封言，《周官》主爵分五等，公侯伯子男，〈王制〉亦是五等：「王者之制祿爵，公侯、伯、子男，凡五等。」封地大小雖有不同，《周官》大而〈王制〉小，但鄭玄認爲兩者皆是周制，不過〈王制〉是周武王時的情況而已。鄭玄的用意雖是在把《周官》與〈王制〉溝通，作成統一的解釋，但在他觀念中，根本無「古文說」與「今文說」之對立，則是很顯然的。

鄭玄注《尙書・皐陶謨》「弼成五服，至於五千」，引《周官》以爲說，又引讖緯《河圖括地象》爲根據，他的觀念並不是調和今古，而是根本無今古之分。至於王畿內封國與否，巡狩五年一次或十二年一次，這些不同說法，都不能認爲是今古文說的對立。

《周官》及〈王制〉、《史記》等皆主九州說，《尙書・堯典》主十二州說，王莽崇奉《尙書》，馬融、鄭玄爲十二州說作解說。在他們的觀念中亦無所謂今古文的對立。

《周官》、《尙書・堯典》主五刑，《左傳》主九刑。

「九族」，大多學者認爲古文學主「九世本親屬說」，以九族爲九世，「上自高祖，下至玄孫。」今文說主「父族四，母族三，妻族二。」前者是《尙書》孔傳所主張，後者認爲源於《尙書》歐陽生及大小夏侯說（禮戴氏同）。班固《白虎通》、許愼等古文學代表或今文學著

---

❶ 呂思勉，《讀史札記》，頁225、227，上海：古籍出版社，1982年版。

作卻都主歐陽說。孫星衍《尚書今古文注疏》云：

> 許氏從今文，鄭氏從古文說也。……《漢書・高帝紀》：「七
> 年，置宗正官以序九族。」是漢初俱以九族為同姓，夏侯歐陽說
> 為異姓者，蓋因「堯德光被」，自家及外族。鄭不然者，以經
> 文下之百姓，可說異姓也。

就是說，歐、鄭觀點之所以不同，是在於他們對〈堯典〉的理解
不同，並非基於今古文學派立場的不同。

漢初，以九族為九世，是流行的說法，《尚書》孔安國採此種說
法。《禮記》：「緦麻三月以上，恩之所及。」歐陽氏等認為為妻父母
有服，明在九族中，故九族不得僅施於同姓。鄭玄不同意歐陽氏等對
《禮記》的解說。鄭說：「〈婚禮請期辭〉曰：『唯是三族不虞』。欲及
今三族未有不盰度之事而迎婦也。如此所云三族，不當有異姓。」又
引《禮記・雜記下》：「緦麻之服，不禁嫁女取婦，是為異姓不在族中
明矣。」又引〈喪服小記〉：「親親以三為五，以五為九」，以證其說。
可見兩者的分歧都是在對《禮記》的理解，沒有今古文學的門戶觀念
在作祟。許慎採歐陽氏的說法。《五經異議》云：「禮緦麻三月以上
恩之所及，《禮記》為妻父母有服，明在九族中。九族不得但施於同
姓。」亦與今古文立場無關。

對「六宗」的解釋，歐陽、夏侯說皆主「六宗者，上不及天，下
不及地，傍不及四時，居中央，恍惚無有，神助陰陽變化，有益於
人，故郊祭之」。古文《尚書》說主「六宗：天地神之尊者。謂天宗
三，地宗三。天宗：日、月、星辰。地宗：岱山、河、海。日月為陰
陽宗，北辰為星宗，岱為山宗，河為水宗，海為澤宗。祀天則天文

從，祀地則地理從。」歐陽夏侯說見《漢書・郊祀志》引。古《尚書》說見《周官・大宗伯・疏》。劉昭注《後漢誌》引賈逵曰：「六宗謂日宗、月宗、星宗、岱宗、河宗、海宗也。」《儀禮通解續》解「因事之祭」，引《大傳》鄭注：「馬氏以為六宗謂日、月、星辰、泰山、河、海也。」《釋文》引馬氏則曰：「六宗，天地四時也。」許氏《異議》同古文《尚書》說。衆說紛紜，無所謂今文學與古代文學派的對立。鄭玄與馬融對六宗的解釋皆基於對《周官》思想的理解不同，兩者皆以《周官》注《周官》。孫星衍說：「六宗，史公無說，不知孔安國說與今文說同否？」可見所謂古文《尚書》說是否眞是古文《尚書》說，也是沒有根據可言的。

其他如對《尚書・微子》「父師、少師」的解釋。《史記》「父師」作太師，以太師、少師為紂時樂師。崔適《史記探源》說此係今文說。孫星衍《尚書今古文注疏》據《漢書・儒林傳》：「司馬遷亦從安國問故，遷書〈微子篇〉多古文說」，認為「此即安國故也」，肯定為古文說。究竟是今文抑是古文？強調今古文對立的學者也弄不清楚。

許愼被公認為古文學門戶觀念極鮮明的學者，但分析《說文》，可以看出，許愼雖精通古學，在《說文》中多所引用，但他並不對今學持門戶之見，故《說文》中凡宜於引今文之處，許愼皆引今文說，包括讖緯在內。如《說文》：「封，爵諸侯之土也。从土，从寸，守其制度也。公侯百里，伯七十里，子男五十里。」這是採〈王制〉之說，為今文。

《說文》：「王，天下所歸往也。董仲舒曰：『古之造文者，三畫而連其中，謂之王。』三者，天、地、人也，而參通之者，王也。」又引孔子曰：「一貫三為王。」董是今文，「天下所歸往」出《春秋繁

露‧名號篇》。孔子說的話，王國維以爲係出緯書。

《說文》：「士，事也，數始於一，終於十，从一，从十。」並引孔子曰：「推十合一爲士」。這是以象數學解釋字義，濫觴於緯書。所引孔子的話，亦來自緯書。許作《說文解字》是博採諸家，無今古文對立的觀念作怪。馬宗霍《說文解字引經考》說：「《說文》稱禮者二十八字，有八字所引見《周官》，一字見《禮記》，兩字則說《周官》之事，兩字則稱禮，兼稱《周官》，其專屬《儀禮》者七字，無一字在鄭注所云『古文』之內，餘則或出《毛詩傳》，或出《禮說》，或出「禮緯」，或則不知所出，而亦以禮稱之。」說明許愼「禮」的觀念完全打破了今古的界線，是不分彼此、集諸家之說而成的統一的禮。

比較而言，《說文》言禮制以引「周禮」爲多，計有九十五字，但所謂「周禮」包括《左傳》、《禮記》、《儀禮》等在內，並非單指《周官》。如說「堋，喪葬，下土也，从土，朋聲。」《春秋傳》曰「朝而堋」，《禮》（指《禮記》）謂之封，《周官》謂之窆。〈虞書〉曰「堋淫於家。」許將《周官》與〈虞書〉、《左傳》、《禮記》並列，統稱爲「周禮」。可見，許愼之「周禮」觀念亦是綜合各家而成的。至於《說文》引「周禮」確以《周官》爲主，其原因：一是許愼誤信《周官》爲古周禮；二是許誤認《周官》爲古文，多存文字古義，引《周官》更能說明文字之原始義，並非基於排斥今文之狹隘的門戶之見也。

許氏《五經異義》，皮錫瑞認爲今古文涇渭分明❺，強烈地表現

了許之古文立場。實際上，全書內容係列舉《詩》、《書》、《禮》、《易》、《春秋》在禮制、文物上的不同說法而下以己意，一概從事實、義理的是非出發。有肯定古文者，亦有肯定今文者。如「田稅」，許氏既肯定《公羊春秋》說，又指出漢制收租田有上中下，與《周禮》同義。關於天，許既批評歐陽尚書說，又批評《爾雅》，而肯定古《尚書》天有五號之說。關於力役、兵役，許批評《周官》而同意〈王制〉及《易》孟氏與《韓詩》說。許說：「謹案五經說皆不同，是無明文所據。漢承百王而制，二十三而役，五十六而免，六十五已老而周復征之，非用民義。」許氏名自己的書為《五經異義》，其意正以為今古文同為五經。各種五經之說的不同是「五經」之異義，而非今古文之對立。故鄭玄駁《五經異義》亦據事實義理進行分析，也絲毫不存有今古文對立之觀念。

那麼《白虎通》是否在學術上排斥古文呢？傳統的看法認為如此。因為《白虎通》各條的解釋以今文為主。但這種看法忽略了今文本來是佔統治地位的觀點。《白虎通》的主要條目不僅是今文學的觀點，亦是兼研古文的學者的觀點，也就是說，它們是今、古文學者的共同觀點。例如「五行」、「爵稱」、「姓氏」、「王」、「分封」等，觀點雖引自今文，但古文學者並沒有與之不同的觀點。一些能引用「古文」的地方，《白虎通》亦加以引用。如〈爵篇〉說：「爵有五等，以法五行也，或三等者，法三光也……。殷爵三等，周爵五等，各有宜也。」開鄭玄打通今古文，以殷、周禮制解釋爵三等、五等之先例。又說「冢者大也，宰者制也，大制事也。故〈王度記〉曰：天子冢宰一人，爵祿如天子之大夫，或曰冢宰視卿，《周官》所云也。」

此外，〈嫁娶篇〉引有《周官》「仲春之月，令會男女，令男三十娶，女二十嫁」之文。關於《尚書》，金德建《經今古文字考》有

專章證明《白虎通》所引《尚書》大部分是古文,非今文。如果說白虎觀會議的目的是「希望借皇權之力，把劉歆所提倡的古文經打倒⋯⋯旨在否定古文之說。」⑯ 以上情況如何能夠解釋?

總之，不論從古文學者方面或從今文學者方面考察，所謂今古文門戶森嚴，不相調和，至鄭玄始爲打破的傳統說法，是難於成立的。

三、漢今古文學派學風對立說考辨

上面所論學術觀點上的對立，是比較傳統的說法，清代經學家皮錫瑞等即持有此種看法。近人如周予同等則進一步從學風上概括兩派的對立。1925年，周發表《經今古文學》，曾經列一簡明表格，列舉漢代今古文學在學風上的十三大對立，現將其摘要爲九點，以進行討論。周的這些說法，在學術界也是有代表性的，我在《漢代思想史》中，也曾經採取這一看法。但是現在看來，它們都有加以重新檢討的必要。現將九點對立列表如右:

周予同認爲今、古文家對於六經次序的排列，表示他們對於孔子的觀念不同，古文家的排列次序是按六經產生時代的早晚，今文家卻是按六經內容程度的淺深。古文家以《易經》的八卦是伏羲畫的，所以《易》列第一；《書經》中最早的篇章是〈堯典〉，較伏羲爲晚，所以列在第二；《詩經》中最早的是〈商頌〉，較堯舜又晚，所以列在第三；《禮》、《樂》他們以爲是周公制作的，在商以後，所以列在第四第五；《春秋》是魯史，經過孔子的修改，所以列在末了。而古文家之所以按六經的時代早晚排列，是因爲他們認爲孔子是史學家，

---

⑯　劉起釪，《尚書學史·東漢今文經學與古文經學的較量》，中華書局，1989年6月版。

今　文　學	古　文　學
(1)尊重孔子。	(1)尊奉周公。
(2)尊孔子爲「受命」的「素王」。	(2)尊孔子爲先師。
(3)以孔子爲政治家、教育家。	(3)以孔子爲史學家。
(4)以孔子爲「托古改制」。	(4)以孔子爲「信而好古，述而不作」。
(5)以六經爲孔子作。	(5)以六經爲古代史料。
(6)以《公羊傳》爲主。	(6)以《周禮》爲主。
(7)爲經學派，六經排列以《詩》爲首。	(7)爲史學派，六經排列以《易》爲首。
(8)斥古文經傳是劉歆僞造。	(8)斥今文經傳是秦火殘缺之餘。
(9)信緯書，以爲孔子大義微言間有所存。	(9)斥緯書爲誣妄。

將孔子視爲古代文化的保存者。今文家則認爲孔子是政治家、哲學家、教育家，所以他們對於《六經》的排列，是含有教育家排列課程的意味。……**⑰**

　　但實際情況完全不是如此。劉歆說：

> 伏羲氏繼天而王，受河圖，則而畫之，「八卦」是也。禹治洪水，賜「洛書」，法而陳之，〈洪範〉是也。……「河圖」、「洛書」相爲經緯，八卦九章相爲表裏。昔殷道弛，文王演《周易》。周道敝，孔子述《春秋》，則乾坤之陰陽，效〈洪範〉之咎徵，天人之道燦然著矣。**⑱**

---

⑰　《周予同經學史論著選集》，頁9，上海人民出版社，1983年版。
⑱　《漢書・五行志》。

這裏劉歆列《易》第一，是因爲《易》講天道。列《尚書》第二，因爲《書》效法「河圖」，爲地道。《詩》、《禮》、《樂》、《春秋》則爲人道。由天而地而人，兼三才而兩之，根本不是根據什麼產生時間的先後。

另一被傳統看法認爲是古文學家的班固，據劉歆《七略》成《漢書·藝文志》，談到六經次第時說：

六藝之文，《樂》以和神，仁之表也；《詩》以正言，義之用也；《禮》以明體，明者著見，故無訓也；《書》以廣聽，知之術也；《春秋》以斷事，信之符也。五者蓋五常之道，相須而備，而《易》爲之原。故曰「易不可見，則乾坤或幾乎息矣」，言與天地爲終始也。至於五學，世有變改，猶五行之更用事焉。❿

也很明白地指出，以《易》爲首，是因爲《易》爲「五常」之原。其他五經的排列，則按仁、義、禮、智、信，這是五行相生秩序的體現。

《詩》、《書》、《易》、《禮》、《樂》、《春秋》之排列，最早出於《莊子》之〈天下篇〉。荀子及董仲舒、司馬遷等漢初學者都承襲這一歷史說法，它與今文學是沒有內在聯繫的。

至於尊孔子還是尊周公？實際上今文學何嘗不尊周公？今文《尚書》、《禮記》等等大講周公攝政。王莽作攝皇帝所引用周公故事，皆是今文《尚書》之說。「發得周禮」，也指《尚書》等書所述周公故

---

❿　《漢書·藝文志》。

事⑳。王莽、劉歆之改祭祀、禮制、立辟雍、明堂，也多根據《禮記》（今文學），與《周官》無關。故尊周公是漢代經學的共同特點。

那麼，在古文學者眼中，孔子是否不是素王而僅是一史學家呢？絕不如此。劉歆亦認為，孔子是述天人之道，「則乾坤之陰陽，效〈洪範〉之咎徵」的聖人與素王。他與「繼天而王」的伏羲，法「洛書」作〈洪範〉的夏禹及受命的文王是同樣受有天命的。他作《春秋》，「述天人之道」，與《周易》、〈洪範〉一樣，是「天書」、「神書」，絕非一般的歷史教科書。

東漢初年曾發生《左傳》立學官的爭論。經學家范昇反對立《左傳》。然而這場爭論主要是爭誰是孔子的嫡傳、正統？范升說，「《左氏》不祖孔子，而出於丘明，師徒相傳，又無其人」，是尊孔子。陳元說：「丘明至賢，親受孔子，而《公羊》、《穀梁》傳聞於後世」，也是尊孔子⑳。很顯然，在兩者眼中，孔子都不是教育家、史學家。鄭玄更明言孔子是受命的素王㉒。

對讖緯的態度，漢代也並無今文學者與古文學者的對立。今文學者信讖緯災異，然而古文學者同樣如此。如劉向著《洪範五行傳論》，大講陰陽災異。王莽信符命，大倡讖緯，至東漢，讖緯為國憲、為內學，昌盛一時，學者莫不鑽研崇敬。

朱彝尊說：「東漢之世，以通七緯者為內學，通五經者為外學。其見於範史者無論，謝承《後漢書》稱『姚浚尤明圖讖秘奧』。又稱『姜肱博通五經，兼明星緯』。戴稽之碑碣，於有道先生郭泰則云：

---

⑳　參閱本書第十章第四節，〈「發得周禮」新解〉。

㉑　《後漢書‧鄭范陳賈張列傳》。

㉒　鄭玄《駁五經異義》云：「孔子時，周道衰亡，已有聖德，無所施用，作《春秋》以見志，其言少從以為天下法，故應以金獸性仁之瑞。賤者獲之，則知將有庶人受命而行之，受命之徵已見，則於周將亡，事勢然也」，完全同《公羊春秋》說。

『考覽六經，探綜圖緯』。於太傅胡廣，則云：『探孔子之房奧』，於太尉楊震，則云：『明河洛緯度，窮神知變』，當時之論，咸以內學爲重。」㉓

東漢部分學者，如尹敏、鄭興、張衡、桓譚反對讖緯，但他們之反對讖緯，並非基於古文經學的立場，而是基於傳統經學甚至今文經學的立場。因爲本質上，他們本人都不是反對今文學的「古文學家」，而僅僅是主治今文而兼愛古文的學者。他們之反對讖緯，是爲了恢復西漢時經學的本來面貌，因西漢經學本無讖緯之說。讖緯是哀平時泛濫的，雖然亦與今文經崇信陰陽五行、天人災異之說有關，甚至亦可以說是這一思潮發展的結果，但讖緯本質上與經學有別。西漢末期，今文經學諸大家無人講讖緯，更無以讖緯注經解經者。東漢學者驟然掀起講研讖緯之風，於是引起了複雜的矛盾關係。有吸收者，有排拒者。對古文學有愛好的一些學者如張衡、桓譚等起來反對讖緯，但馬融、鄭興、賈逵亦是引讖緯以說經的。鄭玄更是調和今古與引讖緯以注經的大師。其學術根底與立場實是變古學爲今學，以今學融古學，並以經學融讖緯，代表了今學在東漢的最後面貌。所以，把一些古文愛好者反對讖緯說成古文經學派反對讖緯，今文經學則支持讖緯，構成對立，是不符合實際的。周予同對古文經與讖緯的關係，看法是矛盾的。他的〈讖緯與經今古文學〉一文，一方面說古文經學反對讖緯；一方面又說，「不僅今文學家與讖緯有密切關係，就是古文學家及混淆今古文的學者，其對於讖緯，也每有相當的信仰」（《周予同經學史論著選集》，頁56，上海人民出版社，1983年出版）。

強調今古文爲對立學派的學者，亦強調兩派治學態度的對立，如

㉓ 朱彝尊，《經義考・說緯》。

說今文派注重「通經致用」，爲政治服務，古文派則不爲章句，「重歷史」等等。然而此亦是皮相之論。《漢書・楚元王傳》：「初，《左氏傳》多古字古言，學者傳訓故而已。及歆治《左氏》，引傳文以解經，轉相發明，由是章句、義理備焉。」所以劉歆《左傳》之學卽爲章句義理之學。東漢鄭興善《左氏春秋》：「……，將門人從劉歆講正大義，劉歆使傳章句、條例、訓詁。」賈逵父徽，從劉歆受《左氏春秋》，有《左氏條例》二十一篇，逵悉傳父業。永平中，上《左氏傳國語解詁》五十一篇，《左氏傳解詁》三十，《國語解詁》二十一也。」這些章句，訓詁之學皆爲治古文學者所爲，如何能說古文學者不爲章句？

通經致用，爲政治服務，是所有漢代經學家的特點，不獨今文經學家爲然，愛好古文，力爭爲古文立博士的學者，亦無不從通經致用、爲政治服務立論。劉歆等人以《周官》、《尚書》爲王莽的政治服務，就是最好的說明。他們一再上書，「謹以六藝通義、經文所見《周官》、《禮記》宜於今者，爲九命之錫」，「以經義正十二州名分界，以應正始」，「倣〈大誥〉作策，遣諫大夫桓譚等班於天下。」王莽改制幾無一不引經義爲根據。所以以經義爲政治服務，在王莽時達到了高峯。以後東漢賈逵、馬融等爭立《左傳》時，反覆強調《左氏》「深於君父，《公羊》多於權變」[24]，皆是基於通經致用以學術爲政治服務的立場。甚至劉歆對當時今文學者進行攻擊，最重要之點亦是指責他們「因陋就簡，分文拆字，煩言碎辭，學者罷老且不能究一藝。信口說而背傳記，是末師而非往古，至於國家將有大事，若立辟雍、封禪、巡狩之儀，則幽冥而莫知其原。」

---

[24]　《後漢書・鄭范陳賈張列傳》。

　　至於古文學者是否重歷史，對事物、學術能持歷史觀點？分析這一問題，應該把他們所爭立的《左傳》是歷史與他們之所以爭立《左傳》，並非基於愛好歷史區分開來。正如《尚書》是史，今文學者之重視《尚書》並非因爲《尚書》是史一樣。爭立《左傳》爲學官的學者，其動機與目的完全不在歷史。賈逵說「《左氏》崇君父，卑臣子，彊幹弱枝，勸善戒惡。」「謹擿出《左氏》三十事尤著明者，斯皆君臣之正義，父子之紀綱。其餘同《公羊》者什有七八，或文簡小異，無害大體。」㉕可見賈逵爲《左氏》爭立學官，是完全從政治而非歷史出發的。

　　就具體的學術問題而言，許多今文學者比兼愛古文的學者更具歷史觀點。如古文學者盲信《周官》爲古周禮，何休卻說「《周官》爲六國陰謀之書」。就是說《周官》所述制度，不僅非周制，也非春秋禮，而係戰國制度。兩相比較，何休顯然更有歷史觀點。臨碩難《周禮》，引《詩》三處「六師」之文（〈棫樸〉、〈常武〉、〈瞻彼洛矣〉），證明《周官》講六軍，非西周古禮。鄭玄回答說：「春秋之兵雖累萬之衆皆稱師，《詩》之六師，謂六軍之師。」又箋《毛傳》說：「二千五百人爲師，今王興師行者，殷末之制，未有《周禮》五師爲軍，軍萬二千五百人。」兩者比較，臨碩顯然比鄭更有歷史觀點。

　　《周官》分封之說，公國方五百里，侯國方四百里，顯係戰國末年的分封情況，鄭玄說是成王時周公封國的情況，而以〈王制〉所云，孟子所述爲殷制，這不僅牽強附會，也更無歷史觀念。通觀鄭玄的「三禮注」，凡與《周官》禮制不合者，鄭無不解爲「殷禮」、

㉕　《後漢書・鄭范陳賈張列傳》。

「夏禮」以穿鑿其說，完全沒有歷史觀點。比較言之，何休之《公羊解詁》，反多歷史趣味與歷史見解（如肯定許多禮制為「春秋」之禮，實際是肯認了禮制的變化），將春秋之事分為所見、所聞、所傳聞，也較符合歷史實際。三世——「據亂」、「升平」、「太平」之說，雖是表達政治理想，但對歷史是持發展的觀點。何休是繼承胡母生《條例》的，可見這是公羊學者的共同特點。董仲舒《春秋繁露》論孔子作《春秋》說：「貶天子、退諸侯、討大夫。」「善善惡惡」，「撥亂世，反諸正。」要求對研究歷史持總結經驗教訓的態度，這是一種歷史的政治的態度。運用這一指導思想於史學研究的司馬遷，寫出了《史記》這樣偉大的歷史著作，是與董這種歷史思想分不開的。所以愛好古文絕不等於愛好歷史，更不等於對事物皆能堅持歷史觀點，這是要分辨清楚的。由於古文學者的嗜古、盲目信古、復古（如王莽），其對許多問題持更易持非歷史的態度，這倒是更值得我們注意的。

康有為說：「觀傳古學諸人，揚雄則稱『無所不見』，杜林則稱『博洽多聞』，桓譚則稱『博學多通』，賈逵則『問事不休』，馬融則『才高博洽』，自餘班固、崔駰、張衡、蔡邕之倫，並以弘覽博達，高文瞻學，上比迂曲者。」❷⑥比較今文學者之僅能專攻一經，古文學者確有「通博」的特點。但古文學者之「博」，不僅不表示古文學之反今文的「門戶」的特點，相反正是表示其兼通今古，既治今學，又兼採古文的特點。

由西漢末年到東漢，在應否立《周官》、《左傳》、《毛詩》等為官學的問題上，經學家們之間確曾有過幾次鬥爭，但並不是今學古學之爭。爭論的雙方都沒有提出學術上的問題。爭論表明，雙方都是

---

❷⑥ 康有為，《新學偽經考》卷八。

爲了更好地繁榮經學，維持經學的統治地位，並使經學更好地爲政治服務。因此，反對者固然是表現了今學卽正統經學的立場與心態，贊成者同樣是表現了今學卽正統經學的立場與心態的。不過前者認爲已有的今文經已足夠了，多立反而有害；後者則認爲已有的經不夠，將《左傳》、《周官》等立於學官，可以壯大經學陣營，更好地達到共同的目的。所以賈逵反覆說《左傳》「義深於君父」，《左傳》「其餘同公羊者什有七八，或文簡小異，無害大體。……凡所以存先王之道者，要在安上理民也。今《左氏》崇君父，卑臣子，彊幹弱枝，勸善戒惡，至明至切，至直至順。且三代異物，損益隨時，故先帝博觀異家，各有所採。」❷⑦ 講來講去，不過是要變《左傳》爲官式的今學而已。

錢穆說：「何休墨守《公羊》，兼攻《左》、《穀》，鄭玄於《左》、《穀》一起辯護，實均以立官不立官爲爭也矣。」❷⑧ 這是很中肯的。

王國維說：「漢誌《毛詩》二十九卷不言其爲古文，〈河間獻王傳〉列舉所得古文舊書，亦無《毛詩》，至後漢始以《毛詩》與古文《尙書》、《春秋左氏傳》並稱，當以三者同爲未列學官之學，非以其同爲古文也。其實《毛詩》當小毛公（萇）貫長卿之時，已不復有古文矣。」❷⑨

《後漢書·儒林傳》說：何休「與其師博士羊弼，追述李育意，以難二傳，作《公羊墨守》、《左氏膏肓》、《穀梁廢疾》。」「玄乃發〈墨守〉、鍼〈膏肓〉、起〈廢疾〉，休見而嘆曰：『康成入吾室，操吾矛以伐我乎！』」何休之所以驚呼，是因爲鄭玄的駁辨是站在今文經學的內部與立場上進行的，所以特別有力，這正好表明爭論雙

---

❷⑦ 《後漢書·鄭范陳賈張列傳》。
❷⑧ 錢穆，《國學概論》。
❷⑨ 轉引自錢穆，《國學概論》。

方的學術立場是一致的。

四、幾點新的看法

根據以上的事實，我們對漢代今古文的對立及鬥爭等，得到一些新的看法，它可以歸納爲下列四點：

(一)漢代有今文經與古文經，有今文經說與古文經說。

(二)但漢代只有一個統一的經學，它是由今文經學所代表的，漢代所有的經學家都具有這統一經學的共同學風與特點。古文經學者不過是兼通今古文的學者。他們與今文經學者的不同，僅在於他們有今文經學的立場與特點，又兼通古文經，他們所致力的不是排除今文經，而是把古文經變成今文經，以立於學官。他們所作的各種今古文同異、比較，如《歐陽‧大小夏侯尚書古文同異》、《齊、魯、韓詩與毛氏異同》，其性質都是以今文經之眼光、立場與精神解釋與比較各家，指出其種種具體問題上的異同，證明在此種問題上，古文經的說法更符合經學的要求，完全不是要以古文取代與打倒今文。

(三)今古文的幾次鬥爭，主要是圍繞應否立學官這一點，並非基於學術上的分歧與對立。

(四)在具體學術問題上，東漢經文學家特別是古文學者博採衆家，打破今古界線，自劉歆、杜子春起卽已如此，許愼更爲明顯，至鄭玄集其大成。這種今古兼融並包的現象，並不說明古學在東漢最後戰勝了今文學，相反，恰恰是今學融合古學而成了融合今古的統一的經學。

第十二章

周官儒法兼綜的思想特徵

《周官》是法家思想還是儒家著作？學術界爭論激烈，觀點對立。這涉及應該如何評定一部著作的思想傾向，儒法對立的實質何在？以及戰國末年儒學本身的特點問題，也涉及秦之歷史與文化的特點。本章將對這些問題展開論述。

一、對立的觀察與結論

《周官》，近人錢穆、顧頡剛、徐復觀等，認爲是法家著作，其儒家思想不過是裝飾、點綴。顧頡剛形容《周官》是「四不像」❶。但劉歆、鄭玄、東漢諸儒及賈公彥、張載、程頤、朱熹、孫詒讓等，卻肯定其爲儒家思想。

強調《周官》爲法家思想的學者，認爲《周官》重理財、會計、財會、賦稅、生產、刑法、官法、誅讓、什伍連坐、讀法、懸法等等，都是功利思想，與法家富國強兵及耕戰政策之精神一致，故必爲李悝、吳起之徒或王莽等所著無疑。肯定《周官》爲儒家思想的學者則認爲會計、財會、生產、刑法、大比、考核、官法、讀法等等，儒家

---

❶ 〈周公制禮的傳說和周官一書的出現〉，《文史》第6輯，中華書局出版。

亦是可講的，關鍵是在於作這些事情所欲達到之目標及貫徹於其中的精神。王安石〈答司馬諫議書〉有云：「蓋儒者所爭，尤在於名實，名實已明而天下之理得也。今君實所以見教者，以爲侵官、生事、征利、拒諫，以致天下怨謗也。某則以謂受命於人主，議法度而修之於朝廷，以授之於有司，不爲侵官。舉先王之政，以興利除弊，不爲生事。爲天下理財，不爲征利。」❷王安石的回答，卽是強調一件事情可以名同而實異。對《周官》的看法亦是如此。

〈秋官‧大司寇〉說：「以圜土聚教罷民，凡害人者寘之圜土而施職事焉，以明刑恥之。其能改者，反於中國，不齒三年；其不能改而出圜土者，殺。」徐說這是極權政治，踐踏人格，是暴政❸。鄭玄卻說：「圜土，獄城也，聚罷民其中，困苦以教之爲善也。」王安石亦說：「凡害人者，謂有過失而麗於法者也，其獄謂之圜土，則有生養之意也。其人謂之罷民，則不自強以禮故也。施職事焉，則使之自強。以明刑恥之，則使知自好。其能改者，反於中國，不齒三年者，寘之圜土，外之於中國也，故其能改而反也，謂之反於中國。……先王之於民也，德以教之、禮以賓之、仁以宥之、義以制之，善者怗焉，不善者懼焉，故居則易以治，動則易以服。」❹認爲這是先王之道的體現。

〈大司寇〉說：「以嘉石平罷民，凡萬民之有罪過而未麗於灋而害於州里者，桎梏而坐諸嘉石，役諸司空。重罪，旬有三日坐，朞役。其次，九日坐，九月役。其次，七日坐，七月役。其次，五日坐，五月役。其下罪，三日坐，三月役。使州里任之，則宥而舍之。以肺

---

❷ 《臨川集》卷七十三。
❸ 徐復觀，《周官成立之時代及其思想性格》，頁145。
❹ 王安石，《周官新義》卷十四。

石達窮民，凡遠近惸獨老幼之欲有復於上而其長弗達者，立於肺石，三日，士聽其辭，以告於上，而罪其長。」徐說這是虐政，是剝奪窮人的上訴權❺。王安石卻說：「嘉禮之善也。以嘉石平罷民，罷民不能自強以禮故也。萬民之有罪過而未麗於法而害於州里者，則『司救』所謂衰惡也。凡害人者，則『司救』所謂過失是也。過失不謂之罪，而得罪反重於衰惡，則爲其已麗於法故也。……坐諸嘉石，使自反焉，且以恥之，役諸司空，則以彊其罷故也。……司空之役，不可廢也，與其平民而苦之，孰若役此以安州里之爲利也。」❻

關於「理財」，徐認爲《周官》的全部措施無一不是爲了搜括民財，是直承桑弘羊之財經政策而來。〈天官・大宰〉說：「以九貢致邦國之用，一曰祀貢、二曰嬪貢、三曰器貢、四曰幣貢、五曰材貢、六曰貨貢、七曰服貢、八曰斿貢、九曰物貢。」徐說：「這是搜羅得非常完備了。」❼王安石卻說：「九賦言斂，九貢言致者，邦國之財，不可斂而取也，致之使其自至而已。九賦言財賄，九貢言用者，財賄以斂言也，斂止於王畿，則所斂狹矣。用以散言也，散及於邦國，則所散廣矣。大宰事王以道，斂欲狹，散欲廣，王之道也。至於司會，以九賦之法令田野之財用，以九貢之法致邦國之財用，賦貢兼以斂散言，則『司會』事王以法主會其入出而已，取欲狹，施欲廣，非其任矣。」❽

如此等等。可以說，《周官》的每一職事，都有這樣兩種對立的理解。所以如此，原因在於《周官》只是一些簡單的條文，沒有指導思想的論述，故各家皆可把自己的理解貫注到條文之中。如果把《周

❺　徐復觀，《周官成立之時代及其思想性格》，頁145。
❻　王安石，《周官新義》卷十四。
❼　同❺，頁127。
❽　同❻，卷一。

官》的條文看成「器」與「用」，各家的注就是「體」與「道」了。
體與道不同，器之用亦隨之不同，結果一部《周官》的思想歸宿就有
完全不同的說法了。

那麼《周官》的刑與政背後是否有德與禮以爲道呢？以《周官》
爲儒家的學者認爲是有的，卽周公致太平之心。劉歆說《周官》是「周
公致太平之迹，迹具在斯。」❾「迹」指用，「迹」背後之「所以迹」是
體。《周官》的職守、《周官》的刑與政等是「迹」，周公致太平之
德、之心是體，是「所以迹」。因爲有這個「所以迹」，所以劉歆、鄭
玄等認爲《周官》是儒家，不是法家。

鄭玄注〈鄉大夫〉說：「是乃所謂使民自舉賢者，因出之而使之長
民，教以德行道藝於外也。使民自舉能者，因入之而使之治民之貢賦田
役之事於內也。言爲政以順民爲本也。」注〈小司徒〉「井牧其野」，
則引《孟子》「夫仁政必自經界始」以爲說。王安石發揮說：「田畝
有類於井，而公田之中又鑿井焉，故謂之井田。一井之田九百畝，八
家八百畝，公田居中百畝，除二十畝，八家分之，得二畝半，以爲廬
舍，合保城之地二畝半，孟子所謂『五畝之宅』是也。公田八十畝，
八家耕之，是爲助法。廬舍居中，貴人也。私田環列於公田之外，蓋
衞王之意。」❿故在鄭、劉、王等人看來，《周官》強調刑政背後之
德與禮，德禮是刑政之本，完全是儒學的精神。

持平而論，《周官》並沒有體現出劉歆、鄭玄等所謂的「周公致
太平」之心，但《周官》確實又是重禮的。它的虛君制、分封制、鄉
遂制、公墓制、閭里、黨族的宗法制等等，無不與周代的「禮」——
宗法倫理傳統有直接聯繫，其授田制與「井田」在形式上亦沒有差別。

---

❾ 賈公彥，〈序周官興廢〉。
❿ 王安石，《周官新義》卷六。熊十力亦有類似說法，參見熊著《論六
經》、《亂坤衍》等。

《周官》重視對民的道德教育，「以五禮防萬民之僞」，「以陽禮教讓」……「以六德爲禮樂之本……」等等，與儒家「導之以德，齊之以禮」亦很接近。所以《周官》中的儒學思想確不像徐復觀所說只是一些「點綴」、「緣飾」。故以儒法兼綜界定《周官》之思想性格，是比較符合《周官》的實際的。

戰國末年，法家思想處於頂盛狀態，以商韓爲代表，無論是理論或實踐，都堅持以法治反對禮治，以吏治取消道德、文化與禮樂。所以《周官》如果眞正屬於法家思想，就不能有上述一系列的德育思想、教育思想、禮敎思想。《周官》有這些思想，說明它不是法家意義上的法家，而是儒法結合意義上的法家，或以儒家思想修正過了的法家，也就是新形態的儒學。

二、判別儒學的兩種標準

判斷《周官》的思想傾向是否儒家，通常有兩種判別標準與方法：一是判敎方法，以原始儒學之特定敎條爲衡量判別的標準；一是發展的眼光與時代標準。按前一標準，《周官》講什伍連坐、官法、懸法、讀法、三年大比、軍功等等，都是孔子之原始儒學不曾講的。但應用這個標準，不僅《周官》不能算是儒學，荀子主張性惡，以天爲自然，禮義爲化性起僞等，也不能算是儒學。漢儒講陰陽五行、天人感應等等，更不能算儒學。甚至儒佛道結合的宋儒，也難算儒學。這就把儒學弄僵化了。所以這個標準在應用時面對無法克服的難題，卽思想，特別是哲學思想是時代的產物，必隨社會與時代的發展而發展，很難用一成不變的敎條作爲衡量標準。

從時代與發展標準看，則不僅孟子是儒學，荀子是儒學，漢儒、

宋儒等都可以是儒學。因爲儘管它們與原始儒學不同，但卻都是儒學在新時代下所展現的新面貌，是儒學爲適應時代而生存、發展所表現出的生命與活力。所以較之第一種標準，發展標準或時代標準反而更加重要與實際。

從發展或時代標準看，戰國末年的儒學，哲學上的特點是天人相分；人性上是性惡論；政治思想上儒法結合，以法爲禮，又以禮爲法，具有某種雜家的特徵，而又不失儒學之人文精神。《禮記》、《易傳》、《大學》、《中庸》、《呂氏春秋》都屬於這個新儒學的陣營。《周官》作爲戰國末年的著作，符合這個新儒學的特徵，因此，它的思想傾向自然亦可劃歸這一陣營。

三、儒法融合的內在根據

儒家強調文化、禮樂、道德的作用，以人的本質爲社會、歷史、文化、教育的產物，在這一點上，儒學與法家是對立的。法家不承認人是主體與客體（人化的自然與社會）的統一而強調人是自然物，只需以賞罰進行駕馭。但儒家也不了解作爲具有獨立人格尊嚴與平等地位的個人，是人的本質，是人之爲人之應有的基點。因此，儒學看人，亦總是強調人的人偶關係、人際關係、倫理關係，以之爲人的本質，從而認爲人是倫理、名分、義務的體現。在此前提下，儒學所能提出的處理與發展人際關係的指導原則，也只能是在既定的倫理、人倫、社會等級關係下推行人與人之間的仁愛、忠恕之道。由「推己及人」而達於「所惡於下，勿以事上」，從而在現實層面上與強調等級與服從原則的法家，走到一條道路上了。

從人性論上看，儒學的基調是「人性善」，但善與惡是內在地統

一而不能分割的。在超越的層次上，善作爲「至善」，不再是「善」。故人性善僅是在名言層次與現實層次上之善。在這一層次上，善與惡是相互依存、相互轉化的。所以孟子不能不解答惡如何產生的問題。雖然他把「惡」歸結爲外在因素的作用，說人之「性善」猶如水之「就下」，「人無有不善，水無有不下。今夫水，搏而躍之，可使過顙，激而行之，可使在山，是豈水之性哉，其勢則然也。」❶ 但一個內在的善如何可以有時不起作用，而使「勢」成爲唯一起作用的因素？這是無法講通的。水如果沒有往下流的本性，僅「勢」是無法使之「在山」的。水在「勢」之下的「在山」，正是其趨下之本性有以使然，亦是其趨下之本性之特殊表現。故「趨下」本質上即包含有在特殊條件「往上」的屬性與可能性。所以在現實的層次上講人性善，無法避免性惡這一內在的詭弔，正如在現實的層次上講人性惡，亦無法避開性善這一不可克服的矛盾與詭弔一樣。荀子講「人性惡」，不能不預設人之化性起僞的可能與根據亦在人性之中。所以「人性善」由於沒有肯定它具有內在的力量足以克服外在的「勢」所產生的惡，這善也就不能是本質與本性的至善，而僅是相對的善，並且可以在一定條件下轉化爲惡，由是惡就不再是外在的「勢」所偶然地引起的迷誤，而成爲有某種內在於人之本性的依據了。這樣，善惡在人性上是相互依存與轉化的。

在人格的教育培養上，由於未認識個人人格的尊嚴與獨立的價值，而片面強調人對倫理道義義務的承擔，儒學既可以發展出孟子式的「富貴不能淫、貧賤不能移、威武不能屈」的大丈夫精神，「殺身成仁，捨生取義」、「朝聞道，夕死可矣」的殉道風骨，同時又極易以「三綱

---

❶　《孟子・告子上》。

五常」爲天經地義而承認君父的絕對權威，並由此而支持與擁護剝奪個人尊嚴的絕對專制的皇權。

在倫理上，由於強調尊卑長幼的名分關係，儒學亦常常把倫理關係轉化爲法的關係，以政治的法律的暴力強制推行倫理義務，而與法家相一致。

所以戰國末年的儒法融合，旣是時代條件有以使然，又是儒學自身的內在因素所造成的。

法家的政治主張是以「人性惡」爲基礎，但法家自己亦認爲其嚴刑峻法是體現愛的。商鞅說：「慈仁，過之母也。」韓非說：「慈母有弱子，嚴家無悍奴。」意思是說，爲了少過、少罰，需「不慈仁」。然此「不慈仁」（刑與法），正是少過少罰的慈仁。所以他又說：「刑者，德之本也。」按韓非的說法，母不慈，子才能不弱，子不弱是對子之愛，故母不慈正是愛子。這就是愛的兩面性或兩重性。在這種兩重性下，仁政可以是愛的表現，嚴刑峻法亦可以是愛的表現。「愛之欲其生」是愛的表現，「恨之欲其死」亦是愛的表現。所以僅僅講愛，不可能把儒與法截然分開，而原始儒學卻正是僅知講愛。這就注定了它會發展出孟子，又會發展出荀子，而終於在荀子的編導下，發展出李斯與韓非。強調《周官》是法家就不能是儒、是儒就不能是法的兩種對立的看法，顯然都是把儒法的對立加以絕對化了。

四、秦的儒學資源與歷史傳統

按傳統的觀念，秦爲虎狼之國，法治刑深，焚書坑儒，掃滅文化，斷裂歷史，是沒有這種資源的。但《呂氏春秋》這樣一部綜合百家而以儒學爲主導的大著作，就是由各國入秦的學者集體編著的。這

批學者既可寫出《呂氏春秋》，當然類似的學者也可以完成《周官》這樣的著作。

高誘序《呂氏春秋》說：「不韋乃集儒書，使著其所聞，爲十二紀、八覽、六論，合十萬餘言。」高誘所說「儒書」不必指儒者之書，但儒者之書必是「儒書」的重要部分是無疑的。由這些儒書與儒者，可以推想這時的秦國，一般的儒學資源及文化資源不僅不較其他各國遜色，反是要優越一籌了。試看同時期的信陵君、春申君、平原君，養士雖盛，然賓客多「雞鳴狗盜」之徒⓬，不以著述爲事，就可以想見其大概了。

除《呂氏春秋》外，秦地學者之儒學著作尚有《中庸》、《大學》、《尚書·禹貢》、《尚書·秦誓》。錢穆《秦漢史》說：「余頗疑秦氏著述，亦有屬於儒生經術者。如漢世所傳伏生《尚書》二十八篇，以＜秦誓＞終，當爲秦博士所增，或是東方儒者增此以獻媚秦廷，而始得列於博士。要之非秦前書也。史稱繆公既報殽之役，乃誓於軍云云，＜書序＞則謂係敗殽還歸而作。若依＜書序＞，則何以不替（廢也）孟明，而自稱己過。又何以云『仡仡勇夫，我尚不欲。』若依《史記》，則未有既報殽恥，得志於晉，大功未賞，而轉斥勇夫，謂我尚不欲之理。」「其時亦不能有此典雅之誓語。然則今《尚書》終＜秦誓＞，明爲秦并天下後東方儒者所編次。循此推論，今《大學》終篇引及＜秦誓＞『若有一个臣』一節，亦不能不疑其書出秦時人（或猶在後）所錄也。至於《中庸》爲秦時人統一後書，昔人已多論者。其稱華嶽，顯爲居秦而作。又曰：『今天下，車同軌，書同文，行同倫』，皆秦統一後事。又曰：『非天子不議禮，不制度，不考文。愚而好自用，賤

⓬　王安石，＜讀孟嘗君傳＞。

而好自專，生乎今之世，反古之道，如此者裁及其身』，此則淳于越之徒所以議復封建，而遭焚坑之禍也。」⑬《漢書‧藝文志》載羊子四家，班固注：百章，故秦博士。故《周官》爲秦統一前夕秦地人所作，是合乎情理，不值得奇怪的。

在＜論呂氏春秋的儒家傾向＞一文中，我曾指出，「理論在一個國家的實現程度，決定於理論滿足這個國家需要的程度。哲學作爲時代思潮或時代精神的集中表現，它的出現是由該時代國家（卽階級和民族）的需要決定的。《呂氏春秋》採取以荀子和《易傳》爲標誌的新儒家思想作自己的指導思想，並不是呂不韋個人的愛好，而是反映了時代和歷史發展的需要。呂不韋面臨的形勢是秦國通過戰爭卽將統一六國。卽將統一的政治形勢，提出了一個尖銳的問題：統一以後，應該實行什麼樣的政策？應該採取什麼樣的思想作爲統一後各項政策的指導思想？呂不韋的傑出遠見和政治才能就在於，在新的形勢卽將來臨之前，就能準確地預見形勢的變化，自覺地總結歷史經驗，而確定以儒家的仁義道德作爲新王朝的根本指導思想。」⑭同樣，統一後的中央政府應該採取什麼樣的組織形式？設立多少官職？體現什麼樣的指導思想？這些重大問題，也必然會促使人們去尋求解答而寫出《周官》這樣儒法兼綜的著作。所以顧頡剛指出《周官》是爲卽將實現的帝國而寫的，是很有見地的⑮。

從歷史發展看，秦人表現出兩方面的特點：一方面是勇於改革，敢於破舊，以致在山東六國失敗的變法，在秦取得了成功。另一方面是

---

⑬　《秦漢史》，頁27，1957年4月香港初版。
⑭　拙著，《漢代思想史》，頁621，中國社會科學出版社，1987年版。
⑮　＜周公制禮的傳說和周官一書的出現＞，《文史》第6輯，中華書局出版。

善於繼承，善於在變革中保存基本的文化與價值傳統。所以舊的井田制雖然被破壞，但新的更爲公平合理的「爰田制」卻建立起來。舊的宗法氏族制度及社會組織被破壞了，新的官僚政治等級制度及「什伍連坐」的基層單位卻確立起來，它並不完全取消舊的宗法鄉里氏族情感，而是企圖將政治與宗法融合爲一，在什伍制中既推行五家刑賞相連的法家新政策，又保留相愛互助的鄉里人際恩情。「族墳墓」的公墓制則始終也被延續承傳，使「愼終追遠」的宗法情感有其依托之所。至於神靈祭祀、禮有三本、厚葬等等古老傳統，也一併被繼承與發展。連奴隸制也在秦國保持得最多。所以與激烈的變革過程同步，在秦文化中始終有一強烈而鮮明的保持周秦歷史文化與繼承文化傳統，不使新舊斷裂的過程。這個保留傳統的過程是與儒學文化或周禮文化向秦人持續不斷滲透、擴展相一致的。

葉小燕＜秦墓初探＞說：「春秋時期，關中秦墓的隨葬器物之銅方壺、鼎、甗、簋、盤、匜……無論從組合、器型、紋飾上和中原墓很近似，只是在製作上顯得粗糙。這可能是秦接受了周的文化，但在鑄造工藝上還比較落後。」[16] 然工藝落後是生產力發展水平問題，禮器與中原一致是對文化的態度問題。關中墓葬說明春秋時期秦人的禮與葬禮觀念已完全與周文化的發達地區一致了。1974年陝西戶縣秦嶺腳下發掘的春秋早期部分墓葬中，三號墓主人生前係一卿大夫，其隨葬禮器中有五鼎、四簋、二壺、一盤、一匜 [17]，同周禮規定的「禮祭天子九鼎、諸侯七、卿大夫五、元士三」[18] 禮制正相符合。1976 年發掘的鳳翔八旗屯春秋秦國墓葬中，大、中、小貴族隨葬禮器，大多數

---

[16]　載《考古》第 1 期，1982年。
[17]　＜陝西戶縣宋村春秋秦墓發掘簡報＞，《文物》第10期，1975年。
[18]　《公羊傳》桓公二年何休注。

與墓主人生前的身分地位相適應❶。這證明秦是嚴格接受周之禮制的。

韓偉<關於秦人族屬及文化淵源管見>指出：「上古時代，一個民族的宮殿與宗廟型式是在特定的自然條件和歷史條件下形成的，集中反映了本民族的傳統文化。從這個觀點出發研究秦人宗廟制度，可以看出秦人宗廟『直接承襲了殷人的天子五廟制度，以諸侯王的身分建立了三廟：太祖廟一、昭一、穆一。』而且，每座廟的各部分，分別具有宗廟中的祭祀、燕射、接神、藏祧的功能，比起岐山鳳雛（西周）甲組建築羣來說，與經文上記載的宗廟更爲接近。尤其不可忽視的是，秦人與殷人都以犧牲來祭祀宗廟，因此，馬家莊宗廟中有 181 座人、牛、羊等犧牲祭祀坑。這些特點說明秦人的宗廟制度是與殷周制度相同的。宗廟的建築形式，實際上是和維護本民族生存和發展的追求聯繫在一起的，因此，具有相當頑強的沿襲性。秦與殷周宗廟制度如出一轍，實質上反映了秦人族種及文化淵源與殷周的密切關係。」❷

秦人的宮寢制度也是如此。據鳳翔鑽探發現的秦公朝寢平面圖，秦公宮寢在皋、庫、雉、應、路五門的設置，外朝、治朝、燕朝的布局，高寢、左右路寢的建造等等方面，都與先秦時期有關殷周宮室制度的典籍相吻合❸。這自然也是秦與殷周文化屬於同一體系的緣故。

族墓是宗族觀念的產物。秦人的族葬制始終完好，說明其宗族觀念雖經歷商鞅變法而始終沒有破壞。

神靈祭祀觀念，秦人也更爲傳統。陰陽五行思想在秦人日常生活中的應用，也比山東各國更爲普遍。

孝的倫理道德及其在法律上的維護，從已發現的材料看，也以秦

---

❶　林劍鳴，《秦史稿》，頁64，上海人民出版社，1981年版。

❷　載《文物》第 4 期，1986年。

❸　同上。

爲最早，　爲最重視❷。　甚至秦統治集團的統治秩序也比六國更爲穩定。秦人不實行嚴格的嫡長子繼承制，但臣弒君、子弒父較各國較少發生❸。這些都是與秦人對文化歷史傳統之繼承精神分不開的。

　　文字是文化的載體。唐蘭說：「秦系文字是直接西周的，秦民族旣然處在周地，無形之間就承襲了她的文化。宋世出土的秦公鐘，近代出土的秦公簋，鑄於春秋後期的秦景公時（前五七六～五三七年)，離厲宣時將三百年，可是文字是一脈相承的，只是稍整齊罷了。石刻，是這一系所獨有的，徑高二寸以上的文字，每篇都有七十來字的長詩，一共有十石的石鼓（這是俗名，應該稱爲雍邑刻石），這眞是前古未有的偉蹟。它的時代是西元前四二二年，它的書法顯然比秦公簋來得更整齊了，我們普遍所謂玉筋篆，這可以說是創始者。秦公簋、石鼓文和籀文是一系的。」❹

　　韓偉＜關於秦人族屬及文化淵源管見＞亦指出：「用秦公鐘、簋等器物的銘文與周代的銅器銘文來比較，在形、音、義等方面都是一致的。秦代金文已不見肥筆，大半呈上下等粗的柱狀體，幾乎沒有波磔，而且如秦公鐘五字一行，排列比較整齊。凡此種種，與西周後期的金文特徵相同，而與所謂的『六國奇文』，大相徑庭。僅這一點也可看出周秦文化的特出關係❺。

　　林劍鳴《秦史稿》指出：在接受周人先進的文化方面，（秦）表現出一股生氣勃勃的精神。「秦國建立以後出現的文化典籍，從內容

---

❷　參見＜睡虎地雲夢秦簡釋文＞㈠㈡㈢，《文物》第6期、7期、8期1976年；另見《呂氏春秋》。

❸　參看《史記·秦本紀》，秦國統治集團較晉、魯、齊等周文化宗法制之核心地區更爲穩定而較少內亂。

❹　轉引自李孝定《漢字史話》，頁46、48,臺灣：聯經出版事業公司，1977年7月版。

❺　載《文物》第4期，1986年。

到形式竟與東方各個文明發達較早的諸侯國無異。在《尚書》中有〈秦誓〉一篇，為秦穆公時作品。《詩經》中有〈秦風〉十篇，也是春秋時期秦國的詩歌。無論從文字方面還是從思想方面，這些作品較《尚書》、《詩經》中其他作品均毫無遜色。」❷⑥

馬非百《秦集史‧藝文志》引王照圓說：「秦風〈小戎〉一篇，古奧雄深，〈蒹葭〉一篇，夷猶瀟灑，『三百篇』中未見其匹。」❷⑦

由上可見，秦人對周之禮制與文化之重視與認真學習且卓有成績，早在春秋就已如此。商鞅變法以後，這過程也沒有中斷。繼承與變革，秦人是兩者緊密結合的。而這點在《周官》中得到了最好的反映。所以一方面《周官》多變法後的新制，從爰田制到什伍連坐、軍功賞賜、讀法等等；一方面多周禮的保存，從公墓制、鄉遂制到傳統的周禮、禮樂教育及祭祀等，離開秦文化及其歷史背景，這兩方面的結合就難於理解。所以，正是秦的政治、經濟、文化、歷史資源，為我們理解《周官》提供了真正的鎖匙。

❷⑥ 林劍鳴，《秦史稿》，頁88，上海人民出版社，1981年版。
❷⑦ 馬非百，《秦集史》下，頁521，北京：中華書局，1982年版。

論五行象數思想的起源與發展過程
——從「河圖」、「洛書」談起

一

　　象數指象與數之間的聯繫。「象者，象其物宜也」，象指物象。物象有兩種，一種是指具體的物的形象，如天、地、日、月，一種是抽象的象，象徵事物的原理、法則與屬性的。如《周易》的陽爻━、陰爻━━及六十四卦。數指物體的數量。象和數之間是存在密切聯繫的。古代的人很早就認識到象與數的聯繫。在古代，研究象和數的聯繫的稱為象數學。在古希臘，有名的象數學家是畢達哥拉斯。畢氏提出了不少有名的象數思想，如正方形的數的表示是一連續的奇數之和；長方形的數的表示是連續的偶數之和等等。中國古代，象數思想起源更早。《左傳》說「物生而後有象，有象而後有滋，有滋而後有數」，這已經認識到象與數是有內在聯繫的。現在出土的許多甲骨證明，中國最早的卦象是依賴數而產生的。

　　在中國古人的觀念中，天、地是最大的物象，古人認為天圓地方，故天之象是圓，地之象是方。關於天的象數思想發展起來，是《周易》的系統；關於地的象數思想發展起來，就是五行的系統。在中國古代，有兩個著名的數圖，就是分別屬於這兩個系統的，一個叫「洛書」，一個叫「河圖」。

　　在漢代，《乾鑿度》提出「太乙九宮」，其圖形在數學上稱爲「九宮算」。漢代以後，有的著作稱它爲「河圖」，有的稱它爲「洛書」。朱熹在《易學啓蒙》中，把它稱爲「洛書」，此後，多數學者不再更易了。本文暫用朱熹的說法。

　　朱熹稱「九宮算」爲「洛書」，是根據邵雍的。邵雍〈觀物外篇〉說：

　　　　圓者星也，曆紀之數，其肇於此乎！方者土也，九州井地之法，
　　　　其放於此乎。蓋圓者「河圖」之數，方者「洛書」之文，故羲
　　　　文因之而造《易》，禹箕叙之而作〈範〉也。

朱熹解釋說：

　　　　圓者星也，圓者「河圖」之數，言無那四角底其形便圓。
　　　　「河圖」即無那四隅，則比之「洛書」，固亦爲圓矣。方者土
　　　　也。方者「洛書」之文，言九州井地之所依而作者也。

孟子井田「是皆法『洛書』之九數也。」❶

　　實際上，邵雍和朱熹以「九宮算」爲方，「河圖」爲圓的說法是錯誤的。事情恰恰相反：「九宮算」的數字排列是圓的表示，「河圖」的數字排列則是方的表示。在阜陽出土的「太乙九宮占盤」中，天盤所標出的數字排列正是「九宮算」，而天在古代被認爲是圓形。

　　爲了說明這個問題，下面先把朱熹所謂「洛書」和「河圖」的數字圖標出：

　　❶　胡渭，《易圖明辨》引。

「洛書」數字的特點是：「它的數目縱橫斜各方相加，都等於15，而全部數字的和爲45。」用數陣表示爲：

$$
\begin{array}{ccc}
4 & 9 & 2 \\
3 & 5 & 7 \\
8 & 1 & 6
\end{array}
$$

它的口訣，甄鸞注《數術記遺》說是：「戴九履一，左三右七，二四爲肩，六八爲足，五居中央。」

「河圖」用數陣表示爲：

$$
\begin{array}{c}
7 \\
2 \\
8、3、5、10、4、9 \\
1 \\
6
\end{array}
$$

它的口訣是：

一與六共宗居乎北，

二與七爲朋而居乎南，

三與八同道而居乎東，

四與九爲友而居乎西，

五與十相守而居乎中。

對於「洛書」，一般認爲是一種古老的數學幻方。實際上它有確

定的數學意義。理解它的奧秘,在於縱橫斜各個方向數字之和都是15,而數字的總和45是15的3倍。這是一直徑爲15的球體投影在平面上的數學描繪。因爲球體是由縱、橫、斜各方向交叉而成的圓面組成的。每一圓的周長按古人周三徑一的說法,就是直徑15乘3,等於45。明白這一點,就不難理解《周髀經解》所謂「洛書者圓之象也」,「太極者圓之體,奇也。」❷這句話是正確的。「圓之象」指的正是直徑15的球體的各圓周長在平面上的數字表示(象)。「太極」就是由這些圓組成的。稱「九宮算」圖形爲「洛書」的根據應該就在這裏。由此可見,「洛出書」指《周易》,《周易》的本體背景正是天的「圓」。朱熹、邵雍和許多論著不了解這點,所以都把它講錯了。

至於「河圖」,它的數字排列的意義,李約瑟在《中國科學技術史》數學部分,曾提出看法,認爲是「一個用從1到10的十個數字所組成的十字陣」,「在拋開中間的5和10時,奇數和偶數都等於 20」。還畫了下面這樣一個圖,說明各數的關係:

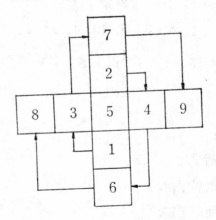

由此,李約瑟認爲,「河圖」只是一些「簡單數字排列」。

劉蔚華不同意李約瑟的看法,認爲「李約瑟低估了河圖的智慧」。

---

❷ 《周髀經解》,轉引自劉蔚華,<談易數之謎>,載《中國哲學》第6輯。

劉蔚華指出，「在他列的十字陣中沒有5和10的位置，也是不符合原意的，奇偶數之和各爲20，也體現不出中國古代人的思維特徵及其深意。」劉認爲，「河圖」數字表現了圓和方的關係。「『河圖』從外到內共有四層數：第一層是6、7、8、9，其和爲30；第二層是1、2、3、4，其和爲10；第三層是10；第四層是5。若以中數5爲正方形邊長，其周長爲5×4＝20，正好等於第二層第三層數之和。若以中數5爲正方形邊長，其面積爲5²＝25，正好是全部內層（第二、三、四層）數之和。若以這正方形的邊長5爲圓半徑，畫圓，其周長……正好是『河圖』外層 6＋7＋8＋9＝30。」劉蔚華作出結論說，「在天圓地方觀念占統治地位的時代，圓出於方而大於方，所以天能覆蓋九州大地，這正是古人常說的「圓中容方，天覆地載之象也。」❸劉蔚華的說法，不失爲一家之言。但我認爲，這說法太過複雜，所謂「外圓內方也」，與所引「河圖者，方之象也」的觀點相矛盾，且缺乏根據，只是個人作的一種理解與推論。

　　其實，李約瑟把「河圖」看成一些簡單數字的排列雖是不正確的，但他拋開中間的5和10的作法，還是有根據的，雖然李未講出根據所在，也未闡明「河圖」數字的眞實的意義。

　　實際上，「河圖」的數字排列是一立方體在平面上投影的數字表現，它正是地的象徵。地作爲立方體，是由正四邊形的邊長自乘三次或無數四方形疊疊相加而成的。在「河圖」中，這四邊形周長就是每邊爲10的四邊形。4×10＝40，這數字正好是除5和10之外的「河圖」各方數字之和。那麼爲什麼要除掉中間的5和10呢？這要從「河圖」數字排列的根據和由來講起，才能做出解釋。

---

❸　劉蔚華，〈談易數之謎〉，載《中國哲學》第6輯。

「河圖」數字總和爲55，姑按鄭玄的解釋，是天數1、3、5、7、9加地數2、4、6、8、10而成的，其中1、2、3、4、5是「生數」，它與代表五行之5分別相加，生出6、7、8、9、10五個成數，因此「河圖」的數字有方位分布。其中1、6配水，位於北（列於下）；2、7配火，位於南（列於上）；3、8配木，位於東（列於左）；4、9配金，位於西（列於右）。中間的5和10配土（列於中央，中央爲地），正好是不應計算在四邊形周長之內的。這就是「河圖」總數中爲何要拋開5和10的根據。（參閱拙著《漢代思想史》，中國社會科學出版社，1987年）

要而言之，「洛書」的數字排列是天之圓的簡單而形象的數字表現（《周髀經解》所謂圓之象）；「河圖」的數字排列是地之方的簡單而形象的數字表現（方之象）。

二

「河圖」之數字分布基本上和〈月令〉及《管子‧幼官圖》相應，屬同一的五行系統。爲了說明這數圖的形成過程，有必要分析〈月令〉及〈幼官圖〉之類的五行象數系統之產生與發展過程。

讓我們先討論《管子‧幼官圖》。

從〈月令〉與《管子‧幼官圖》相互聯繫的觀點來看，特別值得注意的是〈月令〉關於北方的「規定」。北方爲「冬之月」，盛德在水，其數六、其帝顓頊、其神玄冥，其音羽。天子居玄堂，衣黑衣，服玄玉。「是月也，天子乃命將率講武肄射御角力」。所以玄堂在東西南北中五宮之中，具有講武堂的性質。（《國語‧周語上》虢文公說「三時務農而一時講武」。三時指春、夏、秋，一時則指冬。所以〈月

令〉以冬之月於玄堂講武，正是中國古代的傳統。）而顓頊、玄冥在神話或古史傳說中亦與戰事有關。《墨子・非攻下》：「昔者三苗大亂，天命殛之。……高陽乃命禹於玄宮。禹親把天之瑞令，以征有苗。」《莊子・大宗師》：「夫道，顓頊得之，以處玄宮。」《莊子》的道能夠神鬼神帝，是因應變化的，故「顓頊得之以處玄宮」，意思是道在顓頊那裏必是善於征戰的謀略。

從這樣的觀點，對《管子・幼官圖》與「幼官」可以得一新的認識，卽它是一部兵家的著作。

「幼官」，研究《管子》的學者一致認爲是玄宮之誤，所以應爲玄宮或玄堂。但從郭沫若等開始，幾乎一致認爲「幼官」卽明堂，「幼官圖」卽明堂月令圖。趙守正《管子注譯》說：「玄宮，卽指明堂。本篇文字按東西南北中分布成圖，恰呈一明堂圖案。」❹ 李零《長沙子彈庫戰國楚帛書研究》❺ 亦持這種觀點。實際上所謂「玄宮」名副其實是〈月令〉中位於北方的一宮。與它相對的是東方的青陽，南方的明堂，西方的總章，中央的太廟。故玄宮只是玄宮而不是泛指東西南北中五宮合稱的「明堂」。

正因爲它只是玄宮，是講武堂，所以它的四面都有兵器排列，是〈月令〉所沒有的。東方：旗物尚青，兵尚矛。南方：旗物尚赤，兵尚戟。西方：旗物尚白，兵尚劍。北方：旗物尚黑，兵脅盾。每圖分本圖與副圖，本圖爲一年四季的時令氣候，副圖爲軍事學的基本內容。其中中方本圖之內容爲用兵的總戰略與軍事原則，要點是如何達到國家治、富、強、衆、霸、王、帝的政策要求及人主、卿相、將軍、賢人、庶人的職守規定。中方副圖居中，內容亦爲軍事方面的政

❹ 趙守正，《管子注譯・幼官篇》，廣西人民出版社，1982年。
❺ 李零，《長沙子彈庫戰國楚帛書研究》，中華書局，1985年。

治學與戰略學。因爲中方不在四季之內，故不涉及實際的時令運行與安排。東、南、西、北各方的副圖亦分別發揮軍事學方面的思想。四方本圖的時令、氣候、方物與〈月令〉相比，則有兩個特點：(1) 未提出「五行」字樣，但顯然是以五行思想爲依據的。(2) 每一季度包括的時間長短不一。以12日爲一「節氣」。東方，春，包括8個節氣，合於8之數；南方，夏，7個節氣，合於7之數；西方，秋，9個節氣，合於9之數；北方，冬，6個節氣，合於6之數。一年共30個節氣。據劉堯漢先生彝族文化研究❻，這是彝族和中國古代曾有過的十月曆制，一年10個月，每月36日，3個節氣，12日爲一節氣。從這點看，它可能包含一些很古老的資料，也意味着與五方、五色、五帝相聯繫的五行，可能有很早的來源。

在玄宮五方中值得特別注意的又是北方本圖，其中幾次提到玄帝、玄宮，如：「一會諸侯令曰：非玄帝之命，毋有一日之師役。」「六會諸侯令曰：以爾壤生物共玄宮，請四輔，將以禮上帝。」「八會諸侯令曰，立四義而無議者，尚之於玄宮，聽於三公。」所以本篇篇名爲「玄宮」，是名副其實的。在以後齊備的五帝祠中，玄宮相當於祠黑帝的北時。所以可以推斷，這篇作品應是兵家的五行，是兵陰陽之類的作品的遺留。

兵家五行或軍事五行，有相當長遠的歷史。據現有材料，它在春秋晚期已十分流行，故權威的《孫子兵法》中有「五行無常勝」的說法（《孫子兵法‧虛實篇》）。1972年，銀雀山出土的漢墓竹簡，有《孫子兵法》，其中〈黃帝伐赤帝〉提到，黃帝南伐赤帝，東伐蒼帝，北伐黑帝，西伐白帝。「已勝四帝，大有天下」。五方、五色與五帝的聯

❻ 《彝族文化研究文集》，雲南人民出版社，1985年。

繫已經固定。以後的《孫臏兵法・地葆篇》（1972 年銀崔山漢墓出
土），提出：「壞之勝：青勝黃，黃勝黑，黑勝赤，赤勝白，白勝青。」
體現了五行相勝思想。〈奇正篇〉則說：「天地之理，至則反，盈則
敗，□□是也。代興代廢，四時是也。有勝有不勝，五行是也。」又
說：「分之以奇數，制之以五行。鬥之以□□。」《尉繚子・經卒令》
提出：「經卒者，以經令分之爲三分焉：左軍蒼旂（東方），卒戴蒼
羽；右軍白旂（西方），卒戴白羽；中軍黃旂，卒戴黃羽。」是左東右
西的說法，又說：「卒有五章：前一行蒼章，次二行赤章，次三行黃
章，次四行白章，次五行黑章。」其秩序亦爲木火土金水。所以到戰
國中期不僅五行的排列早已固定，且廣泛運用於軍事活動。

　　軍事五行思想的廣泛流行，不是孤立的，是社會五行思想日益流
行的一部分。故《孫子》稍後的《墨子》亦提出：「五行毋常勝，說在
多。」孫子與墨子是反對五行相勝的公式的，證明五行相勝早已是一
流行理論。但「五行相勝」與「五行相生」是內在地聯繫在一起的。
從邏輯與生活經驗上看，五行相生與五行相勝亦必發生在同時❼。故
事實上一方面春秋時期有五行相勝思想，另一方面，同時卽有五行相
生思想。

　　《國語・魯語上》展禽說：「及天之三辰，民所瞻仰也。及地之
五行，所以生殖也。」《左傳》昭公元年，醫和論疾病之發生說：「天
有六氣，降生五味，發爲五色，徵爲五聲，淫生六疾。」這是「天六
地五」的展開與具體化。《左傳》昭公二十五年，子產論禮的產生時

---

❼　一些著作認爲晚周「五行思想的發展，大致經歷了『五行相雜說』、『五
　　行相勝說』與『五行生勝說』的階段」，認爲春秋時期只有「五行相勝
　　說」。墨子是最早提出五行相生說的。相生相勝結合的生勝說則是戰國末
　　年的思想，以鄒衍爲代表。見宮哲兵，〈晚周時期「五行」範疇的邏輯
　　進程〉，載《中國哲學》第13輯。

說:「則天之明，因地之性，生其六氣，用其五行。氣爲五味，發爲五色，章爲五聲，淫則昏亂，民失其性，是故爲禮以奉之。」《左傳》昭公二十九年，史墨說:「夫物，物有其官，官修其方，朝夕思之，一日失職，則死及之。……故有五行之官，是謂五官，實列受氏姓，封爲上公，祀爲貴神。社稷五祀，是尊是奉。木正曰句芒，火正曰祝融，金正曰蓐收，水正曰玄冥，土正曰后土。」昭公三十二年，史墨答趙簡子:「天有三辰,地有五行」。《尙書·甘誓》說:「有扈氏威侮五行，怠棄三正，天用剿絕其命。」這些論述實質是五行相生的明確表達。(1)所謂「五行」都指地之性。(2)內容指木火金水土。(3) 五行與五聲、五色、五味已有固定的聯繫、搭配。所以從表面上看，它沒有方位時令的排列，也沒有相生的字眼，實際則必然是以方位時令的固定排列爲前提，而以相生爲內容的。木與春、東方相聯繫，才能發爲青色，氣爲酸味，章爲角聲。火與南方、夏季相聯繫，才能發爲赤色，苦味，徵聲……或者五行循環、時令流轉，才能依次發爲五色，氣爲五味，章爲五聲，形成聲音、顏色與味的四時的變化。否則五行與五色等的內在「生」的關係就無法解釋。展禽活動於魯僖公時（在前559年至前627年之間），單襄公則約在前527年。所以可以肯定，早在春秋前期五行與方位等的關係，已經可以列表圖示如下:

南、火、夏: 赤色，苦味，徵聲。

東、木、春: 青色,酸味,角聲。	中、土: 黃色，甘味，宮聲	西、金、秋: 白色,辛味,商聲。

北、水、冬: 黑色，鹹味，羽聲。

在這個圖式或系統中：五行排列，如以木爲首，則是：春夏秋冬中，木、火、金、水、土，這就是《左傳》昭公二十九年史墨所論述的秩序。此排列在文字上旣不是相生，也不是相勝，但因爲土實居中（《左傳》昭公十二年：「黃裳元吉，黃、中之色也」可旁證），故亦可排爲木火土金水，卽相生，因此，相生相勝或比相生而間相勝，在春秋前期實已完全確定並普遍流傳了。展禽說：「及地之五行，所以生殖也。」這句話的解釋，就建築在上面的五行圖式與運行秩序之上。因爲它意味着五行所代表的方位與時令的循環，正是這個循環，保證了「生殖」——生、長、收、藏的正常進行。史墨說：「物有其官，官修其方。」所謂「修其方」，樸素的實在的解釋是遵守五行的時令與方位的要求。卽「木正」司春與東方，主持好春天的時節方物，使萬物萌生滋起。「火正」司夏與南，主持好夏令的時節方物，使萬物繁茂成長……「官宿其業，其物乃至，若泯棄之，物乃坻伏，鬱湮不育。」故「一日失職，則死及之」。醫和及子產論疾病之發生與「民失其性」，亦以時令爲前提，故在以後的醫學及《呂氏春秋》與《春秋繁露》等著作中，發展爲以時令爲基礎的系統的養生思想。而《尚書·甘誓》所謂「有扈氏威侮五行」，亦是指違背五行所規定的時令要求，以春行夏政、秋政、冬政，或夏行春政、秋政、冬政等，以致萬物流離失所，災害頻生，故「天用剿絕其命」。過去許多著作，完全離開五行的時令方位背景，或者以之爲「侮辱了五種神靈」，或者以之爲「褻瀆五常原則」，或以之爲對「五行之官的經濟管理和三正之賦的田稅徵收進行硬抗和軟拖」，觸犯了「物質利益」原則❽，從而引起啓的征討等等，應該說都是比較主觀和牽強的。

❽ 李德永，〈五行探源〉，載《中國哲學》第4輯，人民出版社出版。

　　古代，以農牧業爲生，農業對人們的生活、國家的命運有直接的決定的作用，故「時令」具有神聖的地位與意義。子產說：「爲政事庸力行務，以從四時；爲刑罰威獄，使民畏忌，以類其震曜殺戮；爲溫慈惠和，以效天之生殖長育」（《左傳》昭公二十五年）。《管子‧四時》說：「唯聖人知四時。不知四時，乃失國之基；不知五穀之故，國家乃路。故天曰信明，地曰信聖，四時曰正。」《管子‧五行》說：「作立五行，以正天時，五官以正人位。人與天調，然後天地之美生。」所以在漢代，陳平論宰相的職責，最主要的任務也是「上佐天子理陰陽，順四時，下育萬物之宜」（《史記‧陳丞相世家》）。陰陽不理，四時失順，宰相就要被革職甚或引咎自殺。故〈書序〉有「羲和湎淫，廢時亂日，胤往征之」的說法（羲氏、和氏相傳是堯的「日官」）。〈甘誓〉所謂「有扈氏，威侮五行、怠棄三政，天用剿絕其命」，正是古人這種思想的表現。

　　在《國語》及《左傳》中還有不少與此類似的記載。《國語‧周語上》記虢文公諫宣帝籍田時指出：「夫民之大事在農，上帝之粢盛於是乎出，民之蕃庶於是乎生，事之供給於是乎在，和協輯睦於是乎興，財用蕃殖於是乎始……是故稷爲大官。」因此「籍田」是古代十分隆重嚴肅的祭祀大典。籍田之前，太史順時覗土，觀察時令與陽（暘）及土氣情況，向稷與王報告，是決定性的環節，必須認眞做好。故《左傳》文六年指出：「潤以正時，時以作事，事以厚生，生民之道於是乎在矣；不告潤朔，棄時政也，何以爲民！」因此怠棄時政，常常被人們認爲會受到天罰，而招致嚴重效果。如魯成公元年（前590年）周定王使單襄公聘於宋，假道於陳，以聘於楚，當他看到陳國違反時令，火於夏正十月〔火（心、星）〕晨見於辰，而「野場若棄，澤不陂障，川無舟梁」、「侯不在疆，司空不視塗」時，就說「陳侯不有大

咎，國必亡」（《國語・周語中》）。認爲這是「天道賞善而罰淫」的必然。周靈王二十二年（魯襄公二十四年），周太子晉諫靈王勿壅谷洛時，指出：古代許多亡國失姓的人，「豈緊無寵？……唯不帥天地之度，不順四時之序，不度民神之義，不儀生物之則，以珍滅無胤，至於今不祀。」如夏桀商紂，就是因爲「上不象天，而下不儀地，中不和民，而方不順時，不共神祇，而蔑棄五則，是以人夷其宗廟，而火焚其彝器，子孫爲隸，不夷於民」（《國語・周語下》）。周景王二十三年（魯昭公二十年），單穆公諫周景王鑄無射而爲之大林時亦說：「言以信名，明以時動，名以成政，動以殖生。政成生殖，樂之至也。」若「出令不信，刑政放紛，動不順時，民無據依，不知所力，各有離心」，則「國其危哉」。故司馬遷說：「神農以前尚矣，蓋黃帝考定星曆，建立五行，起消息，正閏餘，於是有天地神祇物類之官，是謂五官，各司其序，不相亂也。民是以能有信，神是以能有明德。民神異業，敬而不瀆，故神降之嘉生，民以物享，災禍不生，所求不匱」（《史記・曆書》）。司馬遷這段話，對於上述思想是很好的概括。

所以對於展禽、史墨、子產、《尚書・甘誓》關於「五行」的論述，離開五行的時令方位與方物背景是不可能有正確理解的。

不僅於此，春秋時期，五行還已經和干支時日相結合，形成了複雜的體系。證明這一點的最有力根據是龐樸先生在〈五行思想三題〉（《沉思集》，上海人民出版社出版）中所引王引之《經義述聞・春秋名字解詁》中的材料：「秦白丙字乙。丙，火也，剛日也；乙，木也，柔日也。名丙字乙者，取火生於木，又剛柔相濟也。」

「鄭石癸字甲父。癸，水也，柔日也；甲，木也，剛日也。名癸字甲者，取木生於火，又剛柔相濟也。」

「楚公子壬夫字子辛，取水生於金，又剛柔相濟也。」

「衞夏戊字丁。戊，土也，剛日也；丁，火也，柔日也。名戊字
丁者，取土生於火，又剛柔相濟也。」

由這些材料，龐樸先生曾作出結論說：「上列名字的關係，如果
不說成是十干配日和五材相生關係，實難作別的解釋，或看成竟無關
係。」所以根據這一材料，我們應該把五材相生說的產生，向上至少
推到春秋僖公時期（白丙始見於僖公三十二年）。僖公三十二年亦卽
本文前面引展禽論「地之五行，所以生殖也」的時期。

在〈陰陽五行探源〉中，龐樸先生又補充王引之同樣性質的材料
以證明干支取名亦有以五行相勝爲義者。如楚公子午，字子庚（襄公
十八年），這是取「吉日庚午」之典。史墨占夢辭（左傳昭公三十一
年）說：「庚午之日，日始有謫，火勝金，故弗克。」庚於天干爲金，
午於地支屬火，名午字庚，火勝金也。根據這些很有說服力的材料，龐
樸先生比〈五行思想三題〉又往前推進了一步，作出結論說：「以五方
爲基礎，完全成了木火土金水分配於東南中西北的手續，然後將十個
天干，兩兩分屬於一方，出現了東方甲乙木，南方丙丁火，中央戊己
土，西方庚辛金，北方壬癸水的配置。」

關於五行方位與干支的關係，龐樸〈陰陽五行探源〉還引了兩條
材料，一條是春秋時的〈酅侯殷〉，一條是《國語‧晉語》重耳過五
鹿乞食子犯所說的話。後者的時間是魯僖公十六年，與展禽論五行在
同一時期。所以春秋前期，本文上述五行方位時令圖式，還應加上一
項內容，卽天干的分配：東方甲乙，南方丙丁，中央戊己，西方庚
辛，北方壬癸。

那麼這樣的五行方位時令圖式在春秋時期是否已廣泛普遍流行了
呢？答案是肯定的。因爲王引之所引上述人名，有中原地區的鄭人、衞
人、魯人，亦有西鄙的秦人，南方的楚人。鄭子產、魯展禽、秦醫和

亦涉及好幾個國家，可見這套圖式已普及於各國並深入到了取名字這樣的日常生活之中，成爲人們的習慣說法了。

這樣，本文上面對展禽、醫和、子產、史墨及〈甘誓〉論五行的話是以當時已經流行的五行方位圖式爲背景的說法就是確定無疑的。

又不僅於此。春秋末期「五行」還已用之於占星術，成了方術迷信的一部分。魯昭公九年夏四月，陳災，裨灶曰：「五年，陳將復封，封五十二年而亡。」什麼道理？裨灶的回答是「陳，水屬也，火，水妃也，而楚所相也。今火出而火陳，逐楚而建陳也。妃以五成，故曰五年。歲五及鶉火，而後陳卒亡，楚克有之，天之道也。故曰五十二年。」所謂「妃以五成」，注謂「五行各相妃合，得五而成。」看來這是符合原意的。否則孤立地講火爲水妃而又說「五成」就不好理解。所以昭公三十二年史墨占夢辭「火勝金」，注說「金爲火妃」。又說：「火，楚所相也」，這裏相，也是五行相王之相，是占星術的特定術語（杜預解爲「治也」，是不確切的）。

總之，五行方位時令及天干配位完成於魯僖公時期，在春秋時期廣泛流行，影響極爲普遍，比一般人們印象中的五行相生相勝系統完成於戰國時期的觀念要早得多了。

三

從邏輯與歷史的結合上深入思考追索，五行系統形成像〈月令〉那樣完整的圖式，是很晚的事，在它之前，五行思想必然經歷了幾個發展階段。最早出現的只可能是「五方」的觀念。接着是五方與五時（五節）、五色、五味相聯繫；由此到第三階段：以五行來加以統一或綜合，旣以之作爲這些現象的根源，又作爲分類的依據。最後是五

行、五方，五時與特定的數相聯繫，構成完整的五行象數圖式，如〈幼官圖〉或〈月令〉與「河圖」。

分析作爲集大成者的「月令」，可以看出它是由五部分組成的：(1)時令與物候；(2)決定時令物候的太陽視運動；(3)時令與方位結合而形成的特定的農業生態區；(4)由以上因素決定的政治、軍事、生產與生活程式；(5)與數的結合。在這五個部分中，五方的觀念是基礎，其他的部分都是在此基礎上建築與發展起來的。而五方的觀念之形成，對中國先民的認識來說，則旣有必然性，又有偶然的因素。所謂偶然因素，是因爲它乃是中國先民所特有的觀念。古希臘、印度、埃及、巴比倫等古文化系統中，都沒有這種觀念。因此它並不是人類早期認識中所普遍地必然地具有的。相反，人類早期認識中，一般地自然地形成的只可能是東西兩方，或東南西北四方觀念。加上天上、地下，則爲六方觀念（六合之內）。加上東南、西北、西南、東北，則爲八方觀念，八方加上下，則爲十方觀念。五方觀念不屬於這些序列，是很特別的，因此它只在中國先民中存在，而在其他古文明中，則沒有。正是因此，在其他古文明中，可以產生四大元素的宇宙構成論觀念，但卻沒有五行思想❾。然而對於中國先民而言，五方觀念的形成卻又具有必然性。

中國古代文明建築在農業基礎上，農業生產所必需的授時計曆系統在中國古代有兩種。一種是觀察沿著天球赤道，從東方升起，向西

---

❾ 如印度有地、水、火、風四大說，古希臘的泰利斯以水爲宇宙萬物的元素，赫拉克利特則突出火的作用等。之所以沒有「五行」思想，原因當然不是幾句話可以講清，但沒有五方觀念，必是最基本的原因。郭沫若《中國古代社會研究》指出，「五行」觀念的起源應該是起於殷代的五方或五示的崇拜（〈詩書時代的社會變革與其思想上之反映〉），這是很有見地的。

方落下的恒星與時令的關係，以確定時令。如《尚書・堯典》「日中星鳥，以殷仲春」等。用鳥、火、虛、昂四星的昏中以定四季。這種系統是各個古代文明一般使用的。但中國古代還有另一種系統，即根據北斗斗柄迴轉與方向的關係以定時令。所謂「斗柄東指，天下皆春；斗柄南指，天下皆夏：斗柄西指，天下皆秋；斗柄北指，天下皆冬」（《鶡冠子・環流》）。〈夏小正〉雖沒有如此明確，但已指出「一月初昏參中，斗柄懸於下，六月初昏，斗柄正在上。」所以這系統也是很早就存在的。我國先民生活在黃河中下游一帶，緯度較高，約為北緯36度，天球北極也高出於北方地平線上36度，以36度為半徑畫的圓圈──恒星圈，其中的星繞北極迴環不停息地轉動，但總是在地平線以上，可以讓人們清楚地觀察。同時，由於夏商周屬於華北、關中平原一帶，一年四季的氣候物象變化非常分明，而斗柄所指與方向與時令又有內在的聯繫，所以在我國先民中很自然地發展出以斗柄所指方位定時令的特殊授時系統，並在農業生產與生活中占據著極為重要的地位。觀察拱極區斗柄迴轉以定四時，與觀測恒星的昏中以定四時，在融合成二十八宿的統一體系過程中，都得到了承傳❿。天上的拱極區作為中宮紫微垣，和二十八宿的東北西南四宮相配合；地上的華夏中原區與東南西北的少數民族聚居區相對比，並與農業生態的四季變化相結合，這就使五方的觀念逐漸固定，成為建構時令、方位與特定物候的基礎觀念。故五方觀念早在殷商甲骨文中已經牢固地確立，成為商人關於方向的基本觀念⓫。

---

❿　參見鄭文光，《中國天文學源流》，科學出版社，1979年。

⓫　參見胡厚宣，〈殷卜辭中所見四方受年與五方受年考〉，載《中國文化與中國哲學》，東方出版社，1984年。胡指出：「武乙文丁時的卜辭，已經有了以商與南西北東五方同為一組合併貞卜之例，……南西北東四方，也是順著太陽移動的方向而言，以商與南、西、北、東四方同組併貞，已經是五方了。」「自武乙、文丁以迄帝乙、帝辛時卜辭，由於五方觀念逐漸形成，故於農業生產，遂又常常占卜五方受年。」

　　五方觀念實際上暗含著四時觀念， 東方意味著斗柄指東， 即是春；南方，意味斗柄指南，即是夏。所以時間與空間的內在結合，是中國古代時空觀念的最基本的特點。這種結合， 意味著隨五方觀念的確立， 必然會產生五時以及與之相結合的物候觀， 從而逐漸形成五色、五聲、五味等等的配套。所以在中國古代， 一年的時間劃分， 逐漸採取了兩種形式以與「五方」相配合。一種是一年分爲五節， 所謂「序以五節」（《左傳》昭公元年）。每節72日， 如《淮南子・天文訓》所表示：「壬午冬至， 甲子受制， 木用事， 火煙青， 七十二日。丙子受制， 火用事， 火煙赤， 七十二日。戊子受制，土用事， 火煙黃，七十二日。庚子受制，金用事， 火煙白，七十二日。壬子受制， 水用事， 火煙黑， 七十二日而歲終。庚子受制， 歲遷六日， 以數推之，七十歲而復至甲子。」這裏《淮南子》已將「五行」加入是較晚的說法。但一年分爲五節， 每節七十二日，共 360 日的劃分法，卻可能有古老的來源， 這就是《詩經・豳風・七月》描述的一年十月，每月 36 天的時令制度。《管子・五行》同樣典型地反映了這種時間的劃分系統❷。 另一種則爲〈月令〉及《管子・四時》的方法，以土代表一季，但實際上是虛位，不占有實際時間。一年名義上是五季， 實際則仍是四季。每季三個月， 每月 30 日。比較起來 ， 《管子・幼官》則屬於中間形態，兼有兩者的特點。按時令來講， 它採取的是十月制， 但與土相當的中方季節，則與〈月令〉類似，不占有實際時間。全部時間都分屬於春夏秋冬四季。

　　關於中國古代存在一年劃分爲「五時」、五節或一年十月制， 劉

---

❷　《管子・五行》與〈四時〉同樣貫穿五行時令思想。但〈五行〉反覆指出「昔黃帝以其緩急作五聲， 以政五鐘， ……五聲既調， 然後作立五行，以正天時，五官以正人位。」然後分一年爲五時，每時72日。這裏指出音律與曆法的聯繫，作爲根據。因其有古老的來源， 也說明這種時間劃分， 可能很早。這種時間劃分， 也見於《春秋繁露》。

堯漢等人的彝族文化研究是十分肯定的，但也有學者表示懷疑。理由
是，那樣整齊的時間劃分只有思維抽象程度發展到較高階段才有可能，
從甲骨文看殷代是否有四時觀念都成問題，殷代以前那能有十月制這
種整齊劃一的太陽曆呢？從思維邏輯的發展來看，簡單劃一的時間劃
分只能在複雜的體系，如陰陽合曆等之後而不能在它以前。不過事實勝
於推論。《自然科學史研究》1982年第1卷第4期陳久金〈夏小正是
十月太陽曆〉就提出了許多確切的材料，證明〈夏小正〉實際是十月
曆制：(1) 以〈夏小正〉與〈月令〉所載各月星象的出沒情況進行對
比分析，兩者正月初是一致的，三月初還基本一致，但已顯出差距，四
月初已差至半月以上，至五月初和六月初就相差一個月了，這種差距
以後逐月增加，「至十月初便差至一個半月以上。至下年正月的星象，
兩者又完全一致」，這種有規律的變化如果不是因為〈夏小正〉是「一
年為十個月的太陽曆」是無法解釋的。(2) 以斗柄指向來說，「〈夏小
正〉從正月初昏斗柄是在下」，到「六月初昏斗柄正在上，時間相隔
只有五個月」，與十二月制中繞行半周需六個月，也正好相差一個月。
(3)以兩至所在的月份來說，〈夏小正〉說「五月時有養日」，「十月時
有養夜」。《傳》曰：「養，長也。」即長日夏至在五月，長夜冬至在
十月。〈月令〉卻說「時有養夜在十一月」。(4)現存〈夏小正〉經傳
不分，十月以後，尚有十一、十二月，但兩個月無星象記載。這是因
為一至十月，一年的星象出沒已完成了運行周期，故十一月、十二月
是後人加上去的。(5)〈夏小正〉所載物候也是十月曆。如二月「祭
鮪」，正是十二月曆三月的上半月。杏的成熟，當十二月曆的五月，而
〈夏小正〉為四月。〈夏小正〉七月「寒蟬鳴」，相當十二月曆的「白
露降」，為八月。〈夏小正〉「八月剝棗」，為「剝削其皮以為棗脯」，
正是十二月曆九月下旬的季節。九月「王始裘」，則當十二月曆的十

月下旬以後的寒冬等等。根據這些證據，參證以《詩·豳·七月》的記載，更證明，中國古代如豳地等存在著十月曆制是毫無疑問的。據此文章作出結論說，〈夏小正〉就是夏代在其遺裔如杞國（河南中月杞縣）流傳下的曆書。周之先祖在豳地也是奉行的。因此即便殷代與甲骨文中沒有五時的記載，也不能否定殷以前及周初，存在著十月曆制。參證以彝族的曆法，這一點更是確鑿無疑的。

由此我們竟不妨提出一個猜想，即早於殷代甲骨文以前就存在的十天干，並不是用以記「日」而是用以記「月」的。「月」與月亮有關，即與十二月相聯繫，故十月曆中原是不講「月」的。那麼在十月曆中相當於「月」的是「日」。故一年為十日，這也就是「天有十日」的史影。而每兩個天干按序排列，分為五組，甲乙，丙丁，戊己，庚辛，壬癸。每組與雌雄相對應，演變為甲剛乙柔，丙剛丁柔，戊剛己柔，庚剛辛柔，壬剛癸柔。十月曆制被陰陽十二月曆制取代之後，天干不再用以記月，而名副其實地用以記日，於是有剛日柔日的說法，故這種說法亦是十月曆制史影的遺留。這種遺留在〈月令〉圖式中的反映則為春、木、東方，日甲乙；夏、火、南方，日丙丁；季夏、中央，日戊己；秋、金、西方，日庚辛；冬、水、北方，日壬癸。正因為如此，如同〈夏小正〉變十月為十二月，產生了許多矛盾一樣，〈月令〉的每季三個月，配成日甲乙等也是很不好令人理解的。龐樸先生〈陰陽五行探源〉所謂天干與十二辰的分配十分困難，也是這種情況的反映。那麼地十二支呢？在十月曆中，則正是記日的。一月36日，12日為一節，正可以用十二地支來記述。現在彝族太陽十月曆用十二屬相（十二生肖）紀日，將每一節氣12日按照虎、兔、龍、蛇、馬、羊、猴、雞、犬、豬、鼠、牛輪回標紀，正是這種情況的反映。直至現在，四川、雲南彝族聚居區散布著的許多集市都以十二獸屬相命名

（劉堯漢、盧央著《文明中國的彝族十月曆》），虎街（又叫貓街）、馬街、牛街、羊街等等，街名也就是集市貿易的日期，每個點，十二日輪流集市一次，這種十二生肖或十二獸屬相紀日，恰和十二地支相應，當然不是偶然的。

春秋時期，曆法極不可靠，陰陽曆的制潤方法，沒有精確的天象觀測工具與計算作基礎，常常與實際節氣相矛盾。孔子就曾因十二月螽而感嘆，說，「火伏而後蟄者畢，今火猶西流，司曆過也」（《左傳》哀公十一年）。《左傳》中，此種「司曆過也」的記載相當多，如桓公十七年，莊公二十五年，文公元年，襄公二十七年等等。爲了避免這種情況，孔子曾提出回到「夏時」的主張。由此可見五時或十月曆在春秋時期的影響仍然是很大的。

從思維的抽象發展水平上看，十月曆制其實是一種簡單的曆制。一年劃分爲十個月，每月36天，一年360天，然後餘幾日過年，比之陰陽合曆要簡單易行得多。所以古代反而很早就實行了。沒有文字的彝族，則幾乎口耳相傳地一直使用著這種曆法，並不加以改變。正如人有十指，十進位看似整齊、先進而實際亦是簡單自然的一樣，十月曆制比陰陽合曆，也是簡易的，是簡單抽象能力所能作到的。那麼它何以終歸要被陰陽曆取代呢？因爲在生活中它有諸多不便：（1）月亮的盈縮出沒與人的關係極大。月的有規律的變化不能在曆法與人的記時觀念中得到反映，是人的「心理」「生理」所難於持久接受的（女人的生理也是十二月周期）。（2）月與日，這兩大天象的關係十分密切。許多氣候現象，並不單是日（天）造成的，與月（地）亦很有關係，故商代對風就特別注意，而風被認爲是「天、地」「日、月」之合氣，並不單是天象。所以以「日」爲唯一基礎的十月曆制讓位於陰陽合曆是必然的。今後恐怕不管人們如何要求簡單、劃一，陰陽合曆的十二

月曆制，也是取消不了的。

有了五方，又有了時間的五節及五色、五聲、五味，構成了以五爲基礎的分類觀念，於是終於出現了統一的以五行爲基礎的方位、時令、色、聲、味等相結合的系統。❸

當然，以五行作爲這些現象的統一的基礎，最早出現在何時，已難於考定，但它不是由「五數」或「五星」發展而來❹，而是至遠在春秋早期（魯僖公時）卽已在五方基礎上明確形成了的體系，則是很顯然的。

四

然而在上面的圖式中，數與方位及五行的聯繫，必定是最晚形成的。因爲何以東方與木一定是八，南方與火一定是七，西方與金一定是

❸ 「五行」最早是五種物質元素，故又稱「五材」，名稱爲木火土金水，各有物質的屬性。其被移用於作爲「五官」之稱，並被神化爲神以司五種時令與方物，最後又脫離神學概念而被抽象爲「五德」、「五運」等等，自然經過了許多複雜的思維過程與很長的歷史時期。

❹ 關於「五行」的產生，有許多說法，參見李德永，〈五行探源〉，載《中國哲學》第4輯。其中「五數」「五星」說較有影響。五數說的弱點是流於一般化。不能回答人人都有五隻手指，爲何只中國產生五行觀念？着眼於數，脫離生產實踐活動去說明一種包含有豐富、多方面內容的思想系統是困難的。「五星說」以顧頡剛與劉起釪先生堅持較力，這種說法的困難在於(1)春秋時期無「五星」觀念。突出行五星在占星術中的作用是戰國甘石以後。故司馬遷說：「並爲戰國，爭於攻取，兵革更起，城邑數屠，……臣主共憂患，其察禨祥侯星氣尤急……甘石因時務論其書傳，故其占驗凌雜米鹽。」(2)春秋時期如子產、醫和等以天之六氣與地之五行相對應。展禽與史墨亦未談及天之五星，相反都明確肯定「五行」是屬地的。而《春秋》時期的占星術，亦僅突出水、火的作用。水、火並不指行星。《春秋》記災異也只及日蝕、隕星、彗星，無五星災異。(3)司馬遷說：「斗爲帝車，運於中央，臨制四方。分陰陽，建四時，均五行，移節度，定諸紀，皆繫於斗。」「五行」屬地，均與不均是與北斗相聯繫的，與五星無關。

九，北方與水一定是六，中央與土則是五，這是很難有理由進行邏輯推論的。故《洪範・五行》說「一曰水、二曰火、三曰木、四曰金、五曰土。」人們就不承認其數序是與五行之象有聯繫而認爲是隨意的語言順序，故劉起釪先生說這個圖式「(1) 不是後來相勝說和相生說的次序，(2)只是作爲五種物質提出來。」(〈釋尚書甘誓〉，載《文史》第 7 輯，中華書局)不過細加推敲，則可以發現，《洪範・五行》正好提供了解決這個問題的線索，因爲這裏的一、二、三、四、五絕不是隨的語言數序，而是有意安排的，體現了五行的象數思想。因爲這裏的三曰木，不可能隨便代以三曰水或火、金、土，一曰水也不能隨意代以一曰金、火、土與木，而只能是一曰水，二曰火，三曰木，四曰金，五曰土。爲什麼呢？根本原因在於當《洪範》給五行配以數的特性時，它早已有了固定的時令與方位及色、聲、味等屬性。木早已是與東方、春季、青色、角聲相聯繫，是這一類的事物及其屬性之代表物與根據。因此選擇什麼樣的數字作爲它的數的特性就絕不能是隨意的。那麼什麼樣的數能反映東方、春天、青色等與萬物之發生相聯繫的特性呢？在春秋戰國時代人們對數的觀念中，這樣的數就是三。而與北方，水相聯繫的數是一。

老子說：「道生一，一生二，二生三，三生萬物。」三被認爲是道化生萬物所必經的階段，因而三是與生相聯繫的，內在地具有「生」的特性。

在音律中，三分損益是產生五音十二律的數學基礎。故《管子・地圓》及《呂氏春秋・音律篇》說：「三分所生，益之一分以上生；三分所生，去其一分以下生。」由五音而十二律而六十調，「三」是全部音律的生數。

在天文學中，三分損益被認爲是全部天候變化的基礎。所謂「大

聖至理之世，天地之氣，合而生風，日至則月鐘其風，以生十二律。」十二律是與二十四時之變相對應的，音律與天文二者是統一的。故《史記·律書》說：「王者制事立法，物度軌則，壹稟於六律，六律爲萬事根本焉。」司馬遷說：「鐘律調至上古，建律運曆造日度，可據而度也」（《史記·曆書》）。3及其自乘數9、81等等成爲曆法的數的基礎。在漢代以後更發展出了「陽以三生」及「太極函三爲一」的系統理論。

從《國語》看，這種律曆結合思想，亦是春秋時期的思想。《國語·周語下》記伶州鳩諫周景王鑄「無射」說：「律所以立均出度也。古之神瞽考中聲而量之以制，度律均鐘，百官軌儀，紀之以三，平之以六，成於十二，天之道也。」這裏3是基礎，6與12都是3的倍數。不管這裏是否包含有用三分損益以解釋十二律及律曆結合的明確思想，但它與以後的三分損益無疑是一個思路系統。故韋昭注用三分損益來加以說明是合乎情理的。伶州鳩是周景王的樂官，這段話《左傳》記爲昭公二十一年（前521年），與子產論五行的話大致在同一時代。

在醫學之經典《黃帝內經》中，「三」也是人體全部生理運行與構成的數學基礎。所以「三」與代表生之德性的東方相聯繫是必然的，並可以說是產生在春秋末年。

一與水及北方有內在聯繫，則是因爲在十二辰中，北方屬子，正是十二支的第一個數。在方向中北方是最尊的，排列爲第一，也是有道理的。

確定了三與東方及木的關係，又確定了一與北方及水的關係，那麼與北水相對的南、火自然就是二，而與木東相對的秋、金，自然就是四了，而土、中則必爲五。不如此排列，就不符合系統、有秩的中國古代思維特點。這就是「一曰水、二曰火、三曰木、四曰金，

五曰土」的數之由來。五行的生數確定了，五行的成數六、七、八、九、十自然就確立了。這樣就有＜月令＞與＜幼官圖＞的數字圖式，而後更有抽象的「河圖」的數字圖式。所以「河圖」是地之五行的數字表示。所以照邏輯的發展序列，《洪範・五行》的成書，當在春秋以後，戰國時期，卽在五行圖式已完全形成的春秋中晚期以後，不能更早，事實上也是如此。因爲(1) 孤立地看，洪範「五行」似乎可以被看作是「案往舊（箕子）造作」，因而是最早的散亂無序的五材思想，與五行無關；但這篇作品，是一個整體。「初一曰五行」與次二的「敬用五事」、次三的「農用八政」等等是密切聯繫在一起的。它構成爲一龐大的體係，實是對許多與五行有關的思想與觀念的綜合。(2)如劉節所指出，「二,五事與八庶徵之休徵相應。休徵：肅,時雨若；聖,時風若。……」顯見《洪範》五事與庶征本前後連屬爲義,乃一有組織之作。這樣的組織之作,只能就整篇文章以定其時代。(3) 那麼文章的組織是以什麼思想爲基礎呢？是五行化了的一種天人感應思想：認爲人君的貌、言、視、聽、思之恭、從、明、聰、容，達到一種境界：肅、義、哲、謀、聖，就可以引起天氣時令的正常反應：時雨、時暘、時奧、時風、時寒。春秋時期如子產、史墨論五行的話，那有這樣細緻的天人感應思想呢？這顯然只有在天人感應思想，約甘石星經制定的戰國中期前後才有可能。(4) 全篇文章突出的是「五」的觀念，故由五行所統帥的有「五事」、「五紀」、「五福」、「五占用」以及「五徵」。而在全部「九疇」中，「五」，又居於中心地位，稱爲「皇極」「皇建其有極」，認爲是王的象徵與所在。這樣地尊「五」尚「五」，當然也是五行象數思想流行後才有可能。

　　春秋時期，象數思想沒有發展起來。《左傳》講「數」，沒有象數意味。但到戰國時期，由於占星術的刺激與發展，也由於天文知識

的進步，天道之大數的觀念日益深入人心，故象數學發展起來，反映在
《易·繫辭》中有「天一地二天三地四天五地六天七地八天九地十」
的說法，有「天數五，地數五，五位相得而各有合。天數二十有五，
地數三十。凡天地之數五十有五，此所以成變化而行鬼神也」等等說
法。所以《易傳》的象數思想也是在戰國時期成了系統的。《洪範·
五行》的象數思想當爲戰國時期這種思想的產物，也是五行象數思想
的最早表現。

　　「河圖」相對的「洛書」數字圖式產生在戰國時期，也是無疑
的。不過與「河圖」不同，「洛書」數圖是天之圓的數學表現，因此
洛書數字具有幾個特點：(1)徑1周3。(2)環繞中心的有八個數字，
相應於天的四正與四維。按古代天圓地方的觀念，一個方形的大地，
有四個角落，因而和半球形的天穹有四個接觸點，這四個接觸點就是
天之四維。《淮南子·天文訓》說：「帝張四維，運之以斗」。高誘注
「四角爲四維」。「九宮算」的八個數字正是天的四正與四維的數學表
示。(3)圓表示天，在《呂氏春秋》及《周易》等先秦人的觀念中，是
大家公認的。

　　那麼在「九宮算」中，何以三居左，七居右，這裏的奧秘則是因
爲在先秦人們的觀念中，左是生位，陽位，吉位，右是陰位，殺位，凶
位，故代表三的生數與左、東方相聯繫，而七則與右、西方相聯繫[15]。
一代表上與北，九代表下與南，具有尊卑意義，也符合先秦以北爲上
爲尊的觀念。所以「九宮算」的數字來源與分布，是以斗柄所指或太
乙爲中心而定的。

　　「九宮算」與「太乙九宮占盤」天盤的數字相當，此占盤1978

---

　　[15]　參見拙著，《漢代思想史》，頁385，中國社會科學出版社，1987年。

年在安徽阜陽雙古堆汝陰侯墓中出土，是漢文帝十五年時的文物，一定早在戰國時已流行，其中九代表百姓，一代表君，三和七代表相與將，中間的是五（以招攞北斗第五星表示）代表吏。相應的地盤《靈樞經》有引用，證明它是與周易及天文醫學相聯繫的占卜工具。所以醫學系統中的方位與數的聯繫正好與占盤一致，三是東方之數而七是西方之數。《素問・五常政大論》說：「青於三。」注：「三，東方也。」「青於七。」注：「七，西方也。」與「河圖」不同。之所以如此，正是因爲它們源於不同的兩個系統。

後　記

　　1988年5月至89年底，我應新加坡東亞哲學所的邀請，任該所高級研究員，研究漢代儒學。這本著作是在這段時間完成的。它是新、中兩國人民與學者友誼的結晶。當它今天和讀者見面的時候，我要對新加坡東亞哲學所董事長吳慶瑞博士、吳德耀所長和同事們表示衷心的感謝，對推薦與邀請我來所的朋友們表示衷心的感謝。沒有他們的寶貴支持，這本著作是不可能完成的。

　　本書的扉頁題字與序是有幸請余英時先生寫的。90年元旦，匆匆由新飛抵美國，到達普林斯頓時，已是深夜，正值嚴寒，先生和大嫂不辭辛勞，來車站相接，安排一切，此景此情，如同昨日。當時帶來的稿件不多。〈王莽、劉歆合著周官說考辨〉等大都留在新加坡。先生對徐著的分析，無論批評與肯定，都比我遠為全面、深刻、透闢，並借題發揮，見我所未見，啓我所未思，讀之獲益良多。借此機會，謹表示衷心的謝意。

　　本書出版，承劉振強先生與東大圖書公司同仁鼎力相助，熱心支持，辛勤工作，稿件由簡體細心排為繁體，校對反覆達四次之多，付出了加倍辛勞。在此一併致以謝忱。

作者　1993年7月普林斯頓

滄海叢刊書目 (一)

國學類

中國學術思想史論叢(一)～(八)　　　錢　　穆　著
現代中國學術論衡　　　　　　　　　錢　　穆　著
兩漢經學今古文平議　　　　　　　　錢　　穆　著
宋代理學三書隨劄　　　　　　　　　錢　　穆　著
論語體認　　　　　　　　　　　　　姚　式　川　著

哲學類

國父道德言論類輯　　　　　　　　　陳　立　夫　著
文化哲學講錄(一)～(五)　　　　　　　鄔　昆　如　著
哲學與思想　　　　　　　　　　　　王　曉　波　著
內心悅樂之源泉　　　　　　　　　　吳　經　熊　著
知識、理性與生命　　　　　　　　　孫　寶　琛　著
語言哲學　　　　　　　　　　　　　劉　福　增　著
哲學演講錄　　　　　　　　　　　　吳　　怡　著
後設倫理學之基本問題　　　　　　　黃　慧　英　著
日本近代哲學思想史　　　　　　　　江　日　新　譯
比較哲學與文化(一)(二)　　　　　　　吳　　森　著
從西方哲學到禪佛教——哲學與宗教一集　傅　偉　勳　著
批判的繼承與創造的發展——哲學與宗教二集　傅　偉　勳　著
「文化中國」與中國文化——哲學與宗教三集　傅　偉　勳　著
從創造的詮釋學到大乘佛學——哲學與宗教四
　　集　　　　　　　　　　　　　　傅　偉　勳　著
中國哲學與懷德海　　　　東海大學哲學研究所主編
人生十論　　　　　　　　　　　　　錢　　穆　著
湖上閒思錄　　　　　　　　　　　　錢　　穆　著
晚學盲言(上)(下)　　　　　　　　　錢　　穆　著
愛的哲學　　　　　　　　　　　　　蘇　昌　美　著
是與非　　　　　　　　　　　　　　張　身　華　譯
邁向未來的哲學思考　　　　　　　　項　退　結　著
逍遙的莊子　　　　　　　　　　　　吳　　怡　著
莊子新注 (內篇)　　　　　　　　　　陳　冠　學　著
莊子的生命哲學　　　　　　　　　　葉　海　煙　著

— 1 —

墨子的哲學方法　　　　　　　　　　　　　　　　鐘　友　聯　著
韓非子析論　　　　　　　　　　　　　　　　　　謝　雲　飛　著
韓非子的哲學　　　　　　　　　　　　　　　　　王　邦　雄　著
法家哲學　　　　　　　　　　　　　　　　　　　姚　蒸　民　著
中國法家哲學　　　　　　　　　　　　　　　　　王　讚　源　著
二程學管見　　　　　　　　　　　　　　　　　　張　永　儁　著
王陽明──中國十六世紀的唯心主
　　義哲學家　　　　　　　　　張君勱原著、江日新中譯
王船山人性史哲學之研究　　　　　　　　　　　　林　安　梧　著
西洋百位哲學家　　　　　　　　　　　　　　　　鄔　昆　如　著
西洋哲學十二講　　　　　　　　　　　　　　　　鄔　昆　如　著
希臘哲學趣談　　　　　　　　　　　　　　　　　鄔　昆　如　著
中世哲學趣談　　　　　　　　　　　　　　　　　鄔　昆　如　著
近代哲學趣談　　　　　　　　　　　　　　　　　鄔　昆　如　著
現代哲學趣談　　　　　　　　　　　　　　　　　鄔　昆　如　著
現代哲學述評㈠　　　　　　　　　　　　　　　　傅　佩　榮編譯
中國十九世紀思想史(上)(下)　　　　　　　　　　韋　政　通　著
存有‧意識與實踐──熊十力體用哲學之詮釋
　　與重建　　　　　　　　　　　　　　　　　　林　安　梧　著
先秦諸子論叢　　　　　　　　　　　　　　　　　康　端　正　著
先秦諸子論叢(續編)　　　　　　　　　　　　　　康　端　正　著
周易與儒道墨　　　　　　　　　　　　　　　　　張　立　文　著
孔學漫談　　　　　　　　　　　　　　　　　　　余　家　菊　著
中國近代哲學思想的展開　　　　　　　　　　　　張　立　文　著
哲學與思想　　　　　　　　　　　　　　　　　　胡　秋　原　著

宗教類

天人之際　　　　　　　　　　　　　　　　　　　李　杏　邨　著
佛學研究　　　　　　　　　　　　　　　　　　　周　中　一　著
佛學思想新論　　　　　　　　　　　　　　　　　楊　惠　南　著
現代佛學原理　　　　　　　　　　　　　　　　　鄭　金　德　著
絕對與圓融──佛教思想論集　　　　　　　　　　霍　韜　晦　著
佛學研究指南　　　　　　　　　　　　　　　　　關　世　謙　譯
當代學人談佛教　　　　　　　　　　　　　　　　楊　惠　南編著
從傳統到現代──佛教倫理與現代社會　　　　　　傅　偉　勳主編
簡明佛學概論　　　　　　　　　　　　　　　　　于　凌　波　著

修多羅頌歌　　　　　　　　　　　　陳　慧　劍　著
禪話　　　　　　　　　　　　　　　　周　中　一　然　著
佛教哲理通析　　　　　　　　　　　　陳　沛　然　著

自然科學類

異時空裡的知識追求
　　——科學史與科學哲學論文集　　傅　大　為　著

應用科學類

壽而康講座　　　　　　　　　　　　胡　佩　鏘　著

社會科學類

中國古代游藝史
　　——樂舞百戲與社會生活之研究　李　建　民　著
憲法論叢　　　　　　　　　　　　　鄭　彥　棻　著
憲法論集　　　　　　　　　　　　　林　紀　東　著
國家論　　　　　　　　　　　　　　薩　孟　武　譯
中國歷代政治得失　　　　　　　　　錢　　　穆　著
先秦政治思想史　　　　梁啓超原著、賈馥茗標點
當代中國與民主　　　　　　　　　　周　陽　山　著
釣魚政治學　　　　　　　　　　　　鄭　赤　琰　著
政治與文化　　　　　　　　　　　　吳　俊　才　譯
中國現代軍事史　　　　劉　馥著、梅寅生譯
世界局勢與中國文化　　　　　　　　錢　　　穆　著
海峽兩岸社會之比較　　　　　　　　蔡　文　輝　著
印度文化十八篇　　　　　　　　　　糜　文　開　著
美國的公民教育　　　　　　　　　　陳　光　輝　譯
美國社會與美國華僑　　　　　　　　蔡　文　輝　著
文化與教育　　　　　　　　　　　　錢　　　穆　著
開放社會的教育　　　　　　　　　　葉　學　志　著
經營力的時代　　　　　青野豐作著、白龍芽譯
大眾傳播的挑戰　　　　　　　　　　石　永　貴　著
傳播研究補白　　　　　　　　　　　彭　家　發　著
「時代」的經驗　　　　汪琪、彭家發著
書法心理學　　　　　　　　　　　　高　尚　仁　著

清代科舉　　　　　　　　　　　　劉兆璸　著
排外與中國政治　　　　　　　　　廖光生　著
中國文化路向問題的新檢討　　　　勞思光　著
立足臺灣，關懷大陸　　　　　　　韋政通　著
開放的多元化社會　　　　　　　　楊國樞　著
臺灣人口與社會發展　　　　　　　李文朗　著
日本社會的結構　　　福武直原著、王世雄　譯
財經文存　　　　　　　　　　　　王作榮　著
財經時論　　　　　　　　　　　　楊道淮　著

史地類

古史地理論叢　　　　　　　　　　錢　穆　著
歷史與文化論叢　　　　　　　　　錢　穆　著
中國史學發微　　　　　　　　　　錢　穆　著
中國歷史研究法　　　　　　　　　錢　穆　著
中國歷史精神　　　　　　　　　　錢　穆　著
憂患與史學　　　　　　　　　　　杜維運　著
與西方史家論中國史學　　　　　　杜維運　著
清代史學與史家　　　　　　　　　杜維運　著
中西古代史學比較　　　　　　　　杜維運　著
歷史與人物　　　　　　　　　　　吳相湘　著
共產國際與中國革命　　　　　　　郭恒鈺　著
抗日戰史論集　　　　　　　　　　劉鳳翰　著
盧溝橋事變　　　　　　　　　　　李雲漢　著
歷史講演集　　　　　　　　　　　張玉法　著
老臺灣　　　　　　　　　　　　　陳冠學　著
臺灣史與臺灣人　　　　　　　　　王曉波　著
變調的馬賽曲　　　　　　　　　　蔡百銓　譯
黃　帝　　　　　　　　　　　　　錢　穆　著
孔子傳　　　　　　　　　　　　　錢　穆　著
宋儒風範　　　　　　　　　　　　董金裕　著
增訂弘一大師年譜　　　　　　　　林子青　編著
精忠岳飛傳　　　　　　　　　　　李　安　著
唐玄奘三藏傳史彙編　　　　　　　釋光中　編
一顆永不殞落的巨星　　　　　　　釋光中　著
新亞遺鐸　　　　　　　　　　　　錢

困勉強狷八十年　　　　　　　陶百川　著

我的創造・倡建與服務　　　　陳立夫　著

我生之旅　　　　　　　　　　方治　著

語文類

文學與音律　　　　　　　　　謝雲飛　著

中國文字學　　　　　　　　　潘重規　著

中國聲韻學　　　　　潘重規、陳紹棠　著

詩經研讀指導　　　　　　　　裴普賢　著

莊子及其文學　　　　　　　　黃錦鋐　著

離騷九歌九章淺釋　　　　　　繆天華　著

陶淵明評論　　　　　　　　　李辰冬　著

鍾嶸詩歌美學　　　　　　　　羅立乾　著

杜甫作品繫年　　　　　　　　李辰冬　編著

唐宋詩詞選——詩選之部　　　巴壺天　編著

唐宋詩詞選——詞選之部　　　巴壺天　著

清眞詞研究　　　　　　　　　王支洪　著

茗華詞與人間詞話述評　　　　王宗樂　著

元曲六大家　　　　　應裕康、王忠林　著

四說論叢　　　　　　　　　　羅盤　著

紅樓夢的文學價值　　　　　　羅德湛　著

紅樓夢與中華文化　　　　　　周汝昌　著

紅樓夢研究　　　　　　　　　王關仕　著

中國文學論叢　　　　　　　　錢穆　著

牛李黨爭與唐代文學　　　　　傅錫壬　著

迦陵談詩二集　　　　　　　　葉嘉瑩　著

西洋兒童文學史　　　　　　　葉詠琍　譯著

一九八四　　　Georgf Orwell原著、劉紹銘　譯

文學原理　　　　　　　　　　趙滋蕃　著

文學新論　　　　　　　　　　李辰冬　著

分析文學　　　　　　　　　　陳啓佑　著

解讀現代、後現代
　　——文化空間與生活空間的思索　葉維廉　著

中西文學關係研究　　　　　　王潤華　著

魯迅小說新論　　　　　　　　王潤華　著

比較文學的墾拓在臺灣　古添洪、陳慧樺　主編

從比較神話到文學	古添洪、陳慧樺主編
神話卽文學	陳炳良等譯
現代文學評論	亞菁著
現代散文新風貌	楊昌年著
現代散文欣賞	鄭明娳著
實用文纂	姜超嶽著
增訂江皋集	吳俊升著
孟武自選文集	薩孟武著
藍天白雲集	梁容若著
野草詞	章瀚章著
野草詞總集	章瀚章著
李韶歌詞集	李韶著
石頭的研究	戴天著
留不住的航渡	葉維廉著
三十年詩	葉維廉著
寫作是藝術	張秀亞著
讀書與生活	琦君著
文開隨筆	糜文開著
印度文學歷代名著選(上)(下)	糜文開編
城市筆記	也斯著
歐羅巴的蘆笛	葉維廉著
移向成熟的年齡──1987～1992詩	葉維廉著
一個中國的海	葉維廉著
尋索：藝術與人生	葉維廉著
山外有山	李英豪著
知識之劍	陳鼎環著
還鄉夢的幻滅	賴景瑚著
葫蘆‧再見	鄭明娳著
大地之歌	大地詩社著
往日旋律	幼柏著
鼓瑟集	幼柏著
耕心散文集	耕心著
女兵自傳	謝冰瑩著
抗戰日記	謝冰瑩著
給青年朋友的信(上)(下)	謝冰瑩著
冰瑩書柬	謝冰瑩著

我在日本	謝冰瑩 著
大漢心聲	張釣 著
人生小語㈠～㈣	何秀煌 著
記憶裏有一個小窗	何秀煌 著
回首叫雲飛起	羊令野 著
康莊有待	向陽 著
湍流偶拾	繆天華 著
文學之旅	蕭傳文 著
文學邊緣	周玉山 著
文學徘徊	周玉山 著
種子落地	葉海煙 著
向未來交卷	葉海煙 著
不拿耳朵當眼睛	王讚源 著
古厝懷思	張文貫 著
材與不材之間	王邦雄 著

美術類

音樂人生	黃友棣 著
樂圃長春	黃友棣 著
樂苑春回	黃友棣 著
樂風泱泱	黃友棣 著
樂境花開	黃友棣 著
音樂伴我遊	趙琴 著
談音論樂	林谷芳 著
戲劇編寫法	方寸 著
戲劇藝術之發展及其原理	趙如琳 譯
與當代藝術家的對話	葉維廉 著
藝術的興味	吳道文 著
根源之美	莊申 著
扇子與中國文化	莊申 著
水彩技巧與創作	劉其偉 著
繪畫隨筆	陳景容 著
素描的技法	陳景容 著
建築鋼屋架結構設計	王萬雄 著
建築基本畫	陳榮美、楊麗黛 著
中國的建築藝術	張紹載 著

室內環境設計	李 琬 琬 著
雕塑技法	何 恆 雄 著
生命的倒影	侯 淑 姿 著
文物之美——與專業攝影技術	林 傑 人 著